同行

致敬奉献的青春

湖北省志愿者协会◎编著

中国青年出版社

图书在版编目（CIP）数据

同行：致敬奉献的青春 / 湖北省志愿者协会编著 . —— 北京：中国青年出版社，2023.11（2024.3 重印）

ISBN 978-7-5153-7078-1

Ⅰ . ①同… Ⅱ . ①湖… Ⅲ . ①大学生—青年志愿者行动—社会服务—研究—湖北 Ⅳ . ① D432.6

中国国家版本馆 CIP 数据核字（2023）第 213258 号

责任编辑：彭岩
策划编辑：张亚丽
书籍设计：舒巍　陈佳
出版发行：中国青年出版社
社　　　址：北京市东城区东四十二条 21 号
网　　　址：www.cyp.com.cn
编辑中心：010-57350407
营销中心：010-57350370
经　　销：新华书店
印　　刷：北京中科印刷有限公司
规　　格：710mm×1000mm　1/16
印　　张：20
字　　数：260 千字
版　　次：2023 年 11 月北京第 1 版
印　　次：2024 年 3 月北京第 2 次印刷
定　　价：88.00 元

如有印装质量问题，请凭购书发票与质检部联系调换
联系电话：010-57350337

本书编委会

策　　划	徐本禹　王　剑　贺茂林
主　　编	田　悦
副 主 编	沈　莉　肖艳艳　童军鹏
编委成员	梅华峰　胡沙岸　杨　晶
	陈美华　吴宇军　黄春华
	张　浩　刘　誉　李　溪
	谢　勇

2013 年 12 月 5 日，习近平总书记给华中农业大学"本禹志愿服务队"回信，肯定他们在服务他人、奉献社会中取得的成绩和进步，勉励他们弘扬奉献、友爱、互助、进步的志愿精神，坚持与祖国同行、为人民奉献，以青春梦想、用实际行动为实现中国梦作出新的更大贡献。为深入学习贯彻习近平总书记重要回信精神，共青团湖北省委、湖北省志愿者协会于 2014 年启动了"本禹志愿服务队"创建工作，引导广大青年志愿服务组织学习榜样、争当先锋，团结带领更多青年弘扬志愿精神，奉献社会、服务人民。

近十年来，"本禹志愿服务队"创建机制不断完善。截至目前，已累计培育、命名 401 支省级"本禹志愿服务队"，服务涵盖关爱少年儿童、助老助残、乡村振兴、环境保护、社区服务、医疗卫生等多个领域，带动全省 500 余万青年加入志愿者行列，为湖北高质量发展注入了源源不断的青春志愿力量。

志愿为舟，信念为帆。这本书汇聚了 42 支省级"本禹志愿服务队"的青春故事，希望通过这些可爱、可敬又可学的青春榜样，让更多青年心中有梦、眼里有光，坚持与祖国同行、为人民奉献，将青春梦想的种子播撒在祖国广袤的大地上，为全面建设社会主义现代化国家、全面推进中华民族伟大复兴作出新的更大贡献。

湖北省志愿者协会

2023 年 11 月

　　这是一个关于传递与传承的故事。我在主持《感动中国》时认识了徐本禹，当时并没有想到，他的故事会这样延续。20 年来，从徐本禹一个人走进贵州大山，到华中农业大学的薪火相传，再到一批又一批"本禹们"的接续奉献，"立己达人"的接力棒传递一棒又一棒，"赠人玫瑰，手有余香"的志愿情传承一载又一载。一颗星点亮另一颗星，一个灵魂唤醒另一个灵魂，越来越多的人同行在志愿之路上。

　　聚沙成塔，汇流成河。正是因为他们，志愿微光才会发出耀眼的时代光芒。

　　这是一本关于青春与奉献的合集。故事的主角是一群怀揣梦想、充满激情的青年人。这群可爱、可敬的青年人当中，有的带着"让山里的孩子看到山外的世界"的期待，从城里来到大山深处；有的只为"努力带给孩子们一点微光"，就义

在志愿者的帮助下，山里的孩子看到山外的世界

无反顾地成为数十名孩子的"爱心妈妈";有的只是想"尽自己所能去做一些有意义的事",于是在志愿之路上走了很多年……从他们身上,我们可以感知到这个世界的真、善、美,我们看到了人性的光辉和青春的意义,更懂得了爱的真谛。

这是一群志愿者的故事,更是一份信念和情怀。在这里,我们可以真切感受"与祖国同行,为人民奉献"的信念并不是凭空而来的。他们有的从小事做起、坚持做小事,让质朴的情感得到升华;有的从一名受助者成长为助人者,让我们看到一幕幕"爱的反哺"……更多的,是越来越多叫响"青春有我、强国有我"的大学生们,在新时代迸发出青春热情,他们胸怀理想、脚踏实地,用青春与汗水播种希望、收获成长。

"青年一代有理想、有担当,国家就有前途,民族就有希望,实现中华民族伟大复兴就有源源不断的强大力量。"正是这份民族复兴的伟业,激励着他们,感召着他们,同时,也让更多青年感到荣光、迸发力量。

这本书的故事是火种,是燃烧的火焰,是激励的力量。我们期待,它能点燃更多青年人的热情,激励和感召更多人踏上志愿之路。

很多年后,当我们回望自己在志愿路上留下的脚印时,会露出欣慰的微笑。

2023 年 11 月

目录

筑梦：以青春播撒文明之光

温暖：给予幸福的人最幸福

星火：用微光点亮微光

牵挂：一双双
求知的眼睛

一诺，20年
——记华中农业大学研究生支教团

华中农业大学研究生支教历程：

2002年，徐本禹暑期到贵州省大方县猫场镇狗吊岩村"岩洞"小学义务支教。

2003年，为兑现对山区孩子的承诺，徐本禹放弃读研，开始两年的支教生活。

2005年，华中农业大学招募支教志愿者曹建强、田庚接替徐本禹。此后每年派出志愿者接力，在贵州省百里杜鹃管理区大水乡大石村和箐山村两所希望小学支教。

2006年，支教活动被纳入青年志愿者扶贫接力计划全国示范项目，成为全国高校中唯一在贫困地区小学支教的研究生志愿者群体。

2013年，经批准，华中农业大学每年研究生支教志愿者扩大到13人，增设湖北恩施建始县官店镇摩峰小学支教点。

2015年，增设贵州省大方县猫场镇狗吊岩村为民小学支教点，每年支教志愿者增加到16人。

2022年，"玩转科学——点亮黔山娃的科学梦"获中国青年志愿服务项目大赛金奖。

消息传到贵州大山深处，华中农业大学研究生支教团队员们欣慰地笑了。这是对 20 年来，"感动中国"年度人物徐本禹和小伙伴们在接力支教中不断创新、辛勤付出的充分肯定。

20 年，从徐本禹最初一个人，到 210 人接力的支教团队；从一所小学，扩大到黔鄂三地四校，他们越千山，涉万水，支教的火把始终不熄。

这一切，只为当初对山里孩子的那一声承诺。

大山无言　阳光做证

"毕业了我就回来。"

2002 年夏天，贵州省大方县猫场镇狗吊岩村"岩洞"小学（为民小学前身），看着孩子们不舍的眼神，结束暑期支教的徐本禹作出承诺。

不久，他放弃华中农业大学读研机会，只身再返大山深处。

在没有水电、不通网络的穷苦环境，徐本禹艰难而执着地履行着支教使命。山里孩子听不懂普通话，一道题讲几十遍，累得嗓子哑了

◆ 徐本禹当年支教场景

也无济于事，经常使他急得掉泪，娃娃们跟着哭。

而到了寒暑假，徐本禹就在武汉、贵阳等地奔波，给孩子们募捐和打工挣钱。

在最难的时候，他得到了母校强有力的支持。

2005 年，华中农业大学决定招募志愿者，接过徐本禹支教的火把。此后，越来越多的志愿者参与接力，支教地扩大到贵州省百里杜鹃、大方县和湖北省恩施州建始县的四所小学。210 名年轻人先后接力，用青春和生命点燃不熄的火把，照亮大山的希望，花样年华也因支教而灿烂芬芳。

"20 年过去，为民小学早已从岩洞迁出，有了教学楼、学生食堂和教师宿舍。如今和其他几所小学一样，不仅鸟语花香，操场还铺设了崭新的塑胶跑道，一到课间，孩子们就飞奔下楼尽情嬉戏。"2022 年 7 月，见证小学变迁的王瑞举校长眼里闪着泪。

长大后，我就成了你

2015 年 3 月 11 日，早春的贵州大山深处，寒风犹劲。

大方县猫场镇狗吊岩为民小学操场上，十几个吃午餐的孩子笑着，闹着，围在火堆旁取暖。

康胜美蹲在孩子们中间，微笑着。

这场景，如此熟悉，她仿佛看到当年的自己。

2002 年，康胜美 11 岁，家里已供不起三姐弟同时念书，她只好到贵阳打工卖臭豆腐。体重不足 60 斤的她，每天挑着 30 多斤的担子走街串巷。多少个暗夜里，她想着回到课堂。

2003 年，徐本禹放弃读研，爬上狗吊岩，来为民小学支教。康胜美的爸爸喜出望外，当即要女儿复学。

徐本禹几乎每天都为康胜美补课，渐渐地，康胜美对学习有了信心。当她看到讲台上徐老师日渐消瘦的背影，看到他苦口婆心地教课，看到他着急流泪，康胜美默默发誓：一定要好好读书，走出大山，将来像徐老师那样去帮助他人。

那年期末，她数学考了全班第一。

一年后，徐本禹去更艰苦的大石小学支教。离开那天，康胜美和同学们追着、哭着，直到老师消失在山路的拐角。

这一别，就是六年。其间，康胜美以全村第一名的成绩考上初中，又考上重点高中毕节民族中学。每学期，她都会收到徐本禹寄来的 500 元学费、学习资料和衣物。

高三那年，母亲确诊为癌症晚期，康胜美感觉天塌了。她跑到医院楼顶，双膝跪地，哭着拨通了徐老师的电话。徐本禹流着泪要她坚强，随后又寄去 1000 元钱。康胜美牢记老师的话，边备考边带着母亲求医。

母亲还是走了。懂事的康胜美想放弃上学去打工，还是徐本禹要她坚持。

2011 年夏，康胜美考入武汉职业技术学院，徐本禹又拿出 5000 元作为学费。

康胜美感恩，在武汉求学期间，她主动加入"本禹志愿服务队"，周末去盲校、福利院做义工。

2014 年，康胜美大学毕业后，悄悄回到贵州大山，在徐本禹最初支教的为民小学接过教鞭。

她爬上高山寻找手机信号，下载学习资料给孩子们阅读；把戴着耳环的叛逆男孩、不愿学习的女孩拉回了课堂；她像本禹老师当年一样，翻山越岭挨个家访……

山里条件艰苦，也没有工资和任何补助，她全靠大学期间的奖学金和打工挣的钱生活。寒假，她到湖北孝感打工，挣来的钱开学后奖励班上品学兼优的学生。

孩子们在一点点进步，她的心像花儿一样绽放。

◆ 2015 年 3 月，康胜美在贵州大山的为民小学支教

"跟本禹老师一样，我教的孩子也出大学生啦！"2022 年 7 月 12 日，康胜美回到为民小学与当年的学生久别重逢。这一年，她教的 16 名学生中，有 4 人考上了大学。

如今，结束支教的康胜美已有了幸福的小家庭，做了妈妈。她请徐本禹给孩子取名：梦卓（意为超越梦想、追求卓越）。

追随徐本禹脚步长大的孩子，还有第十七届研支团成员陈晓娟。这位在大水乡土生土长的彝族女孩，从小听徐本禹的故事长大，不仅考上盼望已久的华中农业大学，2021 年又如愿回家乡支教。

我愿为你守着约

"只要你们考上大学，我一定回来！"2012 年 7 月，第 6 届支教团志愿者刘小庆与学生黄洁、罗意韩告别时约定十年后相见。2022 年 7 月 11 日，刘小庆守十年之约，带着女儿不远千里赶到箐山本禹希望小学，师生重逢相拥而泣。黄洁现在在贵州上大学，罗意韩大学毕业

◆ 2022 年，刘小庆守十年之约回到贵州大山看望当年的学生

后考上了公务员。"小时候觉得离别是一辈子的事，只有拼命去考大学，但真的没想到刘老师会来！"罗意韩流下激动的眼泪。

一年贵州行，一生支教情。其实，在支教志愿者心里，思念与牵挂无时不在。每年都有往届志愿者悄悄回去，翻山越岭，只为那几个小时的相聚。

在他们的持续关心关注下，20 年来，从华农大石希望小学、本禹希望小学、为民小学走出一届届毕业生，走进乡镇初中、毕节市重点高中，走向理想中的高校。2016 年毕业于本禹希望小学的王义锋，高考取得 592 分的优异成绩，同样毕业于该校的黄银，高考取得 542 分，均如愿进入了大学。

"加油！"2022 年 12 月 20 日，正值研究生考试冲刺阶段，支教志愿者丁洁给从华农大石希望小学走出来的学生谢微微鼓劲。

"看到他们成长成才，是我一生中最幸福的时光。"丁洁说。

"支教老师带出来的大学生太多了，尤其这几年，仅我们小学就有

20多个。"华农大石希望小学校长王成范感慨道。

离别，我们不哭好吗

隔着车窗，再看一眼乌蒙大山。

身后，孩子们追着车奔跑。风起尘扬，那些身影越来越远，越来越小，转个弯，直至消失。

泪水，这才猛地从杨子萱眼里夺眶而出。

2021年7月7日，是华中农业大学研究生支教团志愿者杨子萱终生难忘的日子。在贵州省大方县猫场镇狗吊岩为民小学支教一年，她与这里的孩子们早已情不可分。

"老师，你走的时候我都不敢看你。"

"老师，我们能一起存积分来兑换你留下来吗？"

"老师，我们每天存一元钱，等明年你来找我们，就可以请你吃大餐了。"

孩子们的话在杨子萱耳边一遍遍回响，她仿佛看到六（1）班的孩子们又笑着朝她扑过来："高冷"但懂事的杨晓亿、大姐姐模样又有少女心的杨光会、笑起来一口白牙的郭嘉诚、"小话痨"吴春婷、相信努力就一定会成功的何飞月、害羞的"大长腿"郭东泽、爱读书的杨艳琴，还有最容易惹她生气和关注的沙正跃……

"老师，你要记得我。"从出教室到上车离开，沙正跃手机一直对着杨子萱拍。

怎会忘记？泪光里，杨子萱想起带着合唱团初次唱起彝族歌曲《阿杰鲁》，孩子们怯生生的不敢开口，想起表演《左手右手》时的各种手忙脚乱。一年时光，那份自信终于慢慢从孩子们脸上、心里漾出，从《你笑起来真好看》的开心，到《明天会更好》的期待，再到《红星闪闪》的铿锵，那童声嘹亮，在山谷间久久回响。

"感谢杨老师教会我唱歌，我会一直记得你。"小女生龙羿庭悄悄

◆ 支教志愿者拿着孩子们送的小卡片，带着深深的不舍与牵挂离开

塞给杨子萱纸条。那一刻，杨子萱看到音乐的种子已悄然破土。

孩子们懂得了做人要正直善良和感恩，人生需要不断奋斗。而杨子萱也明白了，耐心是可以浇灌希望的，努力真的会开花。

杨子萱的心，留在了这个叫狗吊岩的小山村。

和杨子萱一样，20 年间，每个支教志愿者都经历过离别，他们带着希望来到这里，带着不舍离开。在他们心里，此后，便是对这片土地一生的牵挂。

从演员到志愿者的蜕变

2014 年 5 月 5 日，一部由华中农业大学学生主演的大型原创话剧《牵挂》，登上国家大剧院舞台。《牵挂》以华中农业大学大学生农村支教为主线，生动再现了研究生支教团的感人事迹。

该剧在全国公演 100 余场，感动了无数观众，受到党和国家领导

◆ 孙伟带着学生大声歌唱

人的赞誉。孙伟、陈丽、孙潇 3 名主演深受感动而申请支教。2015 年秋天，他们与同伴一道用心浇灌，用爱呵护，完成由学生、演员到支教志愿者的蜕变。

2013 年，孙伟如愿考进华中农业大学《牵挂》剧组，不仅主演，还担任全部词曲的主创。

创作非常艰苦，没有支教经历，他只能以敏感的心试着一点点感受支教情怀，"在别人的故事里流着自己的泪"。最终，作品获得通过，舞台上的话剧也感动了自己。

但这份感动他总觉得不踏实。于是，通过严格选拔，他走进贵州大山深处的华农大石希望小学支教。

这一年，有过太多难忘的经历：

"走了四小时山路，蛇突然出来会是什么感觉？唉，孩子们上学太难了。"

"天这么冷，手脚都冻了，他们还在路上采摘野花，悄悄放在我窗前……"

音乐创作激情被山里的孩子点燃。他不停地写啊，唱啊，泪水一次次浸湿稿纸，化作音符，从宿舍飘出，在大山回响。

2016 年 7 月 23 日，央视《星光大道》，孙伟受邀带着贵州大山里的十几个学生，出现在舞台中央。

"牵挂 / 一双双求知的眼睛……牵挂 / 孩子的眼眸 / 纯净的 / 支教的心。"为大山里的孩子，他动情歌唱，泪湿双眼。

结束支教前，当他躲在教室那扇门后，听着孩子们下课蹦蹦跳跳走远，也曾泪流满面。

感性的孙伟，深深爱上了这里。这一年，他的梦想逐渐清晰：要让更多的孩子在明亮的教室上课，走出山区，看外面世界的精彩。如今，成为音乐制作人的孙伟，常带着央视撒贝宁、尼格买提等主持人回到贵州大山深处，帮扶山里的娃娃。

"今天，是给孩子们上课的最后一天，不知道，他们知不知道。"写下这句话，陈丽对自己说，结束了。

支教结束前一个月，陈丽就开始在朋友圈发表"最后一次系列"，纪念这一年的支教。

《牵挂》里，她是"向幺妹"，一个梦想成为代课老师的农村女孩。现实中，她是快乐的百灵鸟，甚至对放弃保研也没有犹豫。刚到贵州，本禹希望小学处处可以听到她欢快的歌声。

她说，这是一个满载着希望与爱的地方。第一次听见羞怯的孩子叫她老师，她会惊奇；第一次家访看到小朋友在昏暗的小木屋写作业，她会心疼；第一次收到孩子们的礼物，她会感动。

然而，贵州天无三日晴，停水断电断网，做事屡屡碰壁，现实的困境也曾让她歌声不再嘹亮。

她常常半夜惊醒。"为什么来支教？"无数个夜晚，陈丽问自己。

她想起了"向幺妹"，想起舞台上，因贫困而不得不离开家乡、离

◆ 陈丽给孩子们编舞《感恩的心》

开讲台的痛苦。

泪光里，她看到初来学校，那张张新奇激动的小脸；看到每天清晨的窗台，悄悄堆放的野花。她还看到家访时，十几岁女孩撑起一个家，照顾姐弟五人和爷爷奶奶，那是怎样的一份坚强。

这个做事认真的山东姑娘，选择了坚强、坚守。她建起校园广播站，每天坚持带学生晨读……欣慰于孩子们的一天天进步，陈丽喜极而泣。

她说，聚与散，都是一场荡气回肠的演出。

2016年7月底，刚结束支教的孙潇又返回贵州大山。

班上的一个女孩，自小腿部残疾，支教期间，他带她去城市检查，被诊断为有好转可能。这次，他特意回去安排后续的治疗。

孙潇是《牵挂》里的男一号"张福禹"，"张福禹"代表着感动中国2004年度人物徐本禹、献身支教的赵福兵、舍己救人的张瑜。

他说，支教不是在舞台上演戏，而是要真正走进大山。所以，选择了四所支教学校里最为艰苦的地方——贵州猫场镇狗吊岩为民小学。

这里，路不通，信号差，孙潇和同伴周俊、李计璇每人代七八节课，每次与外界联系，都要举着手机到处找信号。

在这里，他联系爱心人士一对一帮扶；联系爱心企业捐赠电脑和投影仪，让孩子们第一次学会了打字。

他讲述各种新鲜事和前沿科技，希望可以拓展孩子们的视野；将支农与支教相结合，则是他的不断尝试。他认为，改变了大山，孩子们才有未来。

离开的时候，他叮嘱了又叮嘱："老师最希望你们记住的，是成为一个什么样的人。"

孩子们齐声回答："我们要做像老师一样的人，一个可以帮助别人的人。"

撕扯般的感动，猛地扎进他内心最柔软处。

20 年接力，不辱使命

2021 年 7 月 1 日上午，华农大石希望小学多媒体教室内，孩子们收看庆祝中国共产党成立 100 周年大会直播。

而当年，这里没有手机和电视信号，孩子们只能坐在帐棚里，听徐本禹老师的讲述，想象外面世界的精彩。

20 年弹指一挥间，山乡巨变。

20 年来，一窗暖阳，初心仍在。210 名支教志愿者牢记使命，勇担教书育人责任，在学生中厚植家国情怀，坚定理想信念，推动乡村振兴。

寒夜客来茶当酒，竹炉汤沸火初红。2017 年秋天，几位往届支教志愿者相聚校园。秋风渐起，围炉夜话，那些脚踏实地的坚持，那些有笑有泪的成长，那些慢慢实现的梦想，那氤氲的温暖，萦绕了一室。

在志愿者曹建强的记忆中，支教岁月，是他吃过最多的土豆、走过最多的山路、见过最少的太阳、最长时间没洗过澡的一年，但也是笑容最多的一年。

志愿者丁洁感慨，支教，是双向给予；有爱，才能用心付出。他们正是通过这样的方式找到生命的意义。

现在在北京安家的葛俊说，他们也有过挫败感，甚至一度想过放弃。但是心中的那份爱与责任，身后母校的强大力量，支持着他们一路走来。

有付出，也有收获。志愿者张青林与田甜，张贵礼与安玥琦，将无悔青春安放在大山深处。支教归来，他们的爱情也有了结晶。

曾任华中农业大学团委书记的张拥军说，支教，更是一场修行。种下爱与希望的种子，在孩子们心中生根、发芽、开花、结果。

2011 年起，听见花开的声音。自康胜美之后，越来越多的孩子走出大山，圆了大学梦，开始了崭新的人生。

◆ 在志愿者的带领下，孩子们走出大山，来到北京、上海、武汉等繁华的城市参观，考上清华、北大等高校成为他们新的梦想

有人说，贫困山村需要的，不仅仅只是一个支教志愿者，更是志愿者们起到的桥梁作用，帮助村民实现自我脱贫，助力乡村振兴。

这 20 年，志愿者们正是扮演着这样的角色。他们参与并组织百余名专家学者，为当地经济发展问诊把脉，引智引资。在党建引领下的研究生支教团，已成为发挥资源优势，助力乡村振兴的一支重要力量。

除了日常教学，他们联系高校专家教授带领农业类专业博士研究生，深入田间地头、产业园区、种植养殖基地，解决各种"疑难杂症"。

2020 年以来，支教志愿者还化身网络主播，为当地农产品直播带货，对接产销渠道。他们结合"互联网 +"发展新形势，建设线上云端科普课堂和线下实地指导相结合的乡村振兴平台，向村民提供粮食及果蔬种植、生猪养殖、食品加工与安全教育、普通话推广普及等强农富农课程菜单。

贵州百里杜鹃管理区，曾是典型的穷乡僻壤。通过旅游扶贫，近年来，不断在旅游发展、产业优化、生态建设等方面谋篇布局、探索创新，走出了一条让水更绿、天更蓝、业更兴、民更富的生态发展新路，形成 2 个省级乡村旅游重点乡、6 个省级乡村旅游重点村、30 个甲乙级乡村旅游村寨、40 家标准级乡村旅游客栈、65 家三星级以上乡村旅游经营户。日渐完善的服务体系和基础设施，是未来在旅游市场展现更多作为的自信和底气。截至 2022 年底，全区集体经济累计达 3232.87 万元，村均 45.53 万元。

湖北省建始县，也是华中农业大学《扶贫八年（2012—2020）规划》的定点科技扶贫主战场。如今，华中农业大学已定点帮扶建始逾十年。

这十年，华中农业大学"围绕一个特色产业，组建一个教授团队，设立一个攻关项目，支持一个龙头企业，带动一批专业合作社，助推一方百姓脱贫致富"的"六个一"帮扶机制，助力建始特色产业面积扩大到 70 多万亩，总产值逾 40 亿元。学校直接投入帮扶资金 2680 万元，累计培训 3.2 万多人次，实现消费帮扶 3000 多万元，设立产业攻关项目 81 个，促成 5 个过亿元产业，累计带动 11 万贫困户（脱贫户）增收，交出了令人信服的"华农答卷"。

未来属于青年，希望寄予青年。"我们支教志愿者将继续努力奋进，为西部地区基础教育事业和乡村振兴助力，不负时代，不负韶华，不负党和人民的殷切期望。"华中农业大学团委书记代金贵说。

2023 年 8 月，华中农业大学第十九届研究生支教团志愿者再度出征，奔赴贵州和湖北山区。泥泞险峻的山路上，一批批优秀学子再传爱的火种，把感动变成行动，他们的志愿精神，已成为感召青年、引领青年的一面旗帜。

当年一诺，便是一生。华中农业大学研究生支教团的故事，相信不会结束，始终会发着光、散着热、奉献着爱。这份感动与温暖，仍将继续。

因为，他们是志愿者。

他们，听见了花开的声音。

（图片由《湖北日报》记者田悦提供）

"格桑花"绽放雪域高原
——记湖北文理学院格桑花支教团

湖北文理学院从 2014 年开始，每年组建由高年级大学生组成的"格桑花"赴藏支教团队，克服环境艰苦、生活不便等困难，到西藏琼结县开展义务支教，并与当地政府签署对口支持合作协议，设立"格桑花"支教团队发展基金，建立"格桑花"支教团队志愿服务基地。支教团队组建 9 年来，已有 15 批共 78 人次大学生自愿参与爱心支教。学校获评第九批"全国民族团结进步示范学校"，校团委获国务院"全国民族团结进步模范集体"表彰。

三进高原的"第一书记"

"我曾以为，除了故乡，再也不会有让我魂牵梦萦的地方；我曾以为支教只不过是过眼云烟的一段时光；我也曾以为离开琼结，时间可以让我将你们慢慢遗忘。可是，我怎么能忘记，你们这一群可爱的孩子，怎能忘记，我们一起度过的美好时光。"

——吴顺喜

"师兄，您保重，我们还会再来！"2023 年 7 月 21 日，第十四批"格桑花"队员完成援藏支教任务，离别前与吴顺喜依依不舍。

作为第二批"格桑花"支教团队长，吴顺喜 2015 年起连续两次赴藏支教，最后扎根西藏琼结，成为三进高原的"第一书记"。

2015年元旦，经过层层筛选，吴顺喜被确定为湖北文理学院第二批"格桑花"支教团队长赴西藏琼结支教。从此，一段特殊的生活、一段特别的经历烙印在他和他的小伙伴身上。

他说，在遥远的西藏琼结，有那么一群可爱的孩子等着他们，有一支叫"格桑花"的支教团队需要去传承。

但他没想到的是，后来那个遥远的地方，成了他的家。

吴顺喜难忘，初到琼结有那么多困难，不仅要克服自身高原反应，孩子们学习环境也极为简陋。他们不认识英语音标，没有录音机等跟读设备，单词发音不准，早读时间都不愿意朗读。

于是，他坚持每天早上六点半带头督促孩子们大声朗读，纠正错误发音。他还做了很多英语单词小卡片，要老师和学生每天都来背诵，互学互长。这使学生的英语基础和学习兴趣有了明显的提高，从不愿学英语、不敢读英文，到渐渐地喜欢上英语课。

支教结束的时候，学生已养成了晨读的好习惯，课堂气氛活跃了很多，成绩也一次比一次好。有学生悄悄塞给吴顺喜一张纸条："吴老师，谢谢您！这些日子您辛苦了，我刚开始很不喜欢英语，但现在我在班里排名第四，真的谢谢您！"

"每一个梦想都值得被尊重。"吴顺喜难忘那个初春雪后的清晨，天黑漆漆一片，当他踏着厚厚的积雪走向教室，竟看到路灯下孩子们三三两两坐在寒冷的地上读书时，他震惊了。原来教室停电，孩子们便跑到外面自觉继续早读。看着他们求学的渴望，吴顺喜不禁流下热泪，这也让吴顺喜更加明白，支教对于孩子们的意义，他身上的责任是如此之重。

最让吴顺喜记忆深刻的，还是那堂"我的梦想"主题班会。

"我的梦想是当一名医生，我小时候身体很不好，医生治好了我的病。我下决心刻苦学习，克服困难，当一名好医生。"

"我的梦想是当一名警察，我要为民除害，牺牲了也心甘情愿。"

……

站在一旁的吴顺喜为孩子们的梦想而微笑着。

"长大后我要做汉语老师！因为我想成为吴老师这样的人。"

突然，当一个孩子一字一字写出这个梦想的时候，吴顺喜的心在那一刻被重重撞击，他的眼眶湿润了。

那一刻，他觉得一切都值了。

那天，他也在黑板上写下全体"格桑花"支教队员心中的梦：

"为每一个孩子勾勒梦想，助每一个孩子实现愿望。"

在支教队员和琼结县中学的共同努力下，学生学习兴趣和学习能力持续高涨。2014 年，中考成绩在山南地区 12 个县中学里，由 2013 年的第 10 名跃居到第 3 名，进入内地西藏班的学生由 2013 年的 1 人上升到 10 人。2015 年，学生中考成绩由 2014 年的第 3 名跃居至第 1 名，进入内地西藏班的学生也由 10 人上升到 28 人。

"我在西藏有个家。"支教期间，吴顺喜认了一个干弟弟，索朗加措。

索朗加措英语成绩常年排在末尾，偏科严重影响他的综合成绩。吴顺喜便每天中午让他到寝室做英语作业，然后讲解。两个月后的期末考试，索朗加措成绩上升到了年级第 9 名。他有了信心，学习劲头更足了。

正是那段补习的日子，索朗加措和吴顺喜建立了深厚的感情，他每次见到吴顺喜总会大声地叫阿 jo（哥哥）。

2017 年，索朗加措考上了武汉西藏中学。索朗加措妈妈把吴顺喜当作大恩人，她逢人就说："吴顺喜不仅给孩子买学习用品和衣物，还经常自己带菜来补习功课。没有他的帮助，加措肯定考不上内地高中的。"

如今，索朗加措已经考上了大学，吴顺喜也收获了一个"西藏的家"。

"一直不愿意提及的离别／仍将如期而至／舍不得我们一起笑过、闹过的日子／舍不得属于你我的琼结／舍不得朝夕相处我爱的你们／更舍不得那属于你我一点一滴的幸福……"

支教结束时，深深的不舍让理科生吴顺喜写下了人生第一首诗《难忘支教岁月》。

"西藏的天很蓝。在这里，我思索青春，我挥洒热情，我或许会感到疲惫，但从未想过放弃。"

2016 年 3 月，湖北文理学院公布第三批"格桑花"支教团队成员名单，吴顺喜的名字再次出现。

"我考虑过毕业问题，也思索着自己的未来，但我还是放不下，还是想再回去，那里的孩子们需要我。"就这样，吴顺喜再次成为"格桑花"支教队成员并担任队长。

谁也没想到的是，那年支教结束后，吴顺喜得知西藏在全国招聘公务员，当即报名并通过考核，留在了琼结工作。

2018 年 12 月，吴顺喜担任仲堆社区党委第一书记，他用实际行动践行"藏汉一家亲"的理念。他没有把自己当作"外来户"和"过路客"，努力学习藏语，与村民同吃、同住、同劳动，访遍了全社区 176 户人家。

在当地，他把群众冷暖放心中，大到解决饮水问题，小到慰问困难家庭，只要村民找他，从不推脱，想尽办法排忧解难。农忙时，他下田帮乡亲们收青稞、小麦，挖土地，话收成。藏历新年，他会穿上藏族服装成为社区一员。当听到一声声"书记啦，突及其"（"谢谢书记"），他会开心地笑，大家已把他当作了最贴心的汉族亲戚。

吴顺喜在 2017 年、2019 年两度被评为琼结县优秀公务员；还获评琼结县优秀党务工作者、县级民族团结进步模范个人、新时代最美琼结人等荣誉。

"援藏对于我而言，不再只是一份工作。我喜欢这里，我被需要着。"吴顺喜深爱着这片土地，从支教志愿者到基层"村官"，吴顺喜

◆ 湖北文理学院"格桑花"支教团荣获 2018"荆楚楷模"年度人物（集体）

感召着更多志愿者来到这里，不断发热、发光。

我要把你们的梦想——点亮

"天上的星星眨巴着眼；深深月色下，显得格外明亮。
我在想，每个孩子都是一颗小星星，我要努力把他们的
梦想——点亮，这样我也会收获满天繁星。"

——黄亚鹏

2017 年 8 月 25 日下午，琼结中学门口，一辆客车缓缓停住。

"黄老师，黄老师！"手捧洁白哈达、焦急等待的洛桑多吉，看到从车上跳下来的黄亚鹏，立刻扑了上去。"我以为您去了就不回来了，我以为您只是安慰我而已。"洛桑多吉哭啊、笑啊，给亲爱的老师献上哈达。

"老师这不是回来了吗？我会继续陪着你们的。"黄亚鹏也流下

热泪。

这天，离开西藏不到一个月的黄亚鹏重返琼结，再次开启她的支教之旅。

湖北文理学院美术学院学生黄亚鹏是土生土长的襄阳人。大二暑期，她曾向西部进发，途经陕西、四川、甘肃、青海、西藏5省区，一路做志愿者，为多所中小学校义务墙绘。

2017年3月，黄亚鹏通过面试，以"格桑花"首批女支教队员身份，踏上前往西藏的征途。

在琼结中学，黄亚鹏要为10个班的学生上美术课，同时承担英语教学和心理咨询室的日常工作。

为了让学生们对美术课感兴趣，黄亚鹏不断设计课程内容，从折纸到制作贺卡，从简笔画到手抄报；从达·芬奇讲到凡·高，聊艺术、聊历史、聊世界各地的不同文化……

一天下晚自习时，七年级的一个小姑娘跑过来对黄亚鹏说："黄老师，以前一直以为就是老师在黑板画，我们跟着涂，现在才发现美术课这么有趣！"

"亚鹏，这个学生经常考倒数第一，昨晚还违反了校规，你能不能帮帮他。"当校长把一个男生送到黄亚鹏面前时，他抹着眼泪，耷拉着脑袋，一言不发。

"同学，你叫什么名字？"

"……"

"同学，昨晚发生了什么事情，可以和老师聊一聊吗？"

"……"

黄亚鹏意外发现，这名学生还不会讲汉语！她不忍再责备，便拿来了白纸笔画："你能写出自己的优缺点和愿望吗？"

那天晚上，这个男孩一边哭一边写，认认真真写了很久很久。黄亚鹏看不懂藏文，虽短短数语，但她看得出来每一个字都是男孩子用心写下的。

她轻轻叠起纸条，示意男生先回教室。

"我叫旦增群培，也想成为一名好学生。"通过藏族老师的翻译，黄亚鹂才知道他写下的内容。

就是这几个字，让黄亚鹂落泪了。她以为，这个七年级"最笨的差生"，最多不过是写着玩游戏、玩玩具什么的。她没想到，旦增群培一边掉眼泪一边写下的，是他的愿望："我也想成为一名好学生！"

那一刻黄亚鹂深受感动，她下定决心要帮助这个孩子。

此后，在课堂上，黄亚鹂经常鼓励他，用手势比画着告诉他画得很好，他就拿自己的画给黄亚鹂看，听课也非常认真，旦增群培成了班上最积极的学生。

黄亚鹂在琼结中学举办了第一届师生书画展。挑选优秀作品时，"旦增群培"这个名字划过黄亚鹂的视线，她看到作品线条流畅，用笔恰当，画面感十足。黄亚鹂当即向同事们夸赞并推荐了旦增群培。

画展结束后，旦增群培找到黄亚鹂。"老师，您可以教我画画吗？"旦增群培拿着手中的画棒，充满期待。

新学期，西藏的学生要学藏语、汉语和英语三门语言，黄亚鹂发现他们英语水平最差。为此，黄亚鹂除了要认真备好每一节课，还经常家访，义务进行课外英语辅导。

为了让学生们对英语感兴趣，黄亚鹂尝试把课文编成歌，把单词讲成故事，对每一个知识点进行详细解析补充。为此，她需要参考很多书，查很多资料，并且设计有趣的PPT课件来激发学生兴趣。

支教的那些日子，黄亚鹂常常在家访途中啃馒头，严重的缺氧让她呼吸困难、头疼欲裂，晚上靠在床头失眠到天亮。

"那是最苦最忙的日子，却也是最难忘的一段时光。"黄亚鹂在日记里写道。

她还记得八年级学生洛桑多吉，一上英语课就紧张，于是，他成了黄亚鹏的课外辅导对象。

一次补课结束后，黄亚鹏检测他的学习成果，发现他把知识点都记住了，很用心地做好每一次课堂笔记。黄亚鹏很开心："你真棒，我要为你鼓掌。"

洛桑多吉却突然站了起来害羞地说："老师，是我要给您鼓掌，因为您教得好，我才学得好，我会努力加油的！"

期末考试结束，多吉敲开黄亚鹏办公室的门，激动地说："黄老师，这次考试我考了班级第一、年级第五。如果没有您的帮助，我不会考那么好！"

多年以后，黄亚鹏还记得自己做急性阑尾炎手术，队友们轮番照顾她，藏族老师也纷纷来为她加油打气。队长徐小浩特意带来学生们拍摄的视频："祝老师早日康复，黄老师，我们不见不散！"

看着学生们挤在镜头前一张张纯真的笑容和期待的眼神，黄亚鹏脑海中不禁涌现出太多点滴日常，想起为他们拍的百张笑脸，想起白玛德吉告诉自己，未来想要当一名英语老师，想起嘎珍和她分享的小秘密……黄亚鹏落下感动的泪。

"老师，想给您补补营养。"出院那天，一位藏族学生父亲将一串蘑菇挂在黄亚鹏脖子上。事后她才知道，这些蘑菇在当地极为稀有，生长在海拔 5000 米的高寒地带，这一大串蘑菇，要一整天才能摘到。

"老师，我们舍不得您走，您还会回来吗？"支教期满离别时，洛桑多吉的这一问，让黄亚鹏泣不成声。

"老师会回来的，一定会回来的。"车开了，黄亚鹏悄悄拭去眼角的泪水。

在第四批"格桑花"支教团期满返校之前，湖北文理学院已着手启动第五批队员的招募工作。这一年，湖北文理学院决定从每年一批改为每年选派两批志愿者赴藏支教，并逐步扩大服务面。

黄亚鹏第一个向学校申请，成为第五批"格桑花"队员再度赴藏。

正是因为被需要，强烈的认同感和责任感，让越来越多的"格桑花"奔赴青藏高原，他们谱写着自己的青春之歌，也见证着当地孩子们的青春成长。

从青藏高原飞向天山雪域

人物档案：尹明慧，女，中共党员，湖北十堰人，湖北文理学院政法学院社会工作专业2023届毕业生，第十三批"格桑花"赴藏支教团副队长，第一批"雪莲花"赴疆支教团队副队长，在校期间获校长奖学金、卧龙英才奖学金、创新创业奖学金等多项奖励，获"优秀基层理论宣讲员"荣誉称号；获"互联网+"大学生创新创业"湖北省青年红色筑梦之旅"赛道铜奖、全国大学生"千校千项"网络展示活动"个人风采"奖等系列奖项。

尹明慧一直跟自己说：我不能哭。

可是，2023年6月27日上午，当她写下"最后一堂课"，面对讲台下38名学生时，泪水一次次夺眶而出。

此刻，新疆精河县托里镇中学八（1）班教室格外安静。

"我对你们一直很严，如果恨我，我能接受。但我真的很爱你们，我想要你们进步。"尹明慧红着眼睛。孩子们没有说话，许久，隐隐传来啜泣声。

"真的抱歉不能陪你们走完初中最后一年，支教期间总想着要和你们多接触，从每天早上的'早自习'、早读、课间操、午休前到晚自习，甚至是每个课间，都想见到你们，只要我的陪伴能让你们有所收获，我都觉得值得。"

"我曾用一个星期时间来记住你们，全班38个学生的名字。今后，这一辈子都不会再忘掉。"挥挥手，尹明慧走下讲台泪流不止。

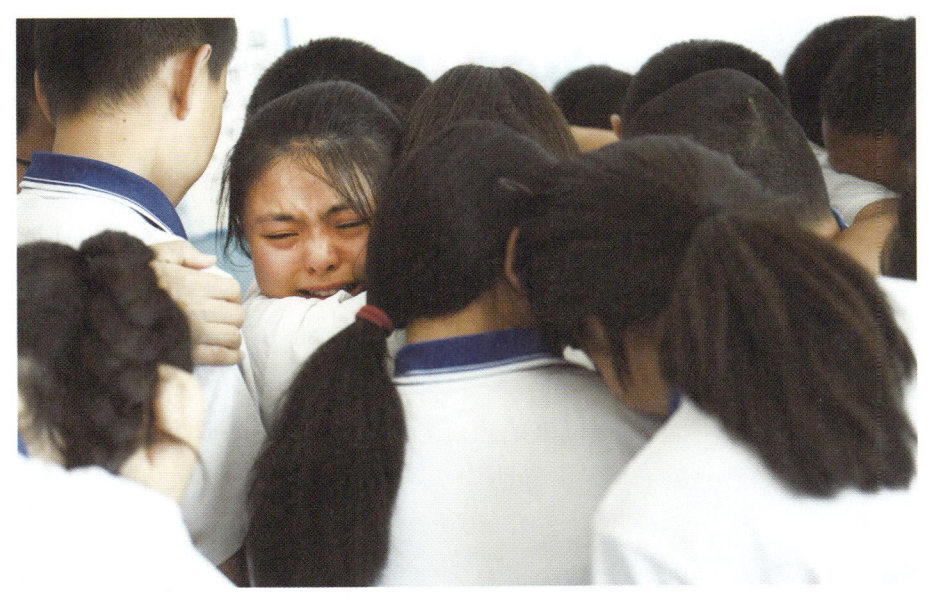

◆ 尹明慧与同学们相拥话别

"老师，舍不得您走！"课代表伊丽扎扑上前，相拥而泣。泪眼蒙眬中，尹明慧看到那个曾经最调皮的杨江涛来了，"骄傲"却爱哭的时佳豪来了，藏布、都格尔、苏买娅、吐尔洪娜依……大家一个接一个，紧紧拥抱在一起。

离别前，多想再看你一眼啊！6月29日，飞机呼啸着冲上蓝天。透过舷窗，尹明慧含泪深情俯视这片土地。

她仿佛看到春雪初融，孩子们寒风中相迎。

"那一刻，当我飞奔向你，用真心换你真情。

那一刻，当我飞奔向你，彼此一点点靠近。"

她知道，记忆中的这一程，将会是一生。此后一别，山高水长。

"我愿化作天山雪莲，护你佑你，直到你如雪域雄鹰，迎着阳光，带着梦想，展翅飞翔。"

这已经是尹明慧第二次踏上支教之路了。她曾经是农村留守儿童，在社会的关爱下成长。大一入学之初，学校"格桑花"支教故事感动了她，她下定决心要到西藏支教。经过两年半的努力，2022年春天，尹明慧以优异的表现获得支教资格，从一名"格桑花之家"展厅讲解员成长为第十三批"格桑花"赴藏支教团志愿者，到西藏琼结县中学开展支教工作。

在琼结，她发挥社工专业优势，筑牢汉藏情谊，加强家校联动促进学生成长；大胆实践创新，创建多个特色课堂；开办琼结县中学第一个抖音号及微信公众号平台，打开了家长了解学生、学生探知外面世界的那扇窗。

考研，是尹明慧一直以来的追求。到琼结支教的那学期恰好是备考关键期。经过慎重考虑，她决定先到西藏支教，结束后再全身心备考。

备考压力大的时候，她会想起离别前和西藏孩子们的约定："你们好好学习，考上大学，尹老师也会努力学习考上研究生"。考试前一天，她突然感染上新冠肺炎，考试期间全身疼痛昏昏沉沉，但她咬牙坚持考完所有课程，最终被华东理工大学社工专业录取。

从格桑花到雪莲花，尹明慧说："我会不断努力，成为更好的自己。我也将继续帮助他人，温暖他人，成为对社会有益的人。"

格桑花开已十年

琼结县地处喜马拉雅山北坡，三面环山，地势东高西低，总面积约1030平方千米，总人口不到两万人。琼结中学是全县唯一一所中学，孩子们大多数来自偏远山区，上学非常不易。

2014年3月上旬，湖北文理学院获悉襄阳市对口支援县——西藏山南市琼结县急需援藏教师，经与琼结县沟通协商，并报襄阳市政府同意，学校决定即刻组建"格桑花"赴藏支教团，对琼结开展对口支教工作，每期支教时间为半年。

在琼结，支教团担纲多门课程教学，利用"结对一帮一""抓两头促中间""情景案例教学"等多种教学方式，努力提升课堂教学质量。他们大力推广以电教式教学为基础的启发式、诱导式、拓展式教学，促进信息技术与学科课程的融合。

支教团志愿者举办课余学习培训班，假期组织家访补习，对接母校开展学习用品及图书捐赠等，有效提升了学生的学习能力。

支教团以爱心结对、师生募捐、学校帮扶、社会资助的方式，募资设立了"格桑花支教爱心基金"，资助当地家庭经济困难、品学兼优的学生，进一步激发了学生学习兴趣。

支教团还邀请母校心理健康教育中心专业教师赴藏现场指导，成立了"格桑花之家"心理辅导工作室，引导全体学生特别是留守儿童和单亲家庭学生以良好的心态对待学习生活。

他们将关爱和帮助带给学生，开展"暖手、暖智、暖心"结对帮扶活动，每年组织学生到北京、襄阳等地参与"启梦行动——大手牵小手，笑眼看世界"活动，实施"首都参观""隆中访学"项目，坚定学生成才决心。联系母校捐资 10 万元援建"阳光水房"，解决学校安全饮水问题。

为推进素质教育，团队结合队员专长指派专人参与琼结县中学团少部工作，起草并试行了《琼结县中学学生发展多元化评价体系》。团队编辑出版了琼结县中学第一份汉文校报，举办了第一届艺术绘画展，组建了第一个合唱队、第一个葫芦丝演奏团、第一支校园武术队、第一支国旗护卫队，协助建设了第一个美术室、第一个音乐室、第一个科技制作室，成立了绘画社、美术社、朗诵社、篮球社、足球社、HS 科创社等一大批学生社团；建立山南市首个学生安全教育培训基地；为琼结县中学捐赠了用于第二课堂实践教学的 10 台编程机器人，有效提升了学生实践创新能力。

据不完全统计，支教团志愿者指导学生在"北斗领航梦想"全国青少年北斗科技实践系列活动中获一等奖 2 项，三等奖 1 项；在"北

◆ "格桑花"支教团志愿者冯金柱指导科创社开展活动

斗领航梦想"全国青少年航天实践活动之"创艺北斗"科学创作活动中获二等奖1项;2020年琼结县中学被北斗启航科普基地评为"北斗"地图测绘青少年科普活动"优秀示范基地"。

支教团有力地支持了当地城建。团队每批都选拔具有艺术设计或建筑工程等专业特长的志愿者,参与当地的城建援建项目,将街道墙绘美化、工程造价评估、城建测绘测量等作为支教延伸。

在藏期间,支教团志愿者踊跃参与当地汉藏交流活动,师生情谊深厚。目前,选择就读湖北文理学院的西藏籍学生逐年增多,至今已达90人;以支教活动为载体,该校与琼结已开展"藏族教师来校代培"等校地互访交流活动41次。

在支教团的带动下,学生参与支教活动的热情高涨,每一批招募活动平均有1000多人报名咨询,支教队员中有2人两次参与支教,7人毕业后返回西藏工作,立志投身西藏建设,还有54名非支教团学生毕业后到西藏就业创业。湖北文理学院团委成为湖北省学雷锋活动示范点和中宣部命名的首批 50 个全国学雷锋活动示范点之一。

付出终有回报，爱与被爱是一场双向奔赴。首批女支教团志愿者之一的万倩怡依然记得，最初从襄阳到琼结，要辗转武汉、兰州、西宁、拉萨、山南，全程三天两夜 3400 公里，一路坎坷。但是，一走进琼结中学，看到这群纯朴的孩子腼腆地笑着围上来，万倩怡周身的疲惫顿时一扫而光。

"他们质朴、纯真、善良，虽不善言辞，但懂得如何用自己的方式去爱人。他们懂事得让人心疼，当我们努力打开每个孩子梦想的那扇窗时，他们也在用实际行动温暖着我们，浸润每一名支教志愿者的心。"

（图片由湖北文理学院格桑花支教团提供）

春蚕无悔吐新丝　蜡烛有爱亮如斯
——记湖北医药学院怡敏义务支教志愿服务队

在湖北医药学院，有这样一群人，他们默默奉献，用热情、爱心、担当书写着支教故事，在"中国好人"陈怡敏教授的带领下，他们定期开展义务支教，风雨无阻、寒暑无休。

这支队伍就是以退休教授陈怡敏名字命名的"怡敏义务支教志愿服务队"。

为坚守和传承学校陈怡敏教授多年来义务辅导农民工子女的感人善举，服务队于 2011 年 11 月正式成立。

12 年来，服务队先后荣获 2018 年"全国学生最具影响力公益社团"、2021 年湖北省"本禹志愿服务队"、2021 年度全国学雷锋志愿服务"四个 100"先进典型最佳志愿服务组织、2022 年度十堰市优秀青年志愿团体、2022 年湖北省学雷锋活动示范点。团队成员中先后涌现出全国优秀共青团员、中国大学生自强之星、湖北省优秀志愿者、十堰好人、十堰道德模范等。2021 年团队成立十周年之际，首次将"中国好人"陈怡敏的事迹搬上舞台，受到中国文明网、湖北文明网、湖北志愿服务网专题报道。

陈怡敏教授也先后获评"中国好人""全国离退休干部先进个人""湖北省最美共产党员"和"荆楚楷模"等荣誉称号。

一个老人撑起孩子一片天

2001 年暑期的一天，退休不久的陈怡敏教授在菜市场买菜时，看

◆ 陈怡敏简朴的家庭课堂

见摊位旁一个小女孩趴在水磨石上写作业，便和孩子妈妈聊了起来。

"女儿随我从房县到十堰来读书，比别人晚上了半年的课，跟不上啊，老师在上面讲什么她也听不懂。"这位女摊主知道陈怡敏教授是老师，着急地说。

陈怡敏教授说："这样吧，你让她来我这里补一补，不要钱的。"

从那天起，陈怡敏教授开始义务辅导小女孩。时间一久，附近农民工知道有个不收钱给孩子上课的陈教授，都将子女送到这里来，每次陈教授都笑着接纳。

陈怡敏家房间不大，小朋友们自带板凳，渐渐地左邻右舍的孩子都过来听课，房间站不下就在外边听，陈怡敏教授把两边的门都打开，小朋友们便能看到黑板上的内容。

一开始只在暑假教，后来周末也开始了辅导，这一教便是 11 年。

年岁不饶人。退休十多年的陈怡敏教授身体慢慢变差，每天都要吃药，每周要管这么多孩子，她有些力不从心了。2011 年，她将开了 11 年的义务辅导班交给一直跟随上课的大学生来管理。湖北医药学院延续陈教授帮助农民工子女的初心，成立了怡敏义务支教志愿服务队。

一个孩子从受助到施助

时间在特定的经历中似乎走得格外快。它们既难忘又宝贵，也记载着成长。

2010 年，陈怡敏教授遇到了盛小恭（化名）。

那天，陈怡敏教授家来了一对母子。母亲不断拉着孩子往陈怡敏家拖，孩子低着头想挣脱。

"陈教授，我们家小恭上了初中，基础真的很差，平时学习也很吃力，我们也没有钱送他去外面的补习班，您看可不可以帮帮我？"母亲抹着眼泪，孩子却不耐烦，嘴里不停嘟囔着："学这么多干吗，学不好也有技校上，不行我就出去打工！"妈妈听后气得在他后背又是两巴掌。

原来，盛小恭随父母进城务工，妈妈是环卫工人，爸爸得了肝硬化经常住院，家庭条件极为困难。盛小恭刚念初一，正值青春期，不爱开口说话。

"来吧！"陈教授拉过孩子。

盛小恭基础真的很差，学了一个学期一点进步都没有，周围邻居都跟陈怡敏教授说："您怎么还在教他啊，花在他身上的时间最多，但来来回回就只考那 40 多分，太不争气了！"

好多次，陈怡敏教授差点就坚持不住想放弃了，但每次她都说："我不教他谁教他，他爸爸肝硬化，还老住院。放弃了这孩子，可能他这辈子就完了。"

这么想着，陈怡敏教授在盛小恭身上花的时间更多了，她还鼓励一起上课的同学共同帮助他。试卷错了之后需要订正，同学会主动教盛小恭解题思路。在同学们和陈怡敏教授的帮助下，慢慢地，他的成绩一点点在提升。

2013年，盛小恭考上了一所不错的高中，拿到录取通知书那天，他眼含泪水跑到陈教授面前："奶奶您看，我真的做到了，我都没想到我能考上高中，谢谢，真的谢谢您和各位哥哥姐姐这三年对我的帮助，以后我也想像你们一样帮助更多的学生。"

2016年，盛小恭如愿考入湖北医药学院，拿到录取通知书的那一刻，他再次给陈怡敏教授报喜，他在信中写道："奶奶！奶奶！我考上湖北医药学院了，我们全家都很开心，感谢您当初没放弃我，我要去完成当初的承诺了……"

进校后，盛小恭加入了怡敏义务支教志愿服务队，开始辅导孩子们。2017年，他带队前往贵州，深入凉井小学义务支教。

"如果我不曾看到孩子们的眼神，我不会理解他们对知识的渴望。如果曾经的我选择放弃，那么我一定会遗憾终生。幸好当初的我得到

◆ 怡敏义务支教志愿服务队志愿者在贵州凉井小学的支教合影

了帮助，也学会了坚持，现在的我也想教会他们让知识改变命运。"盛小恭说。

是啊，当初的盛小恭顽皮捣蛋，在别人眼里不是学习的料。而现在，他也成了一名小老师，辅导着一群可爱的小朋友。

情系贵州大山深处

传承之焰，生生不息。在离湖北医药学院 1000 多公里的贵州大山里，盛小恭和其他的志愿者们开始了支教生活。

天无三日晴，地无三尺平。坐在破旧的三轮车后面一路颠簸，被瓢泼大雨浇得透湿，到贵州省大方县凉井小学的第一天，盛小恭和队员们就被这里的艰苦条件震惊了。

入夜，他们打地铺睡在没有床的教室里，铺盖也是学生家长临时拼凑出来的，老鼠和蟑螂一会儿就窸窸窣窣前来报到，有的女生吓得哭起来，吵着要回家。

"还能坚持下去吗？"那个夜晚，盛小恭给同伴们讲自己这一路走来志愿者哥哥姐姐的帮助，陈奶奶一次又一次语重心长的教诲……即使他自己要放弃时，奶奶和那些志愿者都没有放弃。讲起这些故事，他和同伴们都流泪了。

支教的日子里，盛小恭用自己的经历去鼓舞更多人，就像当初奶奶待他那般去帮助更多的人，他和同伴们怀着满腔热血点燃微光，去照亮乡村孩子坎坷的求学路。

家访，对平原地区来说是件容易的事。但在贵州大山里，去一个学生家，往往要爬好几座山。盛小恭他们去第一位学生家的时候，就翻过了 4 座山。他们不敢想象，平时这些孩子每天是怎样早起，翻山越岭来上课的。

在凉井小学，他们的努力付出获得了孩子们的信任。离开前，一个叫小智的学生拉着盛小恭来到家后面的河边。

◆ 怡敏义务支教志愿服务队到山区开展支教活动

"哥哥，我想和你说些话。"小智问，"爷爷说不光天上有星星，海里也有星星，它们都在发光……这是真的吗？"

盛小恭笑了笑回答："嗯，是真的，星星在哪里都能发光，咱们小智啊，以后也会像星星那样，在自己的世界里闪闪发光啊。这是哥哥随身的钢笔，送给你，希望你能好好学习。"小智突然就笑了起来："那太好了，我以后也要和哥哥一样考上大学，再回来帮助更多的像我一样的人！老师，我们拉钩！"

支教是一场爱的双向奔赴，队员们在帮助他人的同时，也学到了很多。"我们抱着传道授业解惑的心来这里，最后却发现是这群孩子教会了我们怎样去做一个大人"。盛小恭在日记里写道。

支教结束后，有人问盛小恭，你的精神力量是什么呢？他说："我从农村走出来，明白那里的孩子更想要什么。我要给孩子们带来不一样的东西，帮助他们走出大山。有一分光，我就要发一分热。当年，我也是被帮助者。如今，我也想要为千千万万需要帮助的人打开一扇明亮的窗。只要他们需要我，我就会尽最大的努力。"

到今天，盛小恭和同伴们还记得离别前，他们给凉井小学的孩子们上的那堂党史教育课。

当讲到周恩来总理的"为中华之崛起而读书"时，他们就问孩子们："你们觉得读书是为了什么呢？"

学生们有的回答为了上大学，有的说为了以后找到好的工作，有的说报效祖国回报父母……答案五花八门。可一个小朋友的回答突然令教室里顿时安静了下来："哥哥姐姐，以前我不知道我为什么要学习，每天就是为了读书而读书，但是现在我知道了，我以后要成为和你们一样的人。"

支教的意义是什么？德国哲学家雅斯贝斯说："教育就是一棵树摇动另一棵树，一朵云推动另一朵云，一个灵魂召唤另一个灵魂。"

受条件限制，很多山区的孩子们不知道什么是梦想，什么是未来，他们只知道读一天是一天，读不好、考不上就不读了。但是因为支教，他们有了榜样的力量，也许他们不知道自己想要的，但他们开始向往成为一名志愿者。志愿者用自己的行为在孩子们的心中播下了一颗奉献的种子，他们都期盼着，这颗种子成长为参天大树。

从一个人，到一个团队

2023 年 7 月 10 日，怡敏义务支教志愿服务队走进十堰 26 个社区，开展以"七彩假期，情暖童心"为主题的暑期支教活动。

在支教的过程中，他们与孩子们建立了深厚的感情，成为孩子们的好朋友、好伙伴。他们精心策划的课业辅导、手工课、心理辅导课以及音乐课等多门课程，不仅丰富了孩子们的学习生活，也让他们感受到了社会的关爱和温暖。

22 年的坚守与付出，这支队伍已从当初陈怡敏老师一个人，到如今发展成一个团队，并不断创新服务模式，形成特色服务品牌。他们创建了"2+N"的关爱行动模式，即"1 支志愿服务分队结对 1 个农民工子弟学校，1 名志愿者结对 1 名农民工子女"的 2 个结对帮扶模式，多种帮扶教育内容的 N 项服务。目前，志愿者数量达到 580 人，志愿服务累计时长达 12 万余小时，形成一个教室、两个社区、多点帮扶的志愿服务辐射模式。据不完全统计，服务队目前已累计帮助 4000 余名农民工子女健康成长。

"怡敏义务支教志愿服务队员们通过志愿服务的方式，传递爱心和温暖，让更多的人关注和支持教育事业。他们以实际行动践行了社会主义核心价值观，展现了当代青年的责任担当和奉献精神。"十堰志愿者联合会相关负责人表示。

（图片由湖北医药学院怡敏义务支教志愿服务队提供）

大手拉小手，希望才会有

——记华中科技大学"大手拉小手"公益团队

> 因为奉献／所以聚首／因为有爱／所以付出／一群志同道合的公益青年／一个关注花朵的公益理念／一段坚持不懈的公益道路／一颗热血沸腾的公益热心／我们的大手／他们的小手／大手拉小手，希望才会有。
>
> ——题记

"如果有一个孩子对生活不抱希望，那么这个社会的每一个人都有责任。"从 2009 年创办至今，华中科技大学"大手拉小手"公益团队带着这样一颗初心，走过 15 年时光，足迹遍布贵州、湖南、湖北、云南等省份。

每年夏令营，"大手拉小手"公益团队都会根据当地实际情况，结合自身专业知识进行实地调研，因地制宜规划确定主题。他们曾获得 2021 年华中科技大学大学生志愿者暑期"三下乡"社会实践活动优秀团队、2020 年湖北省青年志愿服务项目大赛铜奖、2017 年湖北省"本禹志愿服务队"等荣誉。

他们始终"关注山区教育，汇聚社会力量，探索可持续公益"，大手拉小手，一直在路上。

"一对一"十年帮扶寒门学子

又到了开学的日子。武汉光谷，某农商行前台。

"请您输入密码""请您确认汇款账户和金额"，拿起汇款单，走出大厅，长出了一口气，她眉角眼梢藏不住的微笑满含关爱。

很多年了，这样的场景发生了不知多少次。作为土木学院工程管理专业老师，HUST"大手拉小手"公益团队发起人、资助人的她，也已经坚持了很多年。

2009 年，华中科技大学西六楼的一场演讲比赛中，一名支教归来的学生对贫困山区的描述深深触动了她。从那一刻起，她决心为贫困地区的孩子们做一些事。

那年，她带领工程管理专业学生组建 HUST"大手拉小手"公益团队，并个人拿出 2 万元作为启动资金。多年以来，她以雷锋精神为支撑，践行自己的公益之心，她的感人事迹促使土木学院其他老师也纷纷加入资助队伍。

"一对一"资助，是团队 2014 年开始发起的贫困帮扶计划。由社

◆ 2023 年暑期，湖北省鄂州市红莲湖三小的孩子们在"布艺扎染"课上近距离观看志愿者制作扎染

会各界爱心人士每年捐献一定数额的资金，通过和贫困学生建立一对一的关系，来减轻贫困家庭经济和学业问题带来的压力。他们给家庭贫困但品学兼优的学生建立成长档案，发展为团队的"一对一"资助对象，进行长期的经济帮扶与心灵沟通。同时，还发起了月捐伙伴项目，由社会各界爱心人士、学生、教师等每月捐赠一定数额的资金用于贫困学生资助。

团队最早在湖南省湘西州永顺县万民乡洞坪村小学和新农村小学建立"一对一"资助体系，他们通过网络平台寻找到有意向资助的爱心人士，签订三方协议达成"一对一"资助。爱心资助协议还规定，资助人不仅要从资金上帮助孩子们，还要定期了解孩子们的学习、成长情况，给予他们精神上的鼓励。"一对一"项目在 10 天内就确认资助 8 名孩子，总计金额 52400 元。

此后，在历届志愿者的不懈努力下，"一对一"资助项目不断进行调整和完善，逐步建立起更加完整和人性化的流程。项目开展以来，大量土木学院学生参与，他们与"大手拉小手"公益团队一同助力山区教育，资助湘西、孝感等地的数十名学子。

13 年夏令营探索可持续公益

自 2011 年起，"大手拉小手"公益团队连续 13 年开展暑期夏令营支教活动。他们秉承"关注山区教育，汇聚社会力量，探索可持续公益"宗旨，先后深入贵州省黔西市、湖南省永顺县、湖北省孝昌县等地支教，得到了社会各界的认可和支持。

2014 年 7 月，团队 14 名队员抵达永顺县万民乡新农村，开展为期 12 天的支教活动。

在当地，队员们将村委会会议室和农户家厅堂改造成教室，吸引了周边 75 名孩子前来学习。孩子们按不同年龄段被分成 3 个班级，队员们除开设语文、数学、英语、音乐、体育等常规课程，还结合自身特长，讲授了科学、历史、地理、手工、主题班会、安全与生活常识等扩展课程。

同时，他们发动社会力量，为 3 所小学捐助价值 4500 元的儿童图书，寻求爱心人士捐资 5 万元帮助 8 名孩子。

那时的团队负责人杨慧杰同学说："我们希望教给孩子们知识，更希望给予他们持续、深远的影响。所以，我们通过网络平台寻找社会资源，从物质、心理两方面让这些可爱、好学的孩子们更好地成长、成才。"

新农村小学的老师感慨："'大手拉小手'的志愿者们为新农村开了一扇窗，让孩子们看见了外面的世界，也让外面的世界更了解这群孩子。"

2015 年 7 月 11 日，团队走进恩施宣恩县庆阳坝小学，举行'关注山区教育，汇聚社会力量，探索可持续公益'的夏令营支教活动。

团队以丰富多彩的授课形式，打破了常规教学模式；以手抄报、知识竞答、英文歌曲比赛等方式提高了孩子们的积极性；声乐舞蹈、科学、生理健康等其他兴趣类课程也为课堂增添了更多乐趣。团队还对当地多户贫困家庭进行了家访调研，共收集到 50 余户家庭孩子的相关信息，为 7 名孩子寻找长期"一对一"资助人。该团队还为当地小学募捐了价值 1 万多元的图书和价值 3000 余元的文具。

2018 年 7 月，团队来到孝昌王店镇，他们了解到这里村民平时忙于在外务农或者在外务工，留守儿童较多，农村池塘多，还有一些地方比较荒凉，家长比较担心的就是暑假安全问题。于是，给留守儿童们当老师，以"关爱留守儿童"为主题的公益夏令营支教活动在当地开展。

"既能解决暑期留守儿童在家无人照看的难题，也能让孩子们学习新知识。"那一届的团队队长张景说。

他们给孩子分三个班进行教学，课程倾向于普法课、语言风采课、

◆ 2022 年暑期，云南省临沧市蚂蚁堆中心完小的孩子们与队员合影留念

艺术课等兴趣类课程，更多的是为孩子们打开一个窗口，提升孩子的学习兴趣。

在小学生张升的记忆里，这些哥哥姐姐和平时老师讲课不一样，他们讲得更有意思一些，他很喜欢。

云南临沧市临翔区，是滇西边境片区县和革命老区县，也是华中科技大学定点帮扶地。自 2013 年定点帮扶以来，华中科技大学大力支持临翔区的教育，与当地建立了长期的合作交流机制，着力为全区经济社会发展提供智力支持、人才支撑。

经过数月的精心准备，2022 年 8 月，团队赴临翔区蚂蚁堆中心完小，开始为期 15 天的社会实践活动。他们以"志智"双扶公益，助力乡村振兴为主题，准备了 6 大类，共 11 门课程。如《华中大故事》讲述华中科技大学七十年校史中涌现的优秀人物，《我和我的祖国》讲述中国共产党的百年奋斗历程，旨在扶志；如《昆虫世界》科普当地数不胜数的昆虫种类，《地理塘物语》从人文地理、自然地理、天文地理角度讲解中国地理知识，旨在扶智。

2023 年 7 月 5 日，公益团队与鄂州庙岭镇团委联合举办了暑期夏令营的第一个活动——趣味运动会。

趣味运动会是"大手拉小手"多年乡村夏令营探索模式化的产物，通过拔河、跳大绳、跳绳接力、老鹰捉小鸡、"贪吃蛇"等一个个游戏，将运动会项目与趣味元素相结合，旨在提高孩子们反应能力、敏捷程度和体育运动技巧。活动中，不管是团队还是个人挑战项目，孩子们都积极参与，留下了肆意飞扬的身影。"让孩子们在玩耍中感受竞技的快乐、体会团队协作的重要性，才是活动最大的意义。"团队负责人说。

15 年，用爱温暖前行路

"老师，下一次夏令营您还会来吗？您的电话号码是多少，我无聊的时候可以给您打电话吗……"卢孝巍一直珍藏着这封字迹稚嫩的信。

这封信里，孝昌学生小丽写下"我的梦想是考上华中科技大学，当一名优秀的老师"，令卢孝巍动容。

2017 年，卢孝巍从恩施州建始县考入华中科技大学。一进入学校，他就加入了"大手拉小手"公益团队。本科期间，他和青年志愿者们一起，多次参加暑期支教，5 次前往支教地回访。

他与写信的学生小丽，就结缘于孝昌王店镇藕塘小学支教期间。

那些天，卢孝巍白天带领学生晨读、上课，课后家访，晚上备课，忙碌而充实。"当地的条件虽然比不上城市，但大家也乐在其中。"

令卢孝巍记忆深刻的是，小丽在一次班级竞选活动中被选上了劳动委员。冬天打扫卫生时，常常要将手浸入彻骨的冷水中。小丽曾哽咽着对卢孝巍说，她的手虽然疼，但很愿意帮助大家。

藕塘小学办公室外的墙上，支教团每一位团员都设置了一个信封，同学们可以将心里话投进信封，大家叫它"藏宝袋"。

卢孝巍正是在"藏宝袋"中，收到了小丽的信。

后来，他去小丽家里家访才得知，小丽父母离异，且常年在外务工，她平时由爷爷照顾，长期缺少家长陪伴，有时会感到孤独与失落。从那时起，卢孝巍就格外关注小丽。在这段不长的支教时间里，两人成为知心朋友。

"得益于国家扶贫政策，我幸运地考入了华中科技大学，这份幸运激励着我，从一名受助者，变为一名青年志愿者。"卢孝巍说，"未来，我相信会有更多的大手牵起更多需要帮助的小手，会有更多小手成长为帮助别人的大手。"

2023 年，团队与华中科技大学第二十四届研究生支教团云南分队联合举办云朵信封活动，旨在让大学生用自己的奋斗经历，激励、鼓舞大山深处的学生们，传递关爱，温暖他们前行的道路，团结、引领他们努力成长为能够担当民族复兴大任的时代新人。

云朵信封活动采取"一对一"固定配对的书信交流形式。结合每期主题，分别通过书信文字、互换小目标等方式进行大学生和中小学生之间的交流互动。以书信的形式与华中科技大学学子进行交流，以此带领孩子们了解外面的世界，引导孩子们形成良好的学习习惯、树立正确的价值观和学习目标，帮助孩子们抵御生活中的不幸与压力，最终能走出大山。

溯洄从之，道阻且长，"大手拉小手"一直在努力。

（图片由华中科技大学"大手拉小手"公益团队提供）

珞喻路 461 号的约定
——记武汉体育学院运动训练学院"以体筑梦"志愿服务队

　　群山环绕之中，他们的声音格外洪亮；漫天星河之下，他们的眼神格外闪耀。站在田径场的我，在他们的眼神中看到了对外面世界的向往，"以体筑梦"或许就是他们通往梦想的桥梁。

为你播下一颗希望的种子

　　"老师，我可以去找你吗？"小姑娘的眼泪如大坝决堤，怎么擦也擦不完。

　　"可以的，你努力读书，努力训练，我们肯定会见面的。"

　　"老师，武汉体育学院在哪里啊？"

　　"武汉市洪山区珞喻路 461 号。"

　　"那我长大以后一定要去看你！"

　　华雪婷带着哭腔的声音坚定且洪亮，眼神定定地看着曾佳。曾佳一把搂过华雪婷，禁不住泪湿眼眶。

　　这是 2022 年 7 月，武汉体育学院"以体筑梦"志愿服务队离开五峰县傅家堰乡中心学校时，曾佳和学生华雪婷告别的一幕。

　　这个夏天，志愿服务队在傅家堰中心学校举办公益体育夏令营，队员们利用体育专业优势，结合当地现有场地、器材条件，来完善学生运动技能，提高运动水平，迎接即将举办的五峰县青少年少数民族运动会。

负责短跑教学任务的曾佳，在武汉体育学院学习的专项是田径。虽是女生，却有着不输于男生的意志，读大一时就主动申请加入了"以体筑梦"志愿服务队，历经层层选拔，最终成功入选，开启了她的"志愿之旅"。

湖北省五峰土家族自治县位于江汉平原向云贵高原过渡区域，有着典型的山地气候。作为"以体筑梦"志愿服务队的一员，曾佳随队前往五峰开展团队品牌活动——公益体育夏令营，为当地中小学开展具有严格训练体系的运动课。

为了能更早地见到那些大山里的孩子，天刚蒙蒙亮，曾佳和队友们便踏上了前往五峰的路途。他们背着几十公斤的体育器械进入大山深处，历经 8 个多小时，途经 500 多公里，终于抵达了目的地——五峰土家族自治县傅家堰乡中心学校。

傅家堰中心学校历来就有传统体育特色，但由于缺乏专业指导，学生们无法进一步提升水平去参加更大规模的比赛。此次公益体育夏令营，便是针对农村地区教育资源相对匮乏、学生素质有待提升等问题而开展的特色活动，同时，也助力解决留守儿童学习和成长诸多问题。

曾佳主要为校田径队进行系统化授课和训练，同时组织开展党史宣讲、冠军分享会等专题讲座。她将先进的体育理念灌输于训练课堂，点对点进行授课，针对每一位孩子设计了不同教案，目的在于引导孩子们开展正确的体育锻炼，增强他们的体魄。在 10 余天时间里，曾佳充分发挥体育院校以体育人的优势，不仅培养了学生的意志品质和团队意识，也激发了他们的学习兴趣，进一步促进了学习成绩的提高。

一天下午，田径课训练过程中，曾佳发现，有位小女生站在田径场一角静静地看着他们。她双手背在身后，眼睛时不时往队列里的学生这儿瞟。而当她发现曾佳看着她，却害羞地低下头，迈着一瘸一拐的步子走到角落里。

◆ "以体筑梦"志愿服务队志愿者们开展田径基础素质课程

曾佳想起来，第一天到学校的时候，当地体育老师就告诉她，有一位叫华雪婷的同学由于身体原因无法进行剧烈运动。

"这个孩子应该就是华雪婷了。"曾佳推断。

结束当日训练任务后，曾佳朝角落里的华雪婷走了过去："你是不是也想参加训练呀？"

华雪婷一下子愣住了，也许她从没想到会有一个外面来的体育老师关注她，问她这个问题。

"想……"良久，她的声音响起。

"那你明天来参加我们的训练吧。"

"但是老师，我脚上有伤。"

"那你自己有什么想法呢？"

"老师，我也想跟大家一起，成为一名运动员。"

经过询问，曾佳了解到华雪婷很喜欢运动，但是因为上学期间与同学玩闹时扭伤了脚，因没有在第一时间进行运动损伤处理，从而落下了病根。

曾佳想帮助这个热爱体育的小姑娘，便与她约定好第二天来参加训练。

当晚，曾佳宿舍的灯亮到很晚很晚。她从所学专业知识中一点一点梳理康复训练法，针对华雪婷的特殊情况，制定出独属于这个孩子的训练教案。

翌日，曾佳安排完学生正常训练后，对华雪婷开始做康复训练。她给华雪婷仔细讲解应对伤病的措施，引导她处理现有伤痛，反复按摩、推拿、抗阻训练……

华雪婷怯生生的大眼睛忽闪忽闪的，她一直认真地跟着曾佳的教学动作，努力吸收"第一堂体育课"的知识。

康复训练结束后，小姑娘试着踮了踮脚，激动地说："老师，我很明显地感受到可以小范围地活动了！"看着她红扑扑的脸上满是兴奋，曾佳也开心地笑了。

随后，经过数日的康复训练，华雪婷已可以进行一定强度的奔跑。夏令营结束那天，曾佳站在跑道终点，张开双臂迎接华雪婷冲刺。

小姑娘飞奔而来，猛地扑到曾佳怀中。她兴奋地大喊："老师，我可以自由奔跑了！"

"是啊，你真棒！老师相信你一定可以向着自己的梦想奋进。"曾佳感到格外欣慰。

离别之际，华雪婷扯着曾佳的衣角。"老师，我们还会再见面吗？""会的。"曾佳轻轻拥抱着这个纯朴的小女孩，两人都落泪了。

"那老师，我以后可以去找你吗？"

"老师等你！"

于是，她们之间就有了文中开头一幕的约定。

"群山环绕之中，他们的声音格外洪亮；漫天星河之下，他们的眼神格外闪耀。站在田径场的我，在他们的眼神中看到了对外面世界的向往，'以体筑梦'或许就是他们通往梦想的桥梁。"曾佳在志愿服务心得中写道。

也许她自己也没有想到，当初站在田径场角落那个怯懦的小姑娘在公益夏令营的帮助下，能发生这么大的变化。她拾起了自信，在田径场上重新快乐奔跑；她留下了誓言，相约在珞喻路 461 号。

曾佳明白，孩子心中从此埋下了一颗梦想的种子，她期盼着，也坚信着，有一天这颗种子会生根、发芽。

以体筑梦，伴爱成长

"以体筑梦"志愿服务队紧密结合自身体育专业特点，深入山区、深入农村基层开展志愿服务的团队，累计招募志愿者 5776 人，所有志愿者均获得省级以上体育赛事冠军，奥运冠军程菲、王宗源、世锦赛冠军郑鹏飞、尹成昕等一批中国体育界知名人士都曾是服务队的志愿者。

◆ "以体筑梦"志愿服务队开展跆拳道课程

团队连续 15 年先后赴新疆、西藏、湖北、安徽、江西等多个省区开展公益体育夏令营 100 余期，累计派出志愿者 2600 余名，帮助服务地学校创办体育社团 160 余个，服务 4 万余名青少年，获得荣誉奖项 120 多项，服务时长已超过 26000 小时。

项目始终聚焦教育帮扶，助推乡村体育发展，切实解决了乡村地区体育资源匮乏、留守儿童在学习和成长上的诸多困难。在篮球、乒乓球、排球、跆拳道等孩子们喜闻乐见、方便参与的各类体育项目教学中，队员们结合学生身体素质进行教学设计，并通过开展团队协助、分组竞赛的体育小游戏，充分调动孩子们学习体育项目的积极性，让孩子们在感受体育魅力的同时磨炼心智，提升孩子们的健康水平。

团队连续 4 年在大悟县丰店镇开展公益体育夏令营活动，解决了当地体育教师匮乏的问题，弥补了当地体育教师专业水平的不足。团队的高水平运动员对当地青少年开展系统的体育训练，有效助推了当地体育竞技水平的提升。体质监测结果显示，当地青少年体质优秀率从 54.7% 提升至 66.8%，合格率从 74.1% 提升至 95.6%。团队还定期捐赠专业体育设备、专业体育教学器材等，切实解决了当地体育器材匮乏等问题。团队还广泛运用社会化工作方式，动员社会各界力量共助乡村体育事业发展，进一步传递了公益服务的理念，服务效果得到社会各界的充分肯定。

2022 年 7 月，团队前往新疆博乐开办 8 期公益体育夏令营，为当地中小学送去丰富多彩的体育课程，已成功申报团中央"新疆学子百村游"专项活动。此外，团队还协助新疆博尔塔拉蒙古自治州有关部门完成新疆维吾尔自治区第十届少数民族传统体育运动会志愿者培训工作，为当地体育事业发展作出应有贡献。

2023 年 3 月，团队前往西藏山南开展公益体育夏令营以来，接手山南市业余体校 40 余名运动员日常训练和管理的同时，还对接山南市二小体育教育工作，带领体校学生获得自治区业余体校对抗赛第二名

◆ 武汉体育学院暑期社会实践队结营合影

的成绩。他们针对当地情况，开展体育专业课程培训、体育科普、自编韵律操、垃圾分类、青春期心理健康教育等志愿服务活动，山南市 5 所学校 100 余名学生受益，深受当地师生的喜爱。

（图片由武汉体育学院运动训练学院"以体筑梦"志愿服务队提供）

亲爱的小孩

——记湖北第二师范学院"快乐童心"支教志愿服务队

湖北第二师范学院"快乐童心"支教志愿服务队成立于 2012 年 6 月。团队以师范特色为依托，秉承"充满爱，传播爱"的理念，关爱儿童成长，持续多年开展特色支教服务，为儿童成长赋能。

团队运作采用"1+1+1+N"模式，即 1 个总队 +1 个研究中心 +1 个云支教团队 +N 个支教志愿服务队，有效对接"中小学兴趣课堂"、"童心伴飞"书信活动、"朋辈关爱"、"七彩社区"、"希望工程"云支教等志愿服务项目，多次入选国家级、省级"七彩假期"项目示范团队，入选"强国有我，'核'你一起"等专项团队；多次赴湖北黄冈、四川宜宾、贵州贵阳、新疆博州等地乡镇开展"三下乡"支教活动，受到社会和当地群众的广泛认可。

2021—2022 年，团队赴武汉东湖高新区九峰街道仁尚里社区、德欣里社区开展线下支教活动，共收回有效数据 3000 余份、实地走访调研 40 余处，完成调研报告 3 篇。

爱，支教路上最美的风景

有人说，支教的爱是克服艰苦环境，增长才干，培养实践能力，用爱和希望证明自己的存在。

也有人说，支教的爱，就是每一次走进班里时雷鸣般的掌声，一双双纯真的眸子里透露出的新奇与微微羞涩，脸上抑制不住的喜悦神情；就是上课时积极的思考与回应，下课后平等的交流与玩耍。

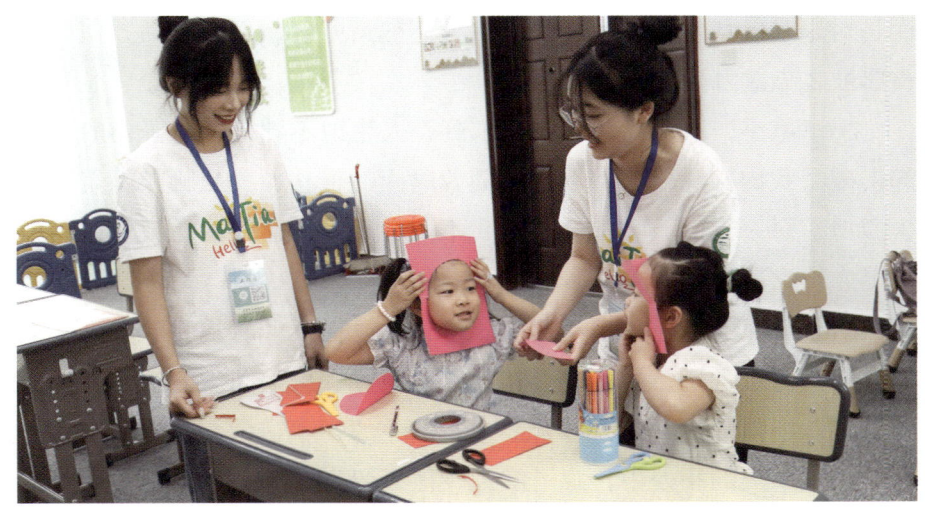

◆ "快乐童心"支教志愿服务队志愿者与小朋友们一起做手工

一名叫张文慧的志愿者说："支教是一件以爱易爱的事情，所有付出的爱都会以更纯净的方式奉还。能用一年不长的时间做一件一生难忘的事情，我想，我真的很幸运。"

关于支教，关于爱，"快乐童心"志愿服务队三名志愿者刘馨雨、代欣林、王康，有着他们自己的感悟。

刘馨雨：怀热爱之心　寻繁花似锦

你所经历的每一个昨天，都会带来回忆。每一段回忆就像一块碎片，当你紧握一片时，似乎什么也做不成。但我在经历支教的这 25 天里，逐渐意识到：一片虽小，但当你捧住一大把记忆碎片时，便能透过它们，看到更完整的自己、更鲜明的未来。

满怀一腔热血，我在"快乐童心"志愿服务队的组织下，与 39 名志愿者共同前往四川省宜宾市，开展为期 25 天的支教活动。

我支教的地点叫双河镇，因 2019 年的那场地震，这里仍处于灾后重建的状态。走在街上，这座古城所带给我的感受并不是死气沉沉，而是对未来的憧憬之情——沿途的人们热情好客,努力生活,似以重整旗鼓之势蓄力待发。

小镇虽小,人情味浓。初来乍到,人生地不熟,但孩子们的热情却击破了我内心深处的那堵墙。随着时间的推移,我从腼腆害羞到饱含激情,每一天的教学都会给予我不同的感受,而我也在教学过程中慢慢成长。

印象最深的是一个叫小黑的孩子,总爱在下课时找我们聊天。他说,因为比较贪玩,一到夏天就会晒得很黑。班上同学便给他取外号"小黑"。小黑活泼开朗,经常会来我们住的学生宿舍,找我们一起打球。在与小黑的相处中,我了解到,他是留守儿童,父母长期在外地打工,一年难得回来两三次,平时照顾他的都是爷爷奶奶。

在后续的家访中,我们发现,像小黑这样的孩子在班里竟占了大多数。

对于这些长期缺少父母陪伴的孩子来说,我们的到来显得比较珍贵。他们淳朴的世界想得到的东西很简单——关怀与爱。他们小小的身影,承载了太多的孤独与寂寞,他们对爱的渴求,需要人世间的真情与温暖来弥补。

我和队里其他老师每天放学后都会开展一些有趣的活动,带孩子们一起玩。活动结束后,我们也会将孩子们逐个送回家。虽然每天只有短短半个小时左右,但也正是这半个小时,让我们之间的距离拉得更近。

在彼此的世界里,我们只是匆匆过客,甚至只能在对方的人生中留下一串脚印。但我坚信,这串脚印的存在,一定会在我们的人生之路上留下浓墨重彩的一笔,抒写我们青春中极为珍贵的一段时光。

请相信,那些偷偷溜走的时光,催老了我们的容颜,却丰盈着我们的人生。

请相信,青春的可贵并不是因为那些年轻时光,而是那颗充满了勇敢和热情的心，不怕受伤，不怕付出，不怕去爱，不怕去梦想，去寻找那片繁花似锦。

爱是什么？我也说不清。但你要是问我爱在哪里，我会告诉你，爱在我们生活里的每一处细节中，它就在"这里"。

代欣林：亲爱的小孩，我该怎样爱你？

支教的最后一天，和孩子们留下了这个夏天最后一张合照。代欣林有些难过。

2022年7月28日，"快乐童心"志愿服务队在四川长宁的支教活动已经进行了16天。为了真正了解学生，代欣林等志愿者对留守儿童开展家访，希望能进入他们的内心深处。

对支教志愿者来说，也许每个班上都会有几个"顽劣"的孩子，调皮捣蛋，支教第一天，代欣林就遇到了赵武杰（化名）。在代欣林看来，别人都白白净净，穿戴整齐，只有他皮肤黝黑，穿戴一件破破烂烂的迷彩短袖，手上沾满了污渍和泥垢。

"当他看到我们时，脸上的笑容充满了纯真。我沉默了，我看过很多贫困山区支教的故事、影视作品，但真正这样一个孩子走出书本和屏幕，活生生出现在眼前时，对我的冲击难以言喻。"代欣林说。

他在心里暗自决定，应该给这个孩子带来点什么。

可随着时间的推移，那个纯真朴实的孩子形象渐渐消失，取而代之的是一个不服管教、冲动易怒、上课不遵守纪律的刺儿头。他总是喜欢上课讲话，甚至拿别人的东西。一开始，代欣林认为他不过是缺乏管教，纪律性不强。但后来，他慢慢发现，自己把问题想得太简单了。

赵武杰是个非常敏感的孩子。有一天，赵武杰和同学打架，代欣林找到他俩，发现赵武杰正怒视着对方。经过了解，原来是那个孩子不小心踢到了赵武杰的伞，赵武杰觉得那个孩子是故意的，直接就冲上去扯那个男孩的头发，拧他的手腕。

通过家访，代欣林了解到，赵武杰平时只有身患残疾的爷爷照顾，支撑家庭的竟然是在外务工的奶奶。虽然家庭比较困难，但爷爷对他比较宠溺。他的任性不同于那种娇生惯养，更像是自我保护。在班上，他经常和别人打架，喜欢捉弄别人，性格偏激，喜欢用眼泪逃脱惩罚。每当受批评时，他总是一副认错的样子，但转过身依然我行我素。

"这样的孩子，我该怎么办？"代欣林问自己。

"我不知道支教 20 天是否能够改变他，只能是每天做好我该做的事：监督他洗手，对他进行严格的要求，不因为任何事情而改变，告诉他什么能做，什么不能做。"

直到有一天，代欣林问他对一个同学爽约的事是怎么处理的。他说："我要她给我道歉了。"代欣林吓一跳："你打她了？""没有。"说着他笑了。

代欣林也跟着笑了。他明白了，原来这些天付出的努力是有用的。

不久，赵武杰第一次主动去竞选班干部。"看得出来他还是希望融入集体中的。"代欣林很欣慰。

生命无论在怎样的泥沼里，都能顽强生长。在志愿者来之前，赵武杰有他自己的生活方式。支教结束后，他的生活并不会因此而停止。短短 20 多天的相处，代欣林希望能让他明白，这个世界不是他之前想的那样冷漠，他也能和别人一样健康快乐地生活。敞开心扉，拥抱生活，就一定能感受到温暖。

王康：一场爱的双向奔赴

2021 年暑期，"快乐童心"志愿服务队在四川长宁六个支教点和双河两个支教点开展为期 24 天的支教活动。

"那些天，有欢声笑语，有心酸劳累，但我得到最多的就是满满的收获与成就感。"王康说。

王康曾经问过自己，是什么支撑着他坚定信念，是什么推动他奔赴 1100 多公里去支教？

支教前，王康将孩子比作开启他教育生涯的钥匙；他也希望自己能成为孩子们不可或缺的人生老师。他要为孩子们发光发热，激发他们的潜能，感受到他的热情与爱。

怀揣着这样的心情，王康踏上了支教旅程。第一次见面，出乎王康意料，褪去刚开始的紧张与羞涩，每一个孩子都很认真地汲取着知识。"也许有些内容对他们来说难以理解，但他们能用心倾听，用心感受，给予了我足够的尊重和热情的回应。他们下课也会向老师询问不懂的地方。这份真诚难能可贵。"王康感慨。

王康印象很深的是一次上手工课的姐弟俩。当时，姐姐先完成了折纸，看到弟弟拿着半成品无助地望着姐姐时，她就把自己的递给了弟弟，满是沮丧的小男孩立刻笑逐颜开。姐姐嘴里嘀咕着"笨蛋"，但手里的动作丝毫没有停下，王康被这一幕姐弟情深深打动。

人们常说：赠人玫瑰，手有余香。就在那时，王康明白了：他喜欢教育事业，他迫切地想要成为一名默默奉献的人民教师。

因为，这是一场爱的双向奔赴。

厚植家国情怀　积极投身基层

2016 年 7 月，湖北第二师范学院"快乐童心"支教志愿服务总队70 名志愿者赴四川宜宾，开展为期一个月的关爱留守儿童活动，他们一到支教地就受到当地热情欢迎。此次"百所高校进宜宾，万众精准献爱心"活动有武汉大学、东北师范大学、中国地质大学等众多高校参加。

多年来，"快乐童心"持续以多支团队，对接多地，开展助学帮困、朋辈心理、知识科普、防溺防骗等专项服务，连续 11 年为省内外 400余个教学点开展支教服务，共举办线上线下活动 10000 余场，参与志愿者达 20000 余名，惠及乡村儿童 100000 余人。学校每年报名参加"西部计划"志愿者中约有 80% 的学生参与过"快乐童心"相关项目，该项目成为学校引导大学生厚植家国情怀、积极投身基层的有效路径。

◆ 湖北第二师范学院2023年暑期"三下乡"社会实践活动出征仪式合影

据统计，2023年，学校共组建"快乐童心"支教计划专项团队253支，其中入围国家级"七彩假期""圆梦工程"等项目示范团队5支、入围省级"七彩假期"示范团队57支。

（图片由湖北第二师范学院"快乐童心"支教志愿服务队提供）

愿你的心中种着太阳

——记中建科工华中大区织梦志愿服务队

织梦之旅大事记

2016年9月8日—11月11日，中建科工织梦志愿服务队曹悦、王亚磊、王子恒三人前往宜城中建钢构南营希望小学支教，担负起语文、数学、外语、思想品德、体育、美术、音乐等课程任务。

2017年2月，中建科工华中大区团委筹备留守儿童"微心愿"认领活动，81名志愿者参与，共认领127个微心愿。

3月25日，织梦团赴保康走访贫困留守儿童家庭，开展长期结对工作。

3月30日，织梦团开展"微心愿"活动，为山区贫困学生送去心愿礼物。

5月6日，织梦团对保康留守儿童进行回访。

10月30日，织梦团向保康县城关镇油坊街小学捐赠希望书屋。

2018年3月30日，织梦团参与"关爱留守儿童 助力精准扶贫"行动。

6月1日，织梦团赴保康县寺坪镇度家小学捐赠物资。

8月23日，织梦团邀请山区儿童参加华中大区蓝领职工子女夏令营。

◆ 2019 年，织梦团组织开展"六一"主题系列活动

2019 年 1 月 14 日，织梦团开展"党建＋精准扶贫"活动，征集捐款，为保康度家坪小学购买统一校服。

5 月 29 日，织梦团为南营希望小学 40 名贫困学生赠送"微心愿"礼物。

8 月 15 日，织梦团邀请保康及南营希望小学学生参加"钢构·幸福行"蓝领职工子女夏令营。

2020 年 10 月 23 日，"编织梦想'建证'希望成长"中建科工希望工程"一教室一书屋"在南营希望小学正式启用。

2021 年 3 月 19 日，织梦团赴南营希望小学开展赠书活动，为孩子们送去春天里的"织梦"力量。

7 年来，中建科工助力脱贫攻坚，累计服务农村留守儿童 400 余人次。

支教，这个秋天最暖的故事

"我和孩子们开了一个玩笑，准备放假回家的我，拿着行李箱从教室走到办公室，孩子们在安静地上自习。下课铃响起，我照常提前站在操场，等孩子们下楼，排队，然后把他们送到校门口。出乎意料的是，好几个孩子都哭了，很难想象，平时这些'无法无天'的孩子，居然会因我离开把眼睛哭肿。看着他们背着书包走出校门，我默默告诉自己，我还在，会一直都在……"

这是 2016 年织梦团成员日记里的一段话。

2016 年 9 月，曹悦、王亚磊、王子恒三位织梦团成员，以老师身份前往宜城中建钢构南营希望小学支教。

对他们来说，那是一段艰辛却温暖的"织梦旅途"。

曹悦班上有个叫张闫莉的小姑娘，父母离异，爷爷奶奶没有告诉她实情，只说爸爸在部队，妈妈在南方打工。

一个周末，曹悦带着莉莉和其他几个家里困难的学生去城里看电影。也许是长期缺乏父亲的陪伴，在路上，莉莉第一次称曹悦为"小曹爸爸"。曹悦没想到这个平时内向的小姑娘居然非常愿意敞开心扉：一会儿说起自己小时候的故事，一会儿又聊起最近的学习情况，但小姑娘说得最多的一句话就是："我爸爸是一名军人，在边疆保卫祖国，我长大了也要像他那样做个有用的人。"

曹悦问她："莉莉，除了这个，你还有什么愿望吗？"

她想了想，有些迟疑："我希望爸爸妈妈可以和好！"

曹悦愣住了，原来这孩子什么都知道了。正当他准备安慰的时候，却被莉莉打断："小曹爸爸，那你有什么心愿啊，是想要一辆小汽车，还是一个大房子？"

曹悦停顿了一会儿，告诉她："我的心愿是让你的愿望都能实现。"

从那天起，曹悦定期去莉莉家做家访，陪她做游戏、教她写作业。现在，莉莉念五年级了，曹悦仍保持定期与她书信交流的习惯。"莉莉缺的不是一场电影、一顿大餐，而是童年该有的亲情与陪伴。"曹悦说。

在南营小学，三位老师带的都是低年级班，学生们相对顽皮，上课讲话、捣乱、做小动作的情况时有发生。作为班主任，王子恒难免会批评几句。

一天，王子恒收到一个学生来信："王老师，我们以后数学课上不再画美人鱼了，也不再让你生气了，求求你带我们出去玩游戏吧，讲故事也行啊。"

那一瞬间，王子恒猛然意识到，由于农村师资力量缺乏，学校难以安排专门的体育、美术、音乐等课程，所以孩子们喜欢在其他课上画画。

于是，织梦团的三个大男孩开始带着孩子们画画、做手工、玩游戏、讲故事，尽最大努力培养他们的兴趣爱好，并使兴趣爱好成为他们的习惯。

"学校不缺一张让学生全面发展的课表，缺乏的是落实素质教育的资源，我们总有一天会离开，但希望这些游戏的方式和获取快乐的方法，能一直延续。"王亚磊说。

虽然只有短短 65 天，三个曾在施工现场摸爬滚打的"粗糙"男子汉组成的织梦团，通过超乎常人的细致与周到，用自己的方式将短期支教的效果化为永恒。

他们珍惜每一节美术课的机会，让孩子们有了兴趣和爱好，这样，生活即使困难也不缺乏希望。

他们上好每一堂体育课，教会孩子们如何强身健体，虽然没有电脑、iPad，但他们也可以用最简单的方式获取童年的快乐。

每个夜晚，他们都会为住校的孩子们讲故事，并传授讲故事的方法。于是，孩子们当中冒出了许许多多的故事大王，他们成长为小小梦想家，为伙伴们维持织梦岁月里的温度，他们互相取暖，从此告别黑夜，告别孤单。

他们也是名副其实的严师，对学生的要求一次比一次高，学习过程中一定要让孩子们理解透彻，他们不直接解题，只负责引导，让孩子们自己领悟，找到答案。他们相信，当学习方法成为习惯，孩子们会快速成长。

他们利用每一个周末，通过访前了解、访中记录和访后总结形成完整的家访模式，同时建立了留守儿童家庭档案，记录下存在的问题和孩子们的"微心愿"。

织梦团还组建了家长微信群，孩子的课上表现、作业完成情况以及对每个孩子的教育方法，都会通过微信群和家长进行沟通交流。

支教结束，织梦团三名志愿者是欣慰地离开的。因为他们知道，梦想在，希望就一直会在。

圆梦，让"微心愿"助力成长

自 2016 年起，织梦团从武汉辗转宜城、保康，从中建钢构南营希望小学支教，到圆梦保康的"微心愿"之旅，无论智力支持还是精神陪伴，他们走出了一条更宽广的"拓展幸福空间"之路。织梦团成员

◆ 2020 年 10 月，志愿者正在给南营希望小学的学生上电脑课

希望用自己微薄的力量带给当地孩子们些许关心和帮助，希望他们每个人心里从此都种着太阳，温暖、坚强、有梦想。

2017 年 3 月，织梦团发起"微心愿"征集活动，鼓励员工们认领保康县和中建钢构南营希望小学 127 名贫困留守儿童的愿望。

在那之前，邹晓晶和小伙伴们收集心愿的时候，告诉襄阳当地工作人员，心愿一定得"微"，这样才能确保满足。但邹晓晶没料到孩子们的愿望竟如此简单——一本数学习题集、一本作文书、一个文具盒……

最后，参加认领活动的志愿者都给"微心愿"多加了些内容，"因为这些心愿太小了，看着让人心疼。"邹晓晶说。

志愿者们不知道的是，更令人心疼的场景，在"微心愿"清单上看不到。

就这样，邹晓晶等志愿者带着征集到的 127 个"微心愿"走进了大山深处。

到达保康县城已是中午，第一站前往歇马镇梅花小学，由于小学在镇上，邹晓晶并未感受到山路的陡峭和山区的荒凉。

梅花小学有 7 名学生报送了"微心愿"，集中发放礼物时，他们没有过多的兴奋和喜悦，只是怯生生地说着谢谢。"我明显地感受到他们的脆弱与敏感。"邹晓晶的心又疼了起来。

家访的时候，邹晓晶他们才真正感受到大山深处的荒凉、萧瑟，以及山路的险陡。

到初中学生李蒸东家，他们走了近两个小时，老师一路上都在介绍学生家庭情况是如何的困难。尽管已有心理准备，但见到李蒸东的时候，大家心里仍不觉"咯噔"了一下。那天气温很低，李蒸东只穿了一件 T 恤和校服外套，跟穿着厚厚的羽绒服的志愿者形成鲜明对比。

邹晓晶问他冷不冷，他说不冷。结果邹晓晶递给他慰问品的时候，握住的是一双冰凉的手。

就在那个没有一件像样的家具，化肥和杂物堆得满满当当、又阴又潮的家，李蒸东平静地讲述家里的遭遇：双胞胎弟弟6岁因医疗事故意外离世，母亲患上了精神疾病常年昏睡，不能自理，全家仅靠父亲打散工来维持生计……他说这些的时候，志愿者们默默流泪。

回城当晚，邹晓晶买了一件厚厚的棉袄，托老师下周给他带去。没过几天，她接到李蒸东的电话，听筒里一个劲地说谢谢。

后来，邹晓晶才知道，李蒸东为了说这声谢谢，费了很大劲才辗转要到她的号码。"这是我听过最淳朴、最真挚的谢谢。"邹晓晶动情地说。

发裂的土危房，几个板凳，一张桌子，两张床，就是全部家当。当爬了近一小时狭窄陡峭山路来到蔡传雨的家，看到眼前一幕，织梦团成员王亚磊心里五味杂陈。

年迈的奶奶给大家介绍家庭情况，蔡传雨蹲在地上发呆，大家和他说话，他只是点头或者摇头，后来索性走到一边拿着树枝在地上画画。

蔡传雨是留守儿童中境遇最糟糕的一类。母亲生下他后离家出走，父亲常年在外打零工好几年才回来一次，生活困难到全家月收入仅300元左右，也没落实低保政策。

织梦团成员递给蔡传雨几百块钱，他默默地拿着，继续画他的画。王亚磊悄悄走近，蹲在一旁静静看着。大约过了二十分钟，蔡传雨突然抬头："叔叔，你下次还来吗？"

王亚磊愣了一下，马上反应过来："还来！"

临走的时候，随行的团县委工作人员拉着奶奶手说："我下午就去村里协助落实低保问题。"

此后，织梦团前往保康8次，王亚磊他们都会专门去看蔡传雨，平时与他定期通话。这个敏感脆弱的孩子慢慢感受到关心关爱，逐步敞开心扉，变得开朗、乐观起来。

保康的山路难走，一整天家访下来，大部分时间都用在了路上。志愿者问当地老师，孩子们平时都怎么上学？老师说，山区孩子都是住读，一周只上四天半的课，周五下午就放学回家了，不然天黑前走不到家。

"也许他们走再多的路也走不出大山，也许他们跑得再快也追不上城市的步伐。"邹晓晶不禁想起城里的孩子，"他们条件好，小学就能讲一口流利的英语，初中能弹得一手好钢琴，高中可能就出国交流了，山里孩子要走多少山路才能追上他们，太难了！"

"所以希望有更多的人加入我们。"邹晓晶说。他们尽力去告诉孩子们通往更好道路的方向，给孩子们一次用心的陪伴、一个真诚的拥抱。也许这对于孩子们来说杯水车薪，唯愿能通过爱心接力，带给他们一些温暖，让他们心里埋下太阳的种子，发光，发热，仍有梦想……

"如果我有一双翅膀，我要和海鸥，一起飞翔……"2022 年 1 月 6 日，书声琅琅激情回荡。在民政部、国务院国资委指导，中建集团主办、中建科工承办的 2022 年全国农村留守儿童关爱保护"百场宣讲进工地"第 100 场宣讲活动湖北宜昌现场，亲子共读倡议书，唤起社会各界对留守儿童的关注，呼吁大家共同关心呵护留守儿童的健康成长。

自 2018 年以来，中建集团持续投身农村留守儿童关爱活动，累计组织开展全国农村留守儿童关爱保护"百场宣讲进工地"活动 500 余场，线上线下参与范围覆盖 1200 余万人次。

作为中建集团二级单位，中建科工累计在教育帮扶领域投入 500 余万元。在湖北，中建科工选拔志愿者赴南营希望小学支教，开创了从"捐资"到"捐智"的一体化助学新模式，给留守儿童家庭带去特别的关爱和温暖，并不断推动社会力量积极参与，带动更多的志愿者、社会组织和热心人士加入关爱农村留守儿童的行动中来。

（图片由中建科工华中大区织梦志愿服务队提供）

我用阳光照亮你的艺术梦

——记武汉设计工程学院五色阳光志愿服务队

在武汉设计工程学院，有一支年轻的志愿者队伍。他们八年时光不忘初心，用艺术美化乡村儿童心灵，与社区共建"阳光课堂"，前往自闭症中心关爱特殊儿童成长，在中国建筑科技馆、武汉市科技馆和地铁站维护秩序，坚守校内疫情防控第一线。

他们连续八年为属地江夏区鸿华希望小学、杨桐小学的千余名孩子送去美术、音乐、舞蹈等课程，用艺术特长完善美育教育，培养孩子们的想象力、审美力和艺术创造力，助力乡村美育未来。

这支队伍，就是成立于2015年的五色阳光志愿服务队。该队现有

◆ 五色阳光志愿服务队成员合影

注册志愿者 5121 人，累计完成志愿时长超 6 万小时，是湖北省"本禹志愿服务队"和武汉市"本禹志愿服务队"。新的时代，他们运用专业特长创新开展各项志愿服务项目，展现新作为，用青春正能量书写着新时代的雷锋故事。

每周三的期待

"王彦方，你们好啊！你现在大几了？"

2022 年 11 月 16 日中午，当五色阳光志愿服务队的 14 名志愿者们带着精心准备的教材教具来到杨桐小学时，等候许久的王小聪老师热情地迎了上来。

此时，1—6 年级的孩子们也在教室里热切地张望。每周三，都是他们最开心的日子。这一天，许多的大哥哥大姐姐会来教大家唱歌、画画，哪怕疫情期间改为线上也不曾间断。

"我今年大四了，王老师。"王彦方笑着回答王小聪老师。

四年前，王彦方第一次到这里开展帮扶活动时，还是武汉设计工程学院 2019 级影视表演专业的一名大一新生。此后，每周一次、来回 40 多公里的路，这一走就是四年，寒来暑往，如今她教过的孩子已有 60 多人升入初中。

"老——师——好！"这天是恢复线下教学的第一次课，很久没有和"小老师们"面对面的孩子们个个显得异常兴奋。

上课铃声响起，久违的场景再次重现。"清晨听到公鸡叫喔喔，推开窗门迎接晨曦到，鸟语花香春光好喔喔，今天又是一个艳阳照。"

美妙的音符在空中跳跃，五彩的梦想在纸间变幻……音乐课和美术课让孩子们的眼睛放出光芒，即使是最调皮的孩子，此刻也都认真地跟着志愿者们大声歌唱、认真作画，那空气里充满着欢乐。

五色阳光志愿服务队是从 2016 年起开始在江夏区开展美育帮扶活动的。

"如果不是志愿服务队的到来，仅凭我们自己的师资力量，美育课程开展起来会很艰难。"王小聪老师说。

"接到邀请后，我们马上着手对接工作，只用了几周时间准备，就开始给孩子们上课了。"武汉设计工程学院团委余云老师介绍。

也就是从那时起每周三下午，志愿服务队都会从学校坐车近 30 公里到杨桐小学，为 6 个年级的学生连续上 2 节音乐课和美术课，即使遇到疫情等特殊情况，他们也会想尽办法把教学活动搬到线上进行，坚持美育帮扶持续不间断。

"这个过程还是很艰难的。"王彦方还记得 2019 年 10 月，她和小伙伴们挤在一辆面包车里，第一次来学校参加"乡村·艺术·家"志愿服务活动。尽管来之前跟着学姐备过课，也了解了小学的基本情况，但是听说他们之前从没上过音乐课，王彦方还是有些紧张。

随着上课铃响，王彦方走进教室，当她看到同学们眼神里充满了期待，那一瞬间被深深感动。她慢慢放松下来，深呼吸，用和蔼的语气做了自我介绍，并用简单的测试了解了他们对音乐的认知。

那天，王彦方和孩子们一起做音乐小游戏，教给他们一些基本乐理知识，他们还一起唱了《让我们荡起双桨》。

第一次课堂结束后，王彦方根据课堂过程中的反馈来思考后续的教学计划并进行及时调整，期待与他们的下一次课堂学习。

后来，随着大三学业的加重，王彦方曾想过放弃，但学院没有声乐专业的学生，每次到新学期缺少老师的时候，王彦方又心软了。"再带一年吧，等新老师们熟练了就不带了。"这句话王彦方在心里跟自己说了一遍又一遍，从大三说到了大四。每一次的心软，都是她对乡村儿童的真爱。

为了解决声乐老师断层的情况，王彦方用自己的经历，说服学校艺术团的朋友和学弟学妹们一起参与小学美育帮扶志愿服务活动。迄今为止，她招募了 10 多个声乐老师。除此之外，声乐课培训、集体备课、"六一"文艺会演都是她负责。

"如果可以的话,我希望能把'乡村·艺术·家'志愿服务活动一直坚持下去,直至毕业。"王彦方说。

在王彦方眼里,那一音一律,一字一符,都是孩子们向往的自由天空、无垠大地和辽阔海洋。她相信,于童声的伴奏中不断磨砺,那些看似不起波澜的日复一日,定会在某个春天迸发出蓬勃力量。

照亮你,温暖我

"作为一名志愿者,首先要像一束光,学会点亮自己,乐于奉献,享受奉献。一名合格的志愿者,要具备的不仅仅是耐心、善良,更要有责任感。"

这些年,五色阳光志愿服务队充分利用高校艺术类专业特色,在乡村振兴、社区管理、爱心帮扶、文明创建、大型赛会、疫情防控等方面开展了丰富多样的品牌活动。通过开展支教、科技馆讲解、敬老院帮扶、地铁站志愿服务、爱心献血等活动,吸引了越来越多的师生参与志愿服务,让更多人感受到公益活动的魅力。

"面试老师曾问我为什么来支教,当时,我只觉得这是一次很好的锻炼机会,既可以帮助别人,也能提升自己。但是,真正开始教学后,我才发现支教工作真的不简单,上课就跟打仗一样,非常累。但我希望这些可爱的孩子们可以多接触一些音乐方面的美,更希望他们能活泼开朗健康地成长,所以我挺住了。"武汉设计工程学院动画专业2101 班学生彭雨田说。

其实,孩子们在收获的同时,彭雨田也迎来了属于他自己的丰收时刻:米兰设计周——中国高校设计学科师生优秀作品展全国决赛三等奖、国际青少年文艺系列大赛决赛大学组绘画金奖、香港当代设计奖银奖、国际环保公益设计大赛铜奖、全国青年创新翻译大赛 D 类别全国优秀奖。

如今，彭雨田已是国际（澳门）学术研究院青年委员会成员、视觉传达设计师，中国内地男歌手，青年朗诵家和配音演员。

"孩子们很乖很活泼，我的心灵也一下得到了升华，充满了童真的趣味，以及从未有过的开心。这种纯粹的感觉，我已经很久没有体会到了。"彭雨田对自己曾经的支教经历心怀感激。

"能为需要帮助的人尽一份力，做一件小事，哪怕不轰轰烈烈，哪怕只是平平凡凡，但最重要的就是那份幸福感和满足感。"校团委青年志愿者工作部部长郭赵瑞说，同时，这也是所有五色阳光志愿服务队队员的心声。

八载如一日，帮扶硕果累累。团队持续多年为江夏区鸿华希望小学和杨桐小学打造的《乡村艺术家——五色阳光照亮乡村儿童成长路》美育帮扶项目，获第六届中国青年志愿服务项目大赛铜奖、第八届中国国际"互联网+"大学生创新创业大赛"红色筑梦之旅"赛道省级银奖、武汉市第五届志愿服务项目大赛"十佳志愿服务项目"、2021年武汉市最佳志愿服务项目等多项荣誉。

◆ 2023 年 6 月，五色阳光志愿服务队为杨桐小学举办文艺会演，吸引了众多家长前来观看

以心光暖星光，关爱特殊儿童成长。2015 年起，团队每周末和假期都会走进自闭症儿童互助服务中心，与孩子们同吃同住，用烘焙、绘画和音乐架起了与这群"来自星星的孩子"的桥梁，该项目获得2021 年武汉市最佳志愿服务项目。

阳光普惠社区，助力青少年成长。2021 年起，他们每周末都会走进江夏的社区开展青少年传统文化手工、美术、小记者等"阳光课堂"活动。

彰显青年担当，抗击疫情众志成城。疫情期间，团队成员投身社区，门岗值守、筹集物资、走访测温、劝解安抚；校内核酸检测现场讲解注意事项、录入人员信息、分发检测用品、维护现场秩序，先后开展疫情防控志愿服务累计 3529 人次。

此外，团队每年暑假前往乡村开展支教活动，多次荣获湖北省暑期"三下乡"社会实践优秀团队。入选 2022 年全国百支"守护朝阳 助力成长"实践团队、2023 年全国百支"井冈情 中国梦"暑期实践专项团队、全国千支井冈山精神志愿宣讲团、全国千支核能宣讲团。荣获"一起云支教"全国大学生"返家乡"社会实践专项活动"高校合作基地"称号，与贵州、江西等五个省份的 256 名小朋友一起健康运动、快乐阅读、红色探寻、学习艺术，65 名成员获优秀志愿者称号。

此外，团队先后参与了第七届世界军人运动会、第十九届"世界华侨华人创业发展洽谈会"、武汉市市运会等大型志愿服务项目，定期在中国建筑科技馆、湖北省科技馆、武汉地铁集团、武汉市科技馆开展志愿服务。在校内开展"蓝信封"、衣物捐赠、义务献血等多项志愿服务活动。

2022 年，团队入选"与祖国同行 为人民奉献——志愿公益创造营 2022—2023"，他们用艺术和爱心奉献着青春力量，以实际行动书写新时代的雷锋故事。

（图片由武汉设计工程学院五色阳光志愿服务队提供）

花朵梦　志愿情

——记武汉轻工大学"花朵计划"志愿服务队

"小李老师，我们还会再见面吗？"

当小朋友们纷纷问向李玥佳的时候，她不禁动容了。

"一定会的，也祝你们考上理想的高中、理想的大学，我们来日可期！"李玥佳为孩子们送上了祝福。

2023 年暑期，武汉轻工大学 16 名志愿者组成的校级暑期社会实践重点团队"花朵计划"志愿服务队，与武汉大学、武汉工程大学的志愿者一起，赴宜昌市秭归县第二实验中学，开展为期半个月的"橙才计划"公益支教夏令营活动。

课堂教学，用心上好每一堂课

伴随着夏日炽热的阳光，在秭归县第二实验中学，志愿者们带领两个班 60 余名学生开展教学。

"当我来到学校，第一次见到小朋友们的时候，身为老师的使命感油然而生，暗暗下定决心，一定要给小朋友们带来妙趣横生的课程。"初来乍到，面对一张张稚嫩的脸庞，面对重重教学任务，团队成员王盈盈深感责任重大。

在准备英语课时，王盈盈精心挑选了多部英语电影佳作中的经典片段，勾画出其中的好词好句并配上了详细的注解。课堂上，她带领小朋友们欣赏英语电影、解读经典片段，并穿插了"你画我猜""配音展示"等趣味生动的小游戏，小朋友们都积极踊跃地参与其中，课堂

◆ 课堂上，"花朵计划"志愿服务队的志愿者正在给学生们授课

氛围轻松活跃。

"当我第一眼看见学校墙上绿油油的爬山虎时，我不经意想到我曾经的母校，那里也有着同样绿油油的爬山虎和大学生支教队伍。我也正是因为曾经被照亮过，所以想成为那一束照亮别人的光。"团队成员梅怡雪说。

围绕校园欺凌等心理健康主题，梅怡雪为小朋友们精心准备了心理健康教育课程。在讲到关于校园欺凌时，梅怡雪向每一位同学阐释了校园欺凌的定义，通过分析具体案例强调了敬畏生命、自尊自强的重要性。课堂的最后，孩子纷纷提起笔，写下"拒绝校园欺凌"的诺言。

一节节精彩纷呈的课，凝聚了志愿者们的心血；一次次扣人心弦的演绎，见证了志愿者们的成长。

素质拓展，精心策划课外活动

在支教活动中，不仅有志愿者们用心准备的课堂，还有志愿者们精心策划的趣味运动会、辩论赛等课外素质拓展活动。

7 月 13 日，天空蔚蓝，阳光明媚，趣味运动会的跑道上挤满了前来加油助威的小朋友们。

套呼啦圈比赛中，经过一次又一次尝试，小朋友们从最开始的不适应到后来逐渐得心应手，迅速而敏捷地完成了十人穿呼啦圈的任务；两人三足比赛中，默契十足的小组在草坪上健步如飞，害怕跌倒的小组一步又一步地缓慢前行，在比赛中大家都在努力保持默契配合；夹乒乓球比赛中，有的小组虽经历了一次又一次的失败，但仍然坚持完成目标。最为精彩的拔河比赛中，班上所有的同学都在操场上为参赛选手呐喊助威。

"当我看到孩子们都能尽情玩耍，彼此的友谊进一步增进后，我觉得这几天的辛苦付出是值得的。从撰写策划案到搬运比赛道具，再到成功举办 200 多人的运动会，每一个环节都少不了志愿者的付出。"团队成员韩沛霖欣慰地说。

而在志愿者们组织的辩论活动中，正反双方就"幸福是否取决于金钱"这一主题展开激烈角逐。正方一辩和正方四辩的高光表现，让评委老师们为之惊喜，当然反方辩手也不甘示弱。整个比赛过程，高潮迭起，让同学们大开眼界，引人深思。

"这场比赛，我深刻感受到了辩论对于学生思维能力的提升作用。不管是赛前赛后的讨论，还是看到选手们激烈角逐时的理性表述，都让我感到意犹未尽。"刘奥灿在赛后谈到了自己的感想。

结营仪式，难言再见

"每个人，都拥有一个梦，即使彼此不相同……"

伴随着歌声响起，两班同学和志愿者们在结营仪式上共同呈现手语表演《爱，因为在心中》。

"我十分荣幸能够站在第一排领唱，这次经历我会铭记在心。"领

◆ 秭归县第二实验中学 2023 暑期夏令营结营典礼

唱者邱嘉敏激动地说。

山高水远，来日相逢。经过十几天的相处，小朋友们已经和志愿者老师们打成一片，结下了深厚的情谊。一张张明信片，一筒筒彩色铅笔，一盒盒牛奶……志愿者们送给孩子们的小礼品，寄托着对孩子们的深深祝福。小朋友们也表达了对老师的依依不舍：他们或拿着笔记本找老师要签名，或拿着相机找老师们合影，或对着老师们说出祝福的话语……

离别前，武汉轻工大学大学生社会实践基地在当地挂牌。相信，他们的故事还会不断延续。

义务卖报，为爱行动

2021 年 4 月 18 日，一场大型阳光义务卖报活动，在武汉轻工大学常青校区、金银湖校区、常青花园周边社区等多个地点进行。志愿者们希望，能将义卖活动所得资金为"花朵计划教育服务中心"提供帮助。

活动前期，经过线上线下双结合的方式进行宣传，有 150 余名志愿者主动参与报名。

这天清晨，志愿者们早早在科教楼门前集合，穿上红马甲，戴好袖章、口罩，站列排队。卖报过程中，每个人都尽心尽力。在这次活动中，很多志愿者遇到了爱心人士一次将报纸全买了的善举。

活动结束后，一位志愿者说："我觉得这次活动的意义并不在于我们究竟卖出去多少份报纸，赚到了多少钱，而是我们为"花朵计划"爱心教育服务贡献出了自己的一份力量。"

"义务卖报活动不仅体现了大学生志愿者们高度的社会责任感，也体现了社会各界人士对留守儿童的关心和帮助。"项目负责人说，"志愿者们不仅感受到了大爱无处不在，而且锻炼了他们的社交能力。今后，每一位志愿者都会继续奉献最真挚的爱心。"

阳光义务卖报，是志愿服务队多年坚持的传统。2016 年 11 月，他们曾举办了一次"阳光义务卖报"活动，筹募的资金全部捐给"爱心花朵教育服务中心"的农民工子女，帮助他们解决物质生活和学习上的困难，为他们今后的健康成长尽一份绵薄之力。

一次次阳光义务卖报活动，志愿者们常常被某个瞬间感动。大家都领悟到志愿服务活动的意义，也都感受到奉献、友爱、互助、进步的志愿精神。只有爱心不断汇聚，这个大爱才会永远存在。

践行志愿责任，讲好"开学第一课"

"我们的相遇，是一首欢快愉悦的歌；下次的重逢，定是一幅绚丽多彩的画。小朋友们，愿你们拥有一个诗情画意的人生，踏上一条充满七彩阳光的路。未来的路，让我们陪你们走下去。"陪同孩子们上开学第一课的戴建伟，在日记中写道。

每年开学，志愿者们都会前往"花朵计划"支教中心为孩子们带去开学第一课。

"2018 年春天支教的主要内容是户外小游戏。"戴建伟记忆深刻。

为了让支教能够顺利进行，达到预想效果，志愿者们早在例会时就已经分配好工作。他们将小朋友分为四组，准备运动量适中、参与度高、安全风险系数低、适合小朋友们玩耍的游戏。

游戏时间小朋友们很开心很欢乐，小小的操场上掠过他们奔跑的身影，回荡着他们烂漫的笑声。我们志愿者也融入其中，和他们一起玩闹，一起说笑。虽然游戏过程中有一位小朋友不小心摔跤了，但在志愿者的安抚和照顾下小朋友很快又参与了。

在大家的共同努力下，一次次支教圆满结束，志愿者用阳光义务卖报的钱为小朋友们购买饼干糖果作为奖励。"小朋友拿到奖励的糖果后，在操场上蹦蹦跳跳的样子，便是夕阳西下那最亮丽的风景。"戴建伟说。

所有的相遇，都是久别后的重逢。我们的相遇，是一首欢快愉悦的歌；下次的重逢，定是一幅绚丽多彩的画。小朋友们，下次，我们再遇。

"花朵计划"志愿服务团队成立于 2009 年，自成立以来，团队始终以"关爱未成年人的未来与发展"为宗旨，积极通过多种志愿服务活动为需要帮助的未成年人提供服务。

多年来，团队立足各专业优势，奉献青春爱心，面向农民工子女、留守儿童、贫困家庭子女开展"花朵计划"义务支教、超群义务家教、阳光义务卖报和"希望家园"暑期关爱留守儿童等各类志愿服务活动，充分发挥大学生的自身优势，为社会精神文明建设贡献力量。

14 年来，"花朵计划"志愿服务团队累计志愿服务 4 万余小时，人均志愿服务 50 小时。

他们坚持把志愿服务与社会实践、科技文化服务相结合，使志愿服务活动更加有声有色。同时，也通过活动培养了志愿者的公民意识、奉献精神和服务能力，全面提高了志愿者的素质，并且促使志愿者更好地认识社会、了解国情、增强社会责任感。

面对未来，服务团队将继续以关爱未成年人为宗旨，完善当前所拥有的志愿服务项目，扩大志愿服务队伍，加强与其他高校志愿服务团队的交流，让更多的人加入志愿者的行列，让更多需要帮助的人得到关爱。

（图片由武汉轻工大学"花朵计划"志愿服务队提供）

为孩子们打开那扇窗

——记孝感市大别山支教团

2023 年 8 月 13 日，在群山环绕的孝感市大悟县宣化店镇茶坳小学的操场上，200 名学生和 20 多名志愿者们聚在一起举行联欢会，朗诵、小品、服装秀、篮球比赛等精彩的节目轮番上演。

"相信只要我们在努力，未来将无比绚丽……"伴随着支教团团歌，来自全国各地的 80 名大学生组成的第 12 届大别山支教团，在大悟县近一个月的支教活动接近尾声。

每个支教团队员的名牌上，都粘满了孩子们贴上去的各种点赞小贴纸。团长彭思雪和支教队员们一起挥手与学生们告别，她侧身悄然抹掉眼角滑落的泪水，回想过去感慨万千。

2023 年 7 月 20 日，第 12 届大别山支教团支教活动在大悟县金岭小学、茶坳小学、东新乡小学、芳畈镇中学 4 所学校开班，吸引了 800 多名学生参加。一对特别的双胞胎姐妹彭思雨、彭思雪加入支教团队，回到家乡宣化店镇茶坳小学。

多年以前，姐妹俩每年暑假就是在茶坳小学与志愿者们共同度过。志愿者们带来的美好体验，让她们决定接力为家乡的孩子们打开那扇窗。"现在山里的孩子物质条件都提高了，但大多数还是留守儿童，虽然我们不能在短短的几天教会他们很多知识，还是希望通过努力给他们带来一些不一样的东西，让他们能够更自信更积极。"彭思雪说。

"哇……"看着"火山"瞬间喷发，东新乡小学教室里的孩子们发出阵阵惊呼。志愿者将不同试剂滴入手中的试管，同时摇晃变出五彩

◆ 2023 年 8 月，大悟县宣化店镇茶坳小学的操场上，学生与志愿者们聚在一起举行联欢会

的颜色时，孩子们对科学的兴趣瞬间提高。东新乡小学支教点志愿者负责人孔璐琴说，今年在课程中增加了一些科学小实验，用兴趣来引导孩子们寻求答案。除了科学课，最受孩子们欢迎的就是创意手工课了。在首次开设的芳畈镇中学支教点，10 岁的刘思彤和 8 岁的弟弟刘浚弘一起，拿着吸管，跟着志愿者老师的步骤，将纸上的颜料吹开，吹出自己想要的图案，认真而专注。刘思彤说："和哥哥姐姐们一起做手工，暑假也不那么无聊了。"她将花了两堂课做的云朵灯，挂在家里，晚上睡觉的时候打开，她觉得特别漂亮。

下课铃响，金岭小学的课间热闹起来，自由选课是这个支教点的一次大胆尝试。孩子们根据自己的兴趣爱好走进不同教室，自由选择书法、武术、太极、音乐等特色课程。在支教团团服上，围绕在彩色手掌上方有七只单色手掌，正如志愿者们给孩子们带来丰富的七彩假期，让孩子们感知多彩世界。

◆ 2023 年 8 月，金岭小学支教点书法课上，志愿者竖起大拇指鼓励正在练习的孩子

支教团的到来，让暑期原本空旷的校园，充满了孩子们的欢声笑语。在护送孩子们回家的路上，近一个月的陪伴让原本内向的孩子们，话语渐渐多了起来，他们争着问彭思雨和彭思雪："明年还来吗？"彭思雪眼神坚定地告诉他们："明年支教团的哥哥姐姐们还会再来，也许不会是我本人，但是我会永远记住你们，你们会永远在我心里。"

2012 年 5 月 25 日，大别山支教团正式成立，为大悟县等大别山区农村义务教育阶段留守学生提供免费支教等服务，成员主要是在校大学生志愿者。12 年来，一届接着一届，453 名大学生志愿者接力在 12 所山区学校开展暑期义务支教，服务山区孩子 4219 余人次。支教团先后为彭河等 6 所学校建起梦想图书室，安装电扇、热水器、微型广播、投影仪等设备和大量体育器材，同时为支教学校、困难学生募集捐助资金 15 万余元。

"熙熙攘攘的人海之中，命运让我们相聚，我们一起努力，成长岁月里，我们是团结的集体，相信我们会创造奇迹。"大学生们的青春岁月在大别山里闪烁光芒，为山里的孩子们播撒下希望的种子。

（图片由《湖北日报》记者倪娜提供）

筑梦：以青春播撒文明之光

志愿服务，星星之火赓续传承

——记武汉地铁文明志愿者服务总队

在武汉轨道交通各个车站，总能看到一群身穿红色马甲的人在忙碌着：他们或在为人引路，或在提醒乘客，他们有老有少，他们拥有一个共同的名字——地铁志愿者，他们来自同一支队伍——武汉地铁文明志愿者服务总队。

武汉地铁文明志愿者服务总队于 2012 年 12 月 28 日在武汉市文明办指导下成立，是一支以轨道交通车站为阵地，以"奉献爱心、传播文明"为核心，持续打造地铁文明窗口，展现城市文明形象的志愿者

◆ 2020 年 8 月，武汉地铁文明志愿者服务总队志愿者正在整理单车

队伍。全体志愿者致力于服务江城乘客，弘扬志愿精神，打造地铁文明窗口，传播地铁正能量。

10余年来，总队坚持吸纳社会各界人士积极参与，形成了以大学生为主、社会人士为辅，包含全国道德模范、留学生等特殊群体在内的多元化志愿者队伍。如今，总队地铁志愿者规模已超 7 万人，累计志愿服务时长超过 60 万小时。

11 年从不缺席的"银发力量"

文昌植 71 岁了，做了 11 年的武汉地铁志愿者。

2023 年 6 月 30 日下午，文昌植和往常一样，来到武汉地铁 1 号线循礼门站开展志愿服务。室外站台 38℃ 的天气，站厅里也有 34℃，一会儿就能闷出一头汗。然而文昌植和志愿者同伴们，跑上跑下，帮着乘客解答问题，搬抬行李。

16 时 30 分，当他为乘客送行李至 2 号线，乘扶梯返回时，细心的文老发现换乘处的地上有一张很规整的纸，四四方方的看起来很新，不像一张废纸，就赶紧捡起来，竟然是一张 50 多万元的汇款回单。

"这么大金额的汇款单，失主肯定很着急！"文昌植迅速交给值班站长李旭阳。工作人员立刻通过站内广播和附近站间联动，希望能找到失主。这时，下一站大智路站传来讯息，刚有一名女乘客匆匆下车，寻求工作人员帮助，有张汇款回单遗失。

两站的工作人员通过视频确认了单据。很快，失主乘车返回循礼门站，认领了 50 万元汇款回单，整个过程不到 5 分钟。接过失而复得的汇款回单，失主连连称谢，她说这张单据是单位的重要凭证，幸好被细心的文昌植捡到，不然会对工作造成很大影响。

文昌植 11 年坚守武汉地铁站，也是因为当初的一句承诺。

十多年前，文昌植在广州出差乘地铁时提前下车，把装有支票与现金的包遗失在地铁车厢，他焦急万分找站台工作人员求助，与志愿者电话协调不到 15 分钟，包就失而复得，里面的支票现金分文未动。文昌植深为感动，他说如果武汉开通地铁，一定去当志愿者。

2012 年 12 月 28 日，文昌植成为第一批武汉地铁志愿者。此后，无论严寒酷暑，文昌植从未间断。他把志愿服务当作最大的乐趣，每天在车站熟练地引导乘客购票、乘车，乘客也被他的慈祥、和蔼所感染，遇到困难就信任地"找文老"。

至今，文昌植已累计志愿服务时长达 6813 个小时，被称为武汉地铁"志愿第一人"。

"难能可贵的是，近 7000 个小时的志愿服务时间里，他一直都保持高度的热情和认真负责的态度。"武汉地铁文明志愿者服务总队长胡龙丹感慨。

每次上岗服务，文昌植都会细心观察乘客，主动上前询问是否需要帮助。"我要参加""请联系我"是文昌植说得最多的话。

2019 年跨年夜，地铁江汉路站突发大客流，文昌植二话不说从家

◆ 2019 年 12 月，志愿者文昌植在 1 号线循礼门站帮助乘客提行李

里步行到车站，加入组织工作中，一直忙碌到深夜；2020年2月抗击新冠肺炎疫情，他第一时间响应号召，穿起红马甲参与拉网式大排查；2020年3月，武汉轨道交通恢复运营初期，他第一时间"复工"，在地铁站引导乘客戴好口罩，实名乘车……

2021年9月，文昌植和37位退休老人们成立了"银发志愿服务队"。他们当中最年长者已年过七旬，依然不顾严寒酷暑，坚持用帮扶行动温暖着万千地铁乘客的回家路。如今，他们志愿服务时长已近10000小时。

文昌植说，做志愿服务会让人"上瘾"。尤其在自己被他人所需要、对社会有益处时，自豪感、成就感油然而生。

在文昌植心里，做志愿服务比参加娱乐活动更有意义。这些年来，最让他骄傲与开心的，就是认识了一群志同道合的志愿者朋友。在他的带动鼓舞下，武汉地铁志愿者从最初不足百人发展成一支超过7万人的队伍，多所高校志愿服务队也加入进来。文昌植被武汉地铁授予"志愿服务特别贡献奖"并获得"时代楷模——武汉精神践行者"、武汉市"最美志愿者"、"湖北好人"等荣誉。

现在，71岁的文昌植每天依然忙碌在过往客流之中，成为武汉地铁站一道亮丽的风景。

我们的每一天，都很平凡

"我希望武汉地铁开到更远的地方。未来，我的孩子长大了，我会告诉他，关于爸爸和妈妈的青春故事，也会告诉他，关于我的地铁志愿服务故事。我希望，他将来和我一样成为一名地铁志愿者。"

——王学斌

"我们的故事其实很平凡，没有惊天动地，只是尽我所能贡献一份力量，十年如一日地坚持。"王学斌淡然地说。

"我做志愿者的初衷，就是一个非常朴素的想法。2012年，刚从山东潍坊到武汉读大学，风土人情不了解，坐交通工具小心翼翼，生怕走错了。是这座城市的包容与大爱，给予我便利和温暖，那我就想着要为它做些什么。"

2014年武汉网球公开赛做志愿者期间，王学斌认识了地铁4号线支队长姜骞，他问王学斌："想不想来武汉地铁做志愿者？"

"想！"

就这样，王学斌开启了地铁志愿者的体验。

而这一体验，从自己的19岁开始，到即将30岁，王学斌用近10年的坚持回报这座城市。

到现在，王学斌还记得第一次做志愿服务时的情景："下课后坐40多分钟的公交到达4号线中南路站，人来人往的地铁站里，社恐的我不知所措，像块木头一样杵着，半天都不好意思开口。偶尔有人过来咨询，我只敢小声回答。"

最让王学斌头疼的，还是听不懂武汉话，遇到年轻乘客还好沟通，有的爹爹婆婆过来，那张口地道的武汉话，让他云里雾里，只有涨红着脸跑去问地铁工作人员。

回校后，王学斌一直在反思。他告诉自己不能就这样败下阵来。于是，他开始做大量的准备工作：中南路站是2号线和4号线的换乘站，中南路站附近的地标性建筑有哪些，每个出口外面又是什么地方……

每天，王学斌都在笔记本上密密麻麻做详细的记录，狂听狂练武汉话，只要遇到不懂的就问。

第二周，他再次出现在地铁站面对乘客咨询，能很快充满自信地大声予以回答。

就这样，王学斌一次比一次自信。

现在，再看到那些初来乍到的稚嫩面孔，王学斌总会上前主动问询，他感觉就像是看到当年的自己，就像是在帮助自己。而有老人求助的时候，他会想起老家88岁的外婆。"我也希望外婆出门能碰到好心人帮帮她。"

"在近10年的志愿服务中，如果说有什么让我印象深刻的，那一定是一个个微笑、一声声谢谢。"

"这是一种满足。我想我能给大家带来安慰和安全感，也给刚刚来到武汉这座城市的青年人一种热情。我希望这种热情传递下去，这大概就是志愿者爷爷文昌植、胡龙丹总队长与我们代代'薪火相传'的武汉地铁志愿者精神吧。"

是啊，人活着总是要有点精神的。王学斌的记忆中，小时候看电视剧《焦裕禄》，老一辈无产阶级革命家无私奉献、友爱互助的精神品质给他刻下了深深的烙印，一颗为人民服务的种子在他心底生了根，慢慢发芽。

大学毕业后，王学斌留在武汉，成为一名人民教师。他没有放弃武汉地铁志愿者的身份，不仅保持大学四年的志愿者本色，还带领一个又一个班、一届又一届的孩子坚持到地铁站开展志愿服务活动。

王学斌常鼓励孩子们，除了从课本里学到知识，更应该出去体验生活。他希望更多的年轻人投入到志愿服务中来。

"我坚持和学生一起开展志愿服务活动，就是希望他们不要只局限于书本知识，而是要学会在社会实践活动中去探索求知，得到答案，这就是我理解的'怎样培养人'。"王学斌坦言。

带领孩子做志愿者，一般都是先请工作人员进行培训，比如认识基本标识、明白消防安全、了解地铁运行规则，等等，然后到站台上，对乘客做"有序排队、先下后上"的秩序维护，不少孩子一开始很胆怯，但是做着做着就大胆了，变得有模有样。

很多成年人看到学生维护秩序，都露出友善的笑容，纷纷自觉排队，还不忘和他们打趣。孩子们受到鼓舞，都表示以后还想继续做志愿者，因为一点也不觉得累，很快乐。

王学斌总是和他的学生说，希望他们"学会做人"，做一个正气凛然、对社会有用的人。做志愿服务时，他还要求每名学生要有一名家长陪同。"这样不仅孩子在志愿服务活动中成长，家长也参与进来，形成家庭、学校、社会三方育人的合力。"

已有2000多小时志愿服务时长的王学斌，收获了很多，也得到了市民认可。如今，他已是武汉地铁8号线志愿服务队的支队长。他也荣获2018年度武汉地铁十佳志愿者、武汉地铁运营服务优秀义务监督员。

"在每个平凡的岗位上做好自己的本职工作，就是不平凡。"王学斌说。

这些年，像王学斌这样的志愿小伙伴越来越多。2012年，武汉地铁正式启动志愿服务工程时，仅有数十人，看到越来越多志同道合的朋友加入进来，王学斌心里别提多高兴了。

他们在坚守中奉献光和热

"11年的志愿服务活动，涌现出一大批优秀的地铁志愿者。"总队长胡龙丹如数家珍。

"除了文昌植、王学斌，武汉地铁'电梯哥'张亚凌，长年坚守循礼门站换乘电梯，用'大嗓门'提醒乘客注意乘梯安全，给乘客带去城市中来自陌生人的关怀；'连滚带爬'按停电梯扶住摔倒乘客的志愿者余涛宏……"

其实，见证志愿服务队11年成长的胡龙丹，也是个有故事的人。

作为总队长和武汉销品茂第一党支部书记，他的志愿服务时长达25万小时。武汉园博园、第七届世界军人运动会、武汉网球公开赛、武汉马拉松……各种活动中都有他志愿服务的身影。

2016年7月，武汉连降暴雨，胡龙丹作为地铁志愿者团队代表通过媒体发出倡议，呼吁广大市民加入"传递真实信息，传播正能量"网上志愿行动，为武汉汛情传播正能量，得到 30 多万武汉市民和网友响应。

连续数年，胡龙丹带领万名志愿者参与武汉地铁"暖冬行动"，帮助万千旅客顺利回家。

为此，他荣获荆楚楷模、武汉时代楷模、全国春运先进个人、武汉市岗位学雷锋标兵、武汉市最美志愿者等荣誉称号。

他们有一个共同的名字——武汉地铁志愿者

近年来，7 万余名武汉地铁志愿者暖心助考、助力春运、帮扶救助乘客、归还乘客失物等暖心事迹得到社会广泛关注，越来越多的市民加入地铁"红马甲"队伍当中来。

经过多年发展，在所有志愿者的共同努力下，武汉地铁文明志愿者服务总队荣获省级"本禹志愿服务队"示范团队表彰、武汉市"最

◆ 武汉地铁文明志愿者服务总队志愿者全家福

佳志愿服务组织"，并逐步形成了以全国"四个 100"最佳志愿服务项目"文明伴你行"项目等四个项目为主，围绕社会热点问题探索新项目的"4+N"模式，不断推动志愿服务项目化发展，培育的志愿服务项目也多次荣获中国青年志愿服务项目大赛银奖、湖北省第四届青年志愿服务公益项目大赛金奖等奖项。地铁志愿服务的品牌影响力不断增强，志愿者引领的文明风尚伴随着轨道交通不断传播。

目前，武汉地铁已有 2 个总队、近 30 个支队，将 291 座轨道交通车站全部开放为社会志愿服务实践基地。62 座地铁站与 44 所高校、21 个社区、5 个企事业单位及 3 个社会团体共 106 个志愿服务团队达成共建，持续组织志愿者开展"文明伴你行"系列主题志愿服务活动。

有时间做志愿者，有困难找志愿者。让向上向善、互帮互助的社会风尚蔚然成风。因为，我们的武汉是一座英雄城，也是一座志愿者之城。

（图片由武汉地铁文明志愿者服务总队提供）

峡江"守渡人"
——记宜昌海事局"青年义工在渡口"志愿服务队

一艘海巡艇，静静停靠在巴东官渡口镇纸厂沟渡口。

2023 年 9 月初，又到了中小学开学的日子。陈道宇和同事一直忙着准备进校园宣讲水上安全知识，普及防溺水措施的相关工作。

"一到开学，就是我们最忙的时候。"身为宜昌巴东海事处学生渡安全工作小组成员的陈道宇说，眼神中透着一丝紧张和期待。

隔山易，隔水难。巴东，位于长江中上游，高山溪流从这里汇入长江。2003 年，随着三峡水库开始蓄水，溪流涨宽成河，支汊河流增多，

◆ 学生搭乘"学生渡"上下学

人们已无法再像过去涉水过岸，走陆路又需要绕行至数公里外的大桥，于是，新增的渡口成了两岸的重要通道。

巴东海事处工作人员在日常巡查中发现，他们管辖的水域涉及三个乡镇 18 个村，有 5 所中小学校的 1500 名学生必须乘坐"学生渡"。

"学生上下学主要依靠客渡船及区间客船，他们的交通安全问题很快成为我们关注的工作重点。"海事处谭明海回忆。

十年前，一部以谭明海等海事工作人员为原型的微电影《校船》，在巴东县官渡口镇拍摄，记录了他们通过一次次维护"学生渡"，从最初的嫌麻烦、不认真的"愣头青"成长为无私资助山区贫困学生、情系三峡库区"学生渡"的优秀海事官员的华丽转身。

电影中的"校船"，实际上是一种渡船，在宜昌巴东海事处辖区参与学生渡运的这类渡船共有 15 艘，既有定员 200 多人的大船，也有定员 10 多人的小船。这些船除了承运学生，也为两岸农民过江服务。

为更好地开展"学生渡"安全监管维护，宜昌巴东海事处于 2007 年 10 月成立"学生渡"安全工作小组暨青年义工小组。查朝阳、彭锦辉、谭明海、刘绍洪、李军、谭云洲等成为较早一批成员。每天，他们以渡口渡船安全巡查为主线，重点监管维护"学生渡"安全，根据学校通报学生放学的相关信息，组织执法人员和海巡艇到现场进行维护。

那些年，只要学校放假，不论刮风下雨，小组青年都会到现场去帮助老师清点人数，维护学生有序上船。当满载学生的渡船启动后，大家顾不上休息，立即启动海巡艇，相伴护航，直到确保全部学生安全从沿线码头下船，海巡艇才会返回。每次都有学生娃开心地说："我们享受了海事叔叔专船护送待遇。"

"只要孩子们能平安启航、安全到达，大家多付出点不算什么。"谭明海笑着回忆。

那些年，他们深入支汊河流，走乡串户，到学校调查，全面摸清

◆ "青年义工在渡口"志愿服务队志愿者组织学生有序上船

沿江学生乘船的分布特点，掌握学生渡运乘船的基本规律，最终出台"政府牵头、教育部门管理、学校组织落实、船主全面负责、交通部门监管、海事部门维护"的"1+5""学生渡"安全管理责任制度。

16 年寒来暑往，小组安全维护学生乘渡逾 4000 艘，护送学生近 16 万人次，创下航行零事故、零伤亡纪录。他们担起渡口平安的泰山重任，守护着往来渡口的故乡人，打造出百姓交口称赞的"平安学生渡"。

渡人，也渡己。

2022 年春节，从深圳回乡探亲的林香云又一次走上海事趸船。

"谭叔，您身体还好吧！"看着谭明海两鬓日渐花白，林香云有些心疼。

"我还好，还好！"谭明海呵呵地笑着。

十多年前，林香云还是巴东县东瀼口镇雷家坪初级中学的学生。

谭明海在一次护送"学生渡"时，无意中发现一个女孩神情忧郁地看着江面发呆。再三询问，才了解到原来这个成绩优异的孩子因家庭贫困，不得不面临辍学。

"求学路上一个不能少！"谭明海悄悄伸出援助之手。

这一帮，就是近六年。

2012 年 8 月，林香云以优异成绩考入南昌大学。

开学那天，宜昌海事局团委负责人李麟和谭明海扛起行李，护送林香云一路走出大山，走进大学校园。

大学期间，宜昌海事局接力资助林香云，直到她大学毕业赴深圳工作。

此后，每年春节，林香云都会回家探望她的"海事叔"。那一刻，是谭明海最为幸福的时光。

据不完全统计，这些年，谭明海所在的青年小组联合社会各界力量，为库区贫困学生及社区孤寡老人送去慰问金及生活用品金额总计 4 万余元，为辖区学生客渡船赠送了 610 件救生衣、22 台便携式甚高频无线电话以及 400 余面渡船标志旗。

如今，随着农村生活条件的改善，村小学撤并，村村通了公路，大部分农户也都有了私家车，"学生渡"从以前每次放学几百人，缩减到两三个人。

"过节客运量大的时候，我们仍会去现场维护。"陈道宇介绍，"现在，'学生渡'安全工作小组有成员 10 名，35 岁以下青年有 8 名，我们日常乘巡逻艇前往东瀼口、太矶头、官渡口等码头查看渡船是否超员、安全措施是否到位等情况。对检查中发现的安全隐患，要求渡船迅速进行整改，确保渡船的设施设备处于安全的运行状态。"

尽管，"学生渡"在慢慢退出历史，但安全工作小组仍使命在肩。

"如果不慎落水，可以靠浮力把我们上半身支撑在水面，用脚来控制方向。"这个暑期，朱立峰、李宗勇等人走村串户，对学生和家长进行水上安全知识宣传讲解。

让学生和村民掌握基本的水上救生知识，已是他们的日常工作之一。

他们和海事处同事一道，走进沿江村庄、学校，通过广播、张贴标语、发放资料、开展安全知识讲座等方式，广泛宣传水上安全小常识，提高学生的自我安全意识和公共安全监督意识。特别是交通运输部开展"安全知识进校园"活动以来，小组成员为 10000 余人次师生送去了水上安全的相关知识，赠送救生衣、灭火器，发放有关安全资料 10000 余份。

近年来，该小组先后荣获"长航局青年文明号""湖北省青年文明号""全国青年文明号"等荣誉，获感动交通年度人物、全国海事系统"三化"建设好形象好品牌，湖北省"本禹志愿服务队"，湖北省学雷锋活动示范点等称号。

（图片由宜昌海事局"青年义工在渡口"志愿服务队提供）

"爱的"守护显真情

——记湖北交投实业发展有限公司"爱的"志愿服务队

"爱的"缘起

2017年1月23日上午8时45分，十天高速鲍峡服务区保洁宋阿姨在洗手间做清洁时，发现一名脸上布满血迹、刚出生、脐带还留在身上的女婴，小婴儿被纸巾包裹着扔在纸篓的最下层，紧紧闭着眼睛，身体冰凉，只有胸口透着些许热气，宋阿姨见状，立即解开棉衣，将孩子抱起贴在自己的胸膛上取暖。

与此同时，她迅速把情况报告给了服务区现场管理办公室，现场办第一时间拨打了120急救电话，通知了地方派出所等相关单位，并为女婴买来衣物、奶粉等婴儿用品。在服务区工作人员以及医护人员的救助下，婴儿成功脱离危险，并通过十堰市儿童福利院被好心人领养。

这是发生在湖北高速公路服务区的真实故事。从那时起，爱的故事一直在延续，爱的温度始终在传递，实业公司以这个暖心的故事为契机，正式启动"爱的"志愿服务行动，成立保畅突击、志愿服务小分队等，大力开展爱心帮困、服务咨询等青年志愿服务活动。

搭建"爱的"志愿服务体系

湖北交投实业发展有限公司"爱的"志愿服务队始终围绕企业发展中心大局，用心用情用力为群众办好事、办实事，助力实业公司高质量发展。自"爱的"志愿服务活动启动以来，累计发放"爱的"手册 2000 余册，帮助司乘人员 4800 余人次，挽回经济损失 320 万余元。

经过几年实践，公司团组织和"爱的"志愿服务队相继荣获"湖北省交投青年志愿者服务示范团队"和"2020 年度湖北省'本禹志愿服务队'"等荣誉称号。

◆ "爱的"志愿服务队成员为司乘提供行车指引

2021 年，实业公司印发《"我为群众办实事"项目实施方案》，对"爱的"志愿服务提出了新的定位和更高要求，致力于将"爱的"打造成为全国有影响力的公益服务品牌。250 余名青年员工坚决贯彻落实党委部署，依托"志愿汇"平台注册成为"爱的"志愿者，组成了 6 支队伍，初步搭建了实业公司"爱的"志愿服务体系。

"爱的"志愿者每年在春节、"五一"、国庆等节假日组织开展"庆春节 送祝福"主题活动、"迎元宵送汤圆 浓浓温情暖人心"主题活动、"中秋正此时 您的归心似箭 交投驿站护航圆满"主题活动、"爱的坚守 战高温"主题活动、"爱的团圆在路上"主题活动、"爱的提醒"反诈保畅主题活动、"青山绿水，爱的守护"主题活动等 80 余场次，参与人数 800 余人次，累计服务时长 800 余小时，"爱的"志愿服务品牌影响力明显提升。

科学规划部署，为品牌创建强化行动力

根据实业公司"十四五"发展规划，"爱的"志愿服务品牌创建以"十四五"收官之年 2025 年为重要节点，分三个阶段实施。

第一阶段从 2021 年 6 月—2022 年 5 月，是志愿服务行动升级落

实阶段。按照"建队伍"与"树形象"同步推进的原则，扩大团队规模、升级品牌形象、拓展服务内涵、提升宣传力度、树立模范典型等，将"爱的"志愿行动落到实处，做到服务主题"实"、活动内容"实"、活动效果"实"，为广大司乘、社会特困群体及困难员工"雪中送炭"，用"爱的"行动点亮全省 130 多个服务区，让服务区成为将爱传递的温馨驿站。

第二阶段从 2022 年 6 月—2024 年 5 月，是志愿服务管理数字化阶段。主要依托服务区、能源、商业板块的会员管理系统，逐步建立'消费者会员制—会员志愿服务有积分—志愿服务积分可兑现"的"爱的"传递激励机制，跟随实业公司数字化工作进程，全面提升"爱的"志愿服务团队信息化管理手段，将"爱的"打造成在交投集团和全省有一定影响力的社会公众服务品牌。

第三阶段从 2024 年 6 月—2025 年 12 月，是品牌总结提炼推广阶段。对标全国优秀志愿服务队，巩固提升和总结提炼品牌工作成效，整合地方、高校和媒体多方力量，扩大社会影响力，将"爱的"打造成在

◆ 湖北交投实业公司"爱的"志愿服务队开展志愿服务活动

全国有影响力的公益服务品牌，打造湖北高速服务新名片。科学的规划部署，进一步明确了志愿服务品牌创建的发展目标、落实举措、责任单位和完成时限，强化了品牌落地的行动力。

全面深化内涵，为品牌升级增添新活力

按照实业公司"爱的"志愿服务品牌发展规划，2021 年 7 月，公司深入践行"我为群众办实事"工作要求，正式拉开"爱的"志愿服务品牌升级行动序幕，印发了《湖北交投实业发展有限公司"爱的"志愿服务品牌升级行动方案》，规定了品牌名称是"爱的"，品牌理念是"'爱的'驿站，将爱传递"，品牌内涵是依托公司所辖服务区窗口平台，以"爱的"志愿服务队为载体，热情服务爱司乘、倾情奉献爱社会、温情关怀爱员工，弘扬"追随消费者、支持奋斗者，始终坚持实干兴业"的企业文化，通过会员管理系统的联结纽带，贯彻"将爱传递"的品牌理念，逐步把交投驿站打造成"爱的"驿站，成为在全国有影响力的公益服务品牌。

在"我为群众办实事"和品牌全面升级的推动下，近年来，公司党委带领各级团组织积极拓展新形式，主动走出路外，融入社会：黄冈分公司"爱的"志愿服务队开展慰问孤寡老人活动、支教活动；恩施分公司"爱的"志愿服务队开展"爱的助学"关爱留守儿童活动；十堰分公司"爱的"志愿服务队开展"关心关爱退伍军人"志愿服务活动，品牌内涵的进一步丰富，为品牌的发展增添了新活力。

2023 年春节假期，湖北交投实业发展有限公司服务区"爱的"志愿者坚守岗位，守土尽责，用勤勉的工作态度和细致入微的服务，满足过往司乘的美好出行需求。

枣阳服务区"爱的"志愿服务队联合管段路政、高警、收费站在服务区广场开展"情满旅途、关爱司乘"活动，向司乘人员分发道路安全手册，提供交通安全知识宣传、路况咨询、秩序维护等志愿服务。

赤壁服务区"爱的"志愿服务队开展"暖冬行动"志愿服务活动，向过往司乘赠送新年小礼品，传递新年美好祝福。

高家堰服务区"爱的"志愿者早早搭好服务台，布置新年主题墙，为司乘朋友们准备热姜茶、糖果礼盒等，与司乘相约高家堰，开展"爱的"服务主题活动，温暖司乘回家路。

均川服务区"爱的"志愿者巡查时发现一名司机身体不适，上前询问得知其突发肾结石，身体疼痛难忍。志愿者及时拨打 120，并将司机送达医院。

罗田服务区"爱的"志愿者在服务台执勤，为来往司乘宣传健康防护及安全急救知识，司乘驻足咨询，志愿者耐心宣讲。

野三关服务区"爱的"志愿者巡查时发现服务区入口有车辆熄火，迅速叫来同事，共同将车辆推进服务区内，仅用十分钟就成功处置了拥堵，消除了潜在隐患。

随州服务区"爱的"志愿者在巡查时捡到一个女士背包，经清查背包内有数千元现金、银行卡、身份证等贵重物品。通过 12122 客服群发布失物招领信息，约 10 分钟后，终于与失主蔡女士取得联系，并将失物归还。

在刚刚过去的国庆、中秋"双节"期间，实业公司所辖服务区累计接待车辆 375.59 万台，服务司乘、群众 1137.28 万人次，为司乘提供便民服务 564 次，248 名"爱的"志愿者提供救助帮扶 240 次，为司乘挽回经济损失合计金额 24.45 万元，收到 12122 表扬 43 次。

心中有阳光，脚下有力量。湖北交投实业发展有限公司的每一名"爱的"志愿者都是一团燃烧的火焰。司乘走到哪里，就温暖到哪里，奉献、友爱、互助、进步的志愿精神就发扬到哪里，"志愿红"成为湖北高速服务区最亮丽的青春底色！

爱的故事一直在延续，爱的温度始终在传递……

（图片由湖北交投实业发展有限公司"爱的"志愿服务队提供）

手作的温度
——记鄂州市莲花山社区"千针万线小家电"志愿服务队

　　在繁华的小城里，鄂州莲花山社区的居民们日复一日地在生活的轨道上忙碌着。在这个熟悉又陌生的社区里，有一群特殊的志愿者，他们的名字叫作"千针万线小家电"志愿服务队。他们的任务，就是为莲花山社区的老年居民和特困群体提供各种志愿服务，从义务缝补衣物到旧衣改造，再到小家电维修，他们尽己所能。

　　这个志愿服务队的成员们来自于鄂州市莲花山社区的小区能人和鄂州职业大学艺术学院的同学们。近几年来，他们深入辖区 17 个居民

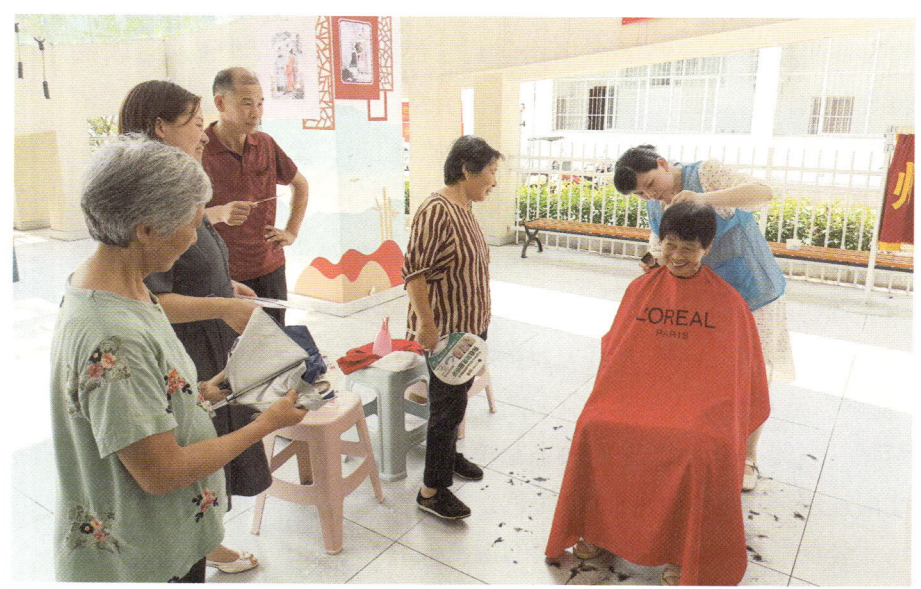

◆ 鄂州莲花山社区志愿服务队志愿者免费为老年人剪发

小区，为 4067 名老年居民和特困群体提供持续的小家电维修、旧衣改造、义诊义剪等各类便民服务。

服务队的成立，源于一次普通的社区活动。志愿者们发现很多老年居民和特困群体的衣物和小家电损坏严重，由于经济原因无法得到及时的修补和维修。看到这样的情况，志愿者们决定成立"千针万线小家电"志愿服务队来帮助他们。

王阿姨是社区的居民，热情开朗，善良热心。她以前曾在小家电维修店工作过，对家电维修有一定的了解。得知服务队成立后，她主动加入，利用自己的技能帮助社区居民解决小家电问题。

有一天，王阿姨接到了一个紧急求助电话。住在莲花山社区多年的李奶奶家中的电热水壶出了故障，她不知道该怎么修理。这个电热水壶是老伴生前送给她的，给她留下了许多美好的回忆，李奶奶希望能够修好继续使用它。王阿姨立刻赶到李奶奶家中，经过仔细检查，发现是电路板出现了故障需要更换。但是，市场上很难找到适合的电路板，而且价格也非常昂贵。王阿姨立刻把信息反馈给志愿服务队寻求帮助。

最终，他们在一个二手市场上找到了一款几乎一样的电热水壶，拆解后将电路板换到李奶奶的电热水壶里面。经过一番努力，电热水壶恢复了正常工作。当志愿者们将修好的电热水壶给李奶奶送上门时，她激动得几乎要哭出来。

这个小小的修理故事，让李奶奶重新拥有了珍贵的回忆，也感动了社区居民，大家纷纷为志愿者点赞，同时也记住了这支便民服务队。

不久，莲花山社区的一位阿姨来到社区活动中心，手上拿着一件破旧的毛衣。她说，这件毛衣是孙子小时候穿过的，一直陪伴着他的成长。因为时间太久，毛衣出现了大大小小的破洞。阿姨很珍惜这件毛衣，听说社区有一群热心的志愿者擅长缝补旧衣服，于是带着这件毛衣来到社区活动中心，希望能够得到帮助，将毛衣继续留存下来。

◆ 鄂州莲花山社区志愿者为居民提供旧衣改造服务

　　志愿者们仔细察看了毛衣上的破洞，决定采用人工缝补的方式来修复。他们翻出了各种彩色线，细心地选择了与毛衣颜色相近的线，逐一修补每个破洞，细心地编织起每个线头，使毛衣最终恢复了原有的模样。

　　在平时，志愿者们还会不定期开展义诊义剪等活动，为居民提供免费的医疗和理发服务。这些举措大大减轻了居民的经济负担，让他们感受到温暖和关怀。

　　社区有一位肢体残疾的阿姨，很难外出理发，头发又长又乱。当她听说"千针万线小家电"志愿服务队组织义诊义剪活动时，便抱着试试看的想法前往社区党群服务中心。

　　志愿者们为阿姨提供了一个舒适的理发区域，仔细倾听她的需求。阿姨告诉他们，她想要一个简单的发型，方便自己打理。整个理发过程中，志愿者们不仅仅是修剪头发，还与阿姨聊天，陪伴她度过了一段愉快的时光。志愿者们的细心和耐心，让阿姨脸上始终洋溢着笑容。

最终，志愿者把阿姨推到镜子前，看着自己焕然一新的形象，阿姨感动得几乎要流下眼泪。

像这样的故事，在社区居民和志愿者之间发生了很多很多。据不完全统计，他们通过自己的行动为社区居民缝补了 200 余件衣物、改造了 70 余件旧衣、维修了近 50 台小家电。这些工作为社区居民节省了一大笔开支，得到了社区居民的高度认可和好评，也促进了社区居民之间的交流和互动。

除了日常便民服务，志愿者们还与居民一起参与社区建设和公益活动。他们积极参与垃圾分类、环境保护等活动，向居民宣传环保意识和公共卫生知识，为社区居民营造了温暖、和谐的家园。

如今，在志愿者们的带动下，越来越多的居民开始参与到活动中来，他们也成为这个团队的传播者和支持者，他们的故事已成为社区一道亮丽的风景线。

修补的是旧物，留住的是回忆，"小修小补"是城市民生的"毛细血管"，更是生活里不可或缺的一部分，正因为有了他们，城市才更加美好。相信在不久的将来，"千针万线小家电"志愿服务队会影响更多的人成为这个社会的积极力量。

（图片由鄂州市莲花山社区"千针万线小家电"志愿服务队提供）

筑牢天"E"无缝的反诈铁壁
——记中南财经政法大学 VAL 法律志愿服务团

"青龙村模拟法庭民事审判庭，现在开庭！"

2023 年 7 月 27 日下午，襄阳市襄城区尹集乡青龙村，一场全部由小学生扮演的模拟庭审，在中南财经政法大学 VAL 法律志愿服务团的指导下，有条不紊地进行着。

随着"小审判员"一声清脆有力的法槌敲击声，一场消费者权益保护案件的模拟庭审正式开始。在志愿者的引导下，小朋友们核实当事人身份、宣布法庭纪律，接着宣读起诉书，各环节依次推进。庭审中，"小法官"肃穆端坐不偏不倚，"小书记员"聚精会神用心记录，身着律师袍的"小代理人"言语铿锵，有理有据。

整个庭审过程重点突出、秩序井然、规范高效。庭审结束后，志愿者们给予点评，就案件涉及的法律知识进行了细致的讲解，并回答了同学们的提问。

通过这一堂精彩的沉浸式模拟法庭教学课，学生们真切感受到了法律的神圣。在活动分享环节，"小审判长"说："这是我第一次参与这样的活动，法官的职责是神圣的，我们要敬畏法律、遵守法律，也要敢于运用法律武器保护自己的权益。"

表演过程中，一位胆小的少年被鼓励上台参与演出，逐渐克服了自己的害羞。他激动地说："我从没想过法律可以这么有趣，我要好好学习，将来也要维护正义！"

"这次活动，我们设计以消费者权益保护为主题，让孩子们亲自参

◆ 中南财经政法大学 VAL 法律志愿服务团开展"迎五四曦光，助少年成长"普法活动

与法庭审理，进行角色扮演，亲历庭审真实流程。"VAL 法律志愿服务团的成员李想介绍。

为保障"庭审"高质量进行，李想和秦思乐、韦诗怡、燕铎等成员提前半小时布置场地，准备了法官袍、律师袍、法槌、身份立牌、剧本手卡等道具。"庭审"开始前，志愿者老师向小朋友们仔细讲解了法庭的基础流程——开庭、法庭调查、法庭辩论、最后陈述、评议与宣判。

春风化雨，润物无声。这个夏天，中南财经政法大学 VAL 法律志愿服务团走进襄阳市襄城区尹集乡青龙村，开展"法治赋能，助推乡村文化治理现代化"新时代文明实践活动。为期一周的"七彩假期"课堂中，围绕人与自然、身心健康、文化传承、红色基因等方面，通过精心组织"模拟法庭进课堂"等，讲解系列法治特色课程，志愿者们将法治的种子倾情播撒，让青少年认识、理解、内化法律知识，培养并提升法治意识。

中南财经政法大学法学院 VAL（Volunteer and Law）法律志愿服务团成立于 2003 年，已走过 20 载春秋。他们秉持"弘德尚法，躬行济世"宗旨，以"Volunteer"为根本，"Law"为依托，设"校园普法行"法律服务队、"巾帼维权"社区法律服务队、"爱心同行"法律服务队、"青春·和谐"信访法律服务队、"苏正民"志愿服务队、"壹心"志愿服务队等。在法律志愿服务、生态保护、关爱少年儿童等方面创新运用专业知识，为武汉市各社区、学校、信访局等提供社区法律咨询、社区普法、社区矫正、法律案例交流、法制墙绘、中小学普法、信访服务、为老服务、庭审进校园等专业志愿服务。

据不完全统计，服务团服务时长 90000 小时以上，为上万人次的中小学生普法，为近百家社区和社会组织提供法律服务，解答逾 4500 名社区群众的法律问题，接待上访群众 3500 多名，帮助 300 余名凉山中小学生顺利升学，参与志愿者超过 5500 人。

服务团曾获首届全国维护妇女儿童"权益贡献奖"，入选全国首届"百佳公益组织"等，特色项目"法漾青春，永不'毒'行"获第五届中国青年志愿服务项目大赛铜奖、湖北省志愿服务项目大赛银奖，项目"'典'亮最后一公里——法'润'社区美好生活"获 2021 年湖北省志愿公益项目大赛公益创业赛铜奖。

2022 年 12 月 1 日至 4 日，第六届中国青年志愿服务项目大赛暨 2022 年志愿服务交流会以线上直播的形式举行。中南财经政法大学 VAL 法律志愿服务团的"天'E'无缝——普法反诈进行时"项目，继获得湖北省青年志愿服务项目大赛金奖后，在此次大赛中斩获银奖。

项目主要负责人、项目案例分享人付渝茜代表团队做经验分享。天"E"无缝志愿服务团队主要依托法学院"本硕博＋教授"的专业普法队伍的优势资源，组成服务队伍开展普法反诈志愿服务。两年时间里，团队开展形式多样的反诈活动，潜移默化地将反诈防骗意识渗透到群众观念之中，营造和谐安全的社会环境为建设平安中国贡献绵

◆ 中南财经政法大学 VAL 法律志愿服务团在中谷苑社区开展"守好钱袋子，护好幸福家"定点普法活动

薄力量。

"社区群众的问题与需求应该是项目孵化的第一催化剂。"付渝茜认为，团队要持续深入关注群众最现实、最紧迫的民生问题，要坚持走进社区、走进基层，发现问题，提出解决问题的方案。

很多参加过《守好钱袋子》反诈情景剧演出的团队成员，对一位受骗老人的经历记忆深刻。

那是一次进社区的普法活动，他们为居民表演《守好钱袋子》的反诈情景剧快结束时，台下一位老人不停抹泪，神色唏嘘。

表演结束后，这位老人找到宣讲团成员，哭诉了她的故事。原来在不久前，她接到电话，说儿子遭遇车祸入院，惊慌之下，她未经核实便将十几万元积蓄都汇给了骗子。事后，老人发觉被骗报警，仍未能追回损失。

"太后悔了啊！如今经济上不宽裕，甚至会觉得自己成了家里的拖累，要是能早点听到你们的宣讲就好了！"老人拉着宣讲团成员的手恳请他们今后多进社区，多做普法宣传。

时至今日，老人悲愤的神情仍常浮现在大家的记忆里。那次宣讲后，付渝茜深刻意识到了反诈普法的必要性，并将其作为项目运营。"或许我们来不及帮到这位老人，但今后，我们会尽己所能，不让这样的悲剧再发生。"

中国心理卫生协会妇女健康与发展专业委员会副主任、北京懋德社会工作服务中心理事长杨波评价："VAL 法律志愿服务团用事前预防和事后救济的'治未病'与'治已病'相结合的模式走进社区、走进基层。通过常态化、单元化、创新化的服务助力国家反诈中心 App 的推广，他们深入居民的网格群当中，体现了以人为中心、高质量开展志愿服务项目的理念。"

天"E"无缝项目获得第六届大赛银奖并不是结束，而是新的开始。付渝茜说："我们与普法反诈主题志愿服务的故事仍要继续，未来我们将继续凝聚反诈合力，筑牢天'E'无缝的反诈铁壁。"

"我们继续将普法带到基层中去，筑法治之基，行法治之力，积法治之势，立足新时代，展现新作为，继续以实际行动为建设法治中国提供青春力量，书写新时代的青年志愿者故事。"

这是 VAL 法律志愿服务团每个成员的心声。

（图片由中南财经政法大学 VAL 法律志愿服务团提供）

当好家乡文化的传承与传播者
——记湖北大学"陌上花开"文化传承志愿服务队

"上大学以来，和同学提起自己的家乡时，襄阳牛肉面便是金字招牌，但好像除了它，记忆里的家乡模糊了许多。直到今年，以一名大学生志愿者的身份返乡参与社会实践，记忆好像被唤醒了。"潘飞樊说。

潘飞樊是湖北大学"陌上花开"文化传承志愿服务队新一任队长。2023 年，服务队和襄阳市草草义工协会、中南财经政法大学 VAL 法律志愿服务团在襄阳共同开展了"乡"约文明文化助力乡村振兴志愿服务项目。正是这次社会实践，潘飞樊将自己的故乡与志愿服务相结合，对家乡文化的理解也渐渐加深。

"作为一名师范生，参与暑期社会实践、开展志愿支教，是我教育实践的重要组成部分，是一个反哺家乡的宝贵机会，也是我的青春选择。"潘飞樊在参与"'襄'约襄阳一起公益吧"交流会上分享时说道。

与志愿服务结缘

潘飞樊是土生土长的襄阳人，到湖北大学读书的第一天，他就以一名迎新志愿者的身份开启自己的大学生活。

初入校园，一切都显得新鲜感十足。进入寝室，彼此首先便是介绍自己。

"大家好，我来自陕西宝鸡。我家乡最有名的是擀面皮，配上油泼辣子，味道一绝……"

室友们大大方方地介绍着自己的家乡。而轮到潘飞樊介绍的时候，他只记得襄阳有牛肉面。

潘飞樊对家乡的了解确实有些少，加上性格相对内向，面对新室友，对襄阳历史文化零零散散的记忆让他不敢详细介绍，生怕说错了什么。

作为迎新志愿者，潘飞樊有更多机会与老师同学接触，通过志愿服务去帮助他人。在这个过程中，他慢慢打开心门。

大学二年级的时候，潘飞樊接触到了"陌上花开"文化传承志愿服务队。这一年，服务队获得了教育部表彰，获评湖北省"本禹志愿服务队"，这些优秀的成绩让他更加向往加入这个有朝气的组织。

"服务队是 2013 年成立的，王达学长是第一任队长，那时候服务队还叫'百时奉献'支教团，袁勋老师开始指导团队以后，更名为'陌上花开'文化传承志愿服务队，不仅限于开展义务支教活动，文化传承的工作也被纳入志愿服务品牌项目的打造之中。"上一任队长陈旭阳向潘飞樊介绍。

"我还以为志愿服务就是帮着搬搬东西，打扫打扫卫生啥的，我还得多加学习，多了解文化。"潘飞樊对志愿服务和服务队有了进一步的认识，也意识到他需要准备和要做的，还有很多。

做好本土文化的赓续传承

"队员们，我们要入乡随俗，主动去了解当地文化，现在孩子们都想去了解外面的世界，但是对于自己的故乡，他们又了解多少呢？"

2022 年暑期，潘飞樊首次带队到通山开展志愿服务。如何做好志愿服务，做出团队特色，是他一直思考的问题。第一次备课会上，他向队员们提出，希望将乡土文化教育融入课堂教学之中，用耳濡目染的教育加深青少年对家乡文化的认识，让他们能够自信自豪地介绍家乡，而不是像当初的自己那样畏畏缩缩，害怕说错而不敢介绍。

"小朋友们，这是什么呀？"

"包坨！我妈妈今天早上就给我做的包坨，老师你吃过吗？好吃吗？"

"当然好吃了，老师为了上好这堂课，专门去尝了尝包坨，确实像你说的那样，独具风味。"

"老师老师，那你吃的哪一种？"坐在前排的小男孩大声地问道。

"老师吃的是煮的。"潘飞樊说。

"老师，我吃的是炸的，你吃过吗？"第二排的小女孩接下潘飞樊的话。

为了上好乡土文化课，潘飞樊和队员们认真了解通山当地文化，专门拜访了通山木雕第五代传承人成希老师。在他的工作室里观摩木雕作品的雕刻流程，并上手操作体验了一番。有了这些理论实践基础，才备出了一堂精彩的乡土文化课。

在和通山木雕第五代传承人成希老师的交流中，潘飞樊了解到，在往年开展的非遗文化普查中，通山县从事木雕的艺人仅 80 余人，年轻人已寥寥无几。

◆ 2022 年 7 月，潘飞樊带领湖北大学"陌上花开"文化传承志愿服务队拜访通山木雕传承人，学习非遗文化

这坚定了潘飞樊带队开展志愿服务的方向：文化的传承从青少年着手，以点带面，以面带全，辐射和带动家庭、村落、社区以及更多群体去了解当地文化。

"襄阳不只有牛肉面"

团队服务地青龙村毗邻襄水源生态公园，让潘飞樊有更多的机会去了解襄水文化。襄水作为襄阳的母亲河，有着悠久的历史，见证了襄阳城的沧桑变化。潘飞樊很期待在支教活动之余带着队员们走进襄水源生态公园，去了解襄阳的文化根脉，也为给假期课堂的孩子上好乡土文化课做足准备。

"在我的童年记忆里，上小学时来这里春游，那时杂草丛生，依稀看到一条小溪从中流过。十年过去，这里已被打造为流水潺潺、绿草如茵、曲径通幽的生态公园，成为独具特色的襄阳名片，让我由衷地感到自豪。"潘飞樊为这里的变化感到欣喜。

在当地村干部的牵头下，潘飞樊和襄阳市拾穗者民间工作室一群热衷"读城"的老襄阳人进行了交流。他们告诉潘飞樊，据历史考证，先有襄水，后有襄阳，襄水是襄阳的母亲河，是襄水孕育、保护、滋养、升华了襄阳这座城市，襄水文化的继承和传播对襄阳人意义重大。

潘飞樊和队员们又通过上网查阅资料，进一步深入了解了襄水源文化，最终将乡土文化课程带到青龙村的"七彩假期"课堂之中。

课堂上，孩子们的积极互动让潘飞樊感到有些意外。大家对本土文化的了解程度超出了他的预期，孩子们热情地介绍着古隆中、鹿门寺、米公祠等襄阳本地历史文化景点，也让他更坚定了那份文化传承自信。

"我们做的是有意义的事情。家乡文化的传承和弘扬，青少年是重要的一环，他们对乡土文化有了认识，这个社会了解家乡文化、能够介绍家乡文化的人就会更多。"潘飞樊笑着说，"今后，我不会是那个只会介绍'襄阳牛肉面'的大男孩了。襄阳还有襄水沿线的唐代诗人孟浩然故居、三国时期的马跃檀溪遗址、习家池等很丰富的文化遗产。"

"作为一名土生土长的襄阳人，我希望利用师范专业技能，将襄阳本地优秀文化传播给青少年，为擦亮家乡名片，为家乡文化传承贡献自己的一份青年力量。"潘飞樊对未来充满希望。

"陌上花开"十年传播红色文化

湖北大学"陌上花开"文化传承志愿服务队创立于2013年，是一支以全校团学骨干、学生志愿者为主体，开展文化传承与创新的学生团体。现有正式成员150名，自创立至今累计志愿服务时长超60000小时。

目前，服务队以聚焦红色革命老区，对当地留守儿童开展义务支教；传播红色文化，开展理想信念教育；构建"人才+文化+科技"模式助力乡村振兴作为主要服务内容。

团队自成立以来，已连续10年在湖北省红安县、通山县等地开展为期一个月的志愿支教活动，分类对青少年开展形式多样、内容丰富的课程，在实践中积极拓展"第二课堂"，提高青少年综合素质，讲清楚青少年勤奋学习的时代之责。项目开展至今惠及人数超1000人。

团队致力于挖掘大别山革命老区、鄂东南革命根据地民风民情元素、红色文化。10年来，在支教地调研了解鄂赣边陲地区非物质文化遗产传承困境，提出"以点带面、以面带全"的宣传方式，让成员与当地青少年自觉成为红色文化、乡土文化的积极践行者和传播者。

2021年以来，团队通过线上线下"双场域"的"文化+社会实践"方式，调研走访多个乡村振兴示范村，了解当地民风民情民意，录制微党课、微团课4节，用大学生的视角和笔触，向社会呈现国家大力推进乡村振兴的画卷。

2021年，湖北大学"陌上花开"文化传承志愿服务队成为湖北省

◆ 2023 年 6 月，服务队前往襄阳开展"乡"约文明文化助力乡村振兴志愿服务项目

"本禹志愿服务队"。同时，在该年度获得"推普助力乡村振兴"全国大学生社会实践活动优秀团队、湖北省暑期"三下乡"社会实践活动优秀项目、2021 年湖北省暑期"三下乡"社会实践活动优秀团队以及湖北大学第五届志愿公益项目大赛银奖。

（图片由湖北大学"陌上花开"文化传承志愿服务队提供）

初心矢志不渝，光芒照耀一方

——记湖北工业大学艺术设计学院初芒志愿服务队

心怀民之细也，关爱儿童，照料老人，阳光助残；心怀国之大也，建设乡村，发展文化，设计下乡。他们用爱奔赴每一程山水，用坚持固守每一次服务，从无私献血到抗疫先锋，从青春手绘到红色宣讲，他们的青春身影，活跃在每一寸志愿服务的大地之上，他们的灼灼光芒，照亮了每一个胸怀大志的青年之心。

用墙绘传承红色精神

多年来，湖北工业大学艺术设计学院初芒志愿服务队多次深入乡村，开展"美丽乡村，共同缔造"志愿服务与社会实践活动。他们充分发挥专业特长，让手中的画笔创造出新的灵魂和生命，为进一步增强良好的乡村文化氛围，为乡村振兴做出了力所能及的贡献。

2023 年夏，西藏贡觉县，新疆柯坪县以及湖北蕲春县、点军区、西塞山区等地，当地人们发现，平时那一片片白墙，悄悄换上了彩装，那些美丽的墙绘，勾勒出新时代乡村美丽图景。

这个暑期，湖北工业大学艺术设计学院初芒志愿服务队的 64 位学生从校园奔赴西藏、新疆、湖北等三省区六地的农村基层，用画笔描绘美丽乡村，赋能乡村振兴，为建设美丽乡村贡献青春力量。

在各地农村，团队成员跟随指导老师，与地方负责领导、村民交流访谈，了解当地人文历史、民俗文化、特色产业。在西藏，他们前往贡觉县阿旺绵羊产业基地、三岩广场、千年古寺"塘夏寺"等地，调研当地特色文化产业集群；在新疆，他们前往柯坪县玉斯屯喀什艾日克村、和悦广场、阿恰勒镇东风汽车商城产业园，调研乡村发展与产业状况；在湖北，他们走进大别山区了解中草药文化，深入月亮山社区、点军街道等乡村社区一线，直观感受乡村振兴战略对当地经济社会发展的积极作用。

一个月的时间，初芒志愿服务队各小分队成员分工明确，各司其职，兑颜料、搭梯、测量、画线、勾形、上色……他们一刻也没有停歇。在西藏贡觉县，面对40米长、4米多高的墙面，他们每天早出晚归，当一幅幅墙绘从草图到栩栩如生跃然于墙上，同学们纷纷感叹收获满满。

同期，初芒志愿服务队还前往新疆阿克苏及湖北宜昌、黄石、黄冈等地，以民族团结、保护环境、人文地理等为主题，给柯坪县、蕲春县等地的墙面添新衣、加新彩。

2022年7月，宜昌市点军区土城乡穿心店村，因一群志愿者的到来而热闹起来，来自初芒志愿服务队的青年大学生们在村里开展"美丽乡村，艺术赋能"墙绘公益活动，他们力争在志愿服务中循迹乡村文化，用手中的画笔扮靓新时代美丽乡村。

穿心店村于2003年由原穿心店、大石门、谭家岭三个自然村合并而成。当地整体创建工作以美丽乡村为切入点，着力构建全村"时时能游玩、处处是景点、家家能接待、户户都经营"的全域旅游发展模式，实现美丽乡村、产业调整、生态建设、经济转型、群众增收的有机结合，为实现全村产业"提质增效、转型发展"提供保障。

2022年7月4日，初芒志愿服务队从武汉出发，一路奔波抵达穿心店村，驻村书记黄浩与村主任宋金锋分别介绍了该村的发展历史以及产业规划，与队员们一起探讨墙绘的设计思路。

初芒志愿服务队前往村里各个墙绘地点进行实地调研，测量墙体尺寸。通过现场访谈和讨论，决定聚焦实体产业发展、乡村振兴、扫黑除恶等方面进行初步方案设计。

经过讨论，大家设计出几个不同的方案，其中包括穿心店村的拳头农产品柑橘、桑葚、藤梨、野茶等以及民宿外墙美化设计。

村党员群众服务中心，是队员们墙绘之旅正式开启之地。在他们的努力下，绘制出了接下来几天需要绘制的初稿。尽管炎炎烈日给初来乍到的队员们来了个下马威，但他们没有退缩。在他们眼里，林荫间斑驳的树影、头顶湛蓝的天空、清脆的鸟叫和蝉鸣，都是乡村生活的美好，他们感受着风拂鸟鸣、青草流溪。每天五点起床，迎着朝霞和薄雾上山，八点收工。伴着夏日晚风和梢头明月，没有人叫苦，也没有人喊累。

他们用两周时间，将所有设计方案从纸上一跃墙上、路旁，为美丽乡村的建设贡献一份艺术力量。

也是这个月，初芒志愿服务队的另外12名队员正在黄冈市红安县高桥镇开展美丽乡村墙绘下乡活动，他们以红军精神为指引，在乡村"美丽"上做文章，一墙一风景，一墙一阵地，用画笔绘出高桥美丽乡村"新画卷"。

高桥镇，属于湖北省黄冈市红安县，因高桥河村的一座古桥而得名。在当地镇干部的带领下，服务队分别到曹门村、程河村、王德湾、邓家湾、六家边、何家湾等村庄进行实地考察，结合各村产业特点和文化特色，制定墙绘方案。

每天，伴随着初升的太阳，聆听着村落潺潺流动的小溪声，队员们提起五彩颜料，拿起筑梦的画笔和相机向村里进发。烈日酷暑，汗水划过脸颊，队员们热情丝毫未减，以丙烯、画笔在墙体上绘画，从起稿到上色，再到细节勾勒，致力于将这里营造成一个与自然生态相适宜的充满艺术、生态、活力的美丽乡村。在何家湾，墙绘就以该村特色水果产业为主线，用相对简约卡通的表现手法来展现火龙果、杨梅、草莓、桃子等特色农产品以及蒙古包餐饮，将农业特色与居民生

◆ 湖北工业大学初芒志愿服务队在红安县创作庆祝建党百年墙绘

活刻画出来，描绘村民收获的喜悦之感。

2021年暑假，初芒志愿服务队队长王德功率17名队员前往红安县，开展乡村支教及公益墙绘的志愿服务活动。

他们依托红安县红色文化底蕴，充分发挥自身专业优势和特长，创作了包括《百年党史大事件记载图》《建党100周年》等近400㎡的21幅墙绘，以及红安县高楼村党群驿站的设计。

创作期间，王德功和同学们身穿志愿者服装，头戴草帽，站在脚架上，对着一堵堵破旧墙体认真作画。有人贴胶带，有人起形，有人上色勾边，来来回回，忙得不亦乐乎。灰白斑驳的墙上，南湖红船等呼之欲出。

墙绘完成后，王德功说："能够发挥自己的专长，用手中的画笔，推动乡村的精神文明建设，我们真的很开心。有人说'90后''00后'是被宠坏的一代，我们想用行动证明我们是能担起历史使命的，强国一定有我们。"

现任初芒志愿服务队队长的陈思颖同学也深有感触。她认为，为不同乡村的需求提供原创性的定制化方案，是初芒志愿服务队一直以来所追求的。

"墙绘的图案、主题、色调、元素等主要由团队与乡镇及社区居民共同参与讨论，确定设计方案。"陈思颖说，"主要分为四大类，即宣传党的方针政策、传统文化、移风易俗、特色产业等。"

据不完全统计，这些年，初芒志愿服务队绘制文化墙累计超过5600平方米，受益村民4.2万人。

"大家从初下乡时的忐忑不安到变得坚毅成熟。下乡之旅带给他们的，不仅是专业能力上的提升，而且视野得到了开阔，与队友间的情谊更加深厚团结，他们深刻体会到志愿服务的意义和重要性。"湖北工业大学艺术设计学院团委书记赵燕春说。

的确，队员们用画笔丈量乡村与未来的距离，用热情去拥抱酷暑和炎热，他们也在不知不觉中，悄悄埋下了为社会奉献的决心。

秉承初心，志愿服务多元化发展

初芒志愿服务队成立于2016年，注重引导青年志愿者积极发挥设计专业的力量，助力乡村振兴、非遗保护、文化宣传等。近年来，成功打造了"妈妈陪伴"汉绣公益助力项目、"图绘美丽乡村"政策宣传项目、"匠心守艺"非遗助力脱贫再生项目、"髹漆人"非遗文化保护项目等独具特色的志愿服务项目，先后获得全国五四红旗团支部、第五届中国青年志愿服务公益创业赛金奖、第四届中国青年志愿服务项目大赛银奖、第六届中国青年志愿服务项目大赛银奖、湖北省青年志愿服务项目大赛公益创业赛金奖、湖北新时代文明实践志愿服务项目大赛金奖、榜样100全国优秀社团、全国知行计划优秀实践团队等一系列国家级、省级奖项、荣誉，促进了大学生志愿服务专业化、特色化发展。

近年来，初芒志愿服务队多次助力中西部农村中小学美育教育，专门开设美育课堂，用绘画教学、田野写生、手工艺工作坊等形式，带领孩子们学习百年党史，向孩子们展现中国共产党团结带领各族人民绘就的波澜壮阔的奋进画卷。

服务队经常深入多个社区，开展"七彩四点半"志愿服务活动，他们与孩子们一同参与游戏，在轻松愉快的氛围里建立友谊、沟通和信任基础，加强孩子们的群体表现能力和艺术创造能力。

活动中，大学生志愿者引导孩子们乐观处世，鼓励孩子们积极回答问题，踊跃参与活动，增强自信心，传递助人为乐的积极观念，弘扬正能量。

队员们还引导孩子们对未来美好生活进行憧憬。他们耐心倾听每一位小朋友的想法，充分运用专业知识，与小朋友们分享绘画技巧和思考方式。在队员们的指导与协助下，小朋友们纷纷打开创意之门，体验创作乐趣，充分发挥艺术想象力，用线条勾勒出他们对祖国繁荣昌盛的美好祝愿。

"各民族在中华民族大家庭中像石榴籽一样紧紧抱在一起。"通过多次社会实践活动，初芒志愿服务队的大学生们用脚步丈量祖国大地，深刻感悟近年来中西部地区的新变化，不断加深对民族团结的理解认同，用知识和汗水让平平无奇的白墙变成了颜值高、会说话、助推民族团结的文化墙，营造出"中华民族一家亲，同心共筑中国梦"的和谐氛围。

在贡觉县，团队以"和顺"为主题，分别从党的二十大精神、民族团结一家亲、"双拥"文化、自然风光、人文历史、民族服饰、特色产业等多角度展开方案设计与创作实践，共同绘就"荆描贡景助和，楚留藏墨祝顺"的新时代幸福画卷。墙绘作品不仅提升地方文化品位，更成了各族群众听党话、感党恩、跟党走的有效宣传载体，有力推动地方民族团结创建工作走深走实。

◆ 湖北工业大学初芒志愿服务队在西藏贡觉县完成"和顺"墙绘图

"我们希望继续走进祖国大好河山，扩展志愿足迹版图，开展 100 节美育课堂，深入百乡百镇百村，'绘'及村民超 10 万人。"队长陈思颖说。

湖北工业大学党委副书记胡晓艳表示，近年来，初芒志愿服务队充分发挥学校学科专业优势，连续多年以墙绘活动助力乡村振兴。未来，更多的湖工大学子将继续前往全国各地开展丰富多样的志愿服务活动，将湖工大学子的青春力量汇入乡村振兴的发展浪潮，为乡村增"颜值"、提"气质"、育"文化"。

（图片由湖北工业大学艺术设计学院初芒志愿服务队提供）

小艺们的志愿故事

——记武汉科技大学艺术与设计学院青年志愿者服务队

　　无论在哪里，无论在何时，我们都秉承着为人民服务的理念，将艺术专业优势与志愿服务相融合，在奉献中切实推进美育教育，汇聚青春力量，助推教育事业和志愿服务双提升。

　　艺术与设计学院青年志愿者服务队（以下简称艺术青队），致力于美育教育传播和课程打造，服务对象包括高校学生、社区居民、乡村儿童三大类。他们以高校学生为服务出发点，陶冶情操，丰富兴趣爱好，促进大学生德智体美劳全面发展。

　　艺术青队"公益画室"品牌自 2016 年创立实施以来，经过多年谋划、统筹推进、提炼经验、开拓创新，工作机制不断完善，团队不断壮大。荣获省级"本禹志愿服务队""优秀志愿服务团队"等荣誉称号。艺术青队围绕服务主体，坚持以美育人、以文化人，提高学生审美和人文素养，形成了"三进三融"课程服务体系——"公益画室"进学校、"公益画室"进社区、"公益画室"进乡村，促进美育教育与志愿服务相融合、与社区建设相融合、与乡村振兴相融合。

　　"公益画室"进学校。每学年累计受益近千人，每年开展 10 余次，每次参与志愿者 40 人，服务对象 90 余人。

　　"公益画室"进社区。公益画室项目已和三个社区签署长期合作协议，每周将和社区开展 2—3 次志愿服务活动，获益人群 40—60 人/次。

　　"公益画室"进乡村。"公益画室"项目团队常年在孝感市孝南区展开暑期支教活动，今年已经是第七个年头，与当地的小朋友们结下了深厚的友谊。

优秀团队的背后离不开一个个小艺们的付出，他们将专业优势与志愿服务相结合，为学校、乡村、社区带去色彩，带去欢乐，带去美好。他们将自己的专业运用于实践之中，真正达到学有所成、学有所用。

他们的故事平凡而伟大，细微而美好，真诚而有力量。

冷酷后的可爱交流，让我印象深刻

绘画 2201 班踪雅茹：在大一期间就已经参与了许多校内外的志愿服务活动，如 2022 年的教资考场巡逻，2023 年的青山马拉松志愿服务活动，并获得了志愿者证书，还有校内的志愿献血，金色城市社区，红霞社区等志愿服务。在这些志愿服务活动中，我收获了奉献的乐趣和被他人认可的喜悦，也学习到了很多知识和技能，在良好的自我认知和他人鼓励中成为更好的自己。

最令我印象深刻的是，在金色城市社区的授课，我和同一部门的同学负责讲解垃圾分类的知识，其中讲课的内容、ppt 都是由我制作的。我从网上仔细搜集资料，认真筛选图片，内容也容易让小朋友们理解。我像真正的老师那样认真备课，紧张又期待着！

那天，我提前一个小时就到了，因为需要小朋友们一个一个进行签到。讲课期间，我负责维持秩序，让小朋友们积极跟小老师互动。授课后的手工实践环节是一个志愿者对接几个小朋友，我对接的一个小朋友，不与老师们交流，只做着自己的事情。经过不断地与小朋友的交流，原本很高冷的他也变得可爱了起来，我才发现原来他的话也可以很多啊！他笑起来弯弯的眼睛很可爱，也有很多有趣的想法。我们成功剖作出了那节课里最酷的桌面垃圾桶！课程结束的时候，还一起拍了很多的合照。临走时小朋友依依不舍地跟我说拜拜，希望下次的课程还可以见到我。我很开心能被小朋友们认可，被他们喜欢！

这次活动我体验到了老师的职责，也了解到了老师的辛苦与付出，

◆ 2023 年 5 月，艺术与设计学院青年志愿者服务队的踪雅茹等志愿者在红霞社区与小朋友们绘制属于自己想法的衣服

但辛苦之后得到的认可，真的是超级开心！

新颖课程的体验与收获，让我印象深刻

绘画 2201 班徐果：进入大学后，我参与了许多志愿服务活动。2022 年 10—11 月，我制作了心理活动月海报及趣味英语的海报等，宣传了校内的许多活动。

2022 年 11 月底，我第一次在校内开展了公益画室之绒花美人心，这是一次全新的体验，课程全部由我负责、对接，最后在院内反响很强烈。幸运的是在 2023 年 3 月，我再次举办了公益画室之绒花美人心。这是一次全新的版图，我精心选择内容，用心组织语言，创新活动形式。面对问题时，我认真征求大家的建议，仔细查阅网络资料，和志愿者伙伴们携手并进。活动中，小朋友的积极可爱令我振奋和满足，我逐渐享受到了服务他人、奉献自我的快乐。

2023 年 3 月，我校举办嘉年华，我参与了百米长卷绘画，蝉联了我院的冠军，这令我无比的自豪与快乐。2023 年 5 月，我参与了金色城市清廉墙绘志愿服务活动，我们在烈日下挥动画笔，留下清廉之风，快乐与汗水交织。在志愿服务活动中，我慢慢领悟到志愿精神的真谛。社区的书记与党员给我们准备了丰盛的午餐，也让我们享受其中，感受到努力劳动后的成果，给社区带去了色彩，带去了欢乐。

除校内活动外，我也积极在校外参加志愿服务活动，我与中国志愿者媒体中心视觉设计组绘制了海报、节目单等。画笔下的修修改改，是对志愿精神的篆刻与凝练，唯有实践，方能悟得。

这些志愿服务活动是我打开新世界的小窗，感谢他们带给我温馨和感动，我很幸运能够加入志愿服务行列中。

优秀传统文化的力量，让我印象深刻

环艺 2201 班高蓓蓓：我觉得志愿服务活动或许就是用一颗心感动另一颗心，一个灵魂温暖另一个灵魂。

一个阳光明媚的午后，正是踏青的好时候，但此刻的我与同伴们正在前往社区的路上。学院与社区联合开展志愿服务是艺术青队的一大特色，满怀期待与紧张的我将要给一群小朋友开展一堂非遗剪纸的手工课。

活动开始前，我一直担心讲课他们会不会听，会不会十分闹腾。当讲课开始时，我的所有顾虑与担心都慢慢消散了。每个小朋友都十分认真地听讲与动手操作，不太懂的地方就主动问。因为他们的手太小而叠过的纸太厚，导致他们无法控制剪刀的方向和力度而将纸剪破或剪毁。经过我们的鼓励和指导，他们并没有哭闹、发脾气，而是十分耐心重新叠纸。当他们成功剪出一个图案，立刻洋溢着自豪与喜悦之情，有的小朋友还拿到我的面前炫耀，我的心中充满了温暖。在这一刻，我感受到了志愿服务的真正意义。其中一个孩子的话让我十分触动，她说："这么漂亮的剪纸，我要多学点图案，也教会妈妈，过年时贴在家里！"

在这一刻，我意识到今天的志愿服务目的达成了，就是在孩子们的心中种下一粒优秀传统文化的种子，让它生根发芽。

这次剪纸志愿服务活动，让我深切地体会到了教育的重要性和公益活动的意义。通过教授剪纸，我为孩子们打开了一扇通向优秀传统文化的大门，让他们在动手的同时感受到了艺术的魅力。

当然，这次经历也让我成长了许多，让我更加坚定了对志愿服务事业的热爱和执着。

对志愿服务的热爱，让我印象深刻

视传 2102 班郭成宇：今年是我在艺术青队中的第三年。从新奇到热爱再到习惯，对于志愿服务的热爱从未停止。志愿服务不仅是对自己知识的积累和能力的锻炼，更是自己现阶段人生的一个升华。

从初中就开始投身于志愿服务中，在高中阶段跟随学校对家乡道路进行清洁，对老年人进行陪伴与照顾，为乡村小朋友们授课以及与之相处，都使我在心中埋下了志愿服务的种子。

进入大学后，加入了青年志愿服务队，才发现志愿服务可以这样的丰富多彩。虽然辛苦，但我从中学习和锻炼了许多，获得了许多许多的快乐。这让我更加坚定留在艺术青队的想法和决心。

我们走进学校，将自己的专业知识带给需要的同学，在与其他学院交流与合作的过程中获得许多不一样的知识和体验，获得了难得的友谊。我们走进社区，给小朋友讲授美育、安全等各种各样的课程，给小朋友的生活增添不一样的色彩；绘制墙绘装扮社区，也给居民们带来不一样的体验和观感。通过影响一个小朋友影响一个家庭，进而影响一个社区。我们走进乡村，根据当地产业的发展趋势，结合村民意愿，绘制文明墙绘，建设美丽乡村，为乡村振兴贡献自己的一份力量。

2023年9月27日，参加了对我影响深远的第一次比赛，与武汉地铁文明志愿者服务总队共创的项目"地铁艺术＋"获得了"与祖国同行　为人民奉献——志愿公益创造营2022—2023"先锋项目奖，我倍感自豪与快乐。

比赛的三天前，我们集中参与情景剧的培训，在专业老师的带领和指导下，雕琢着我们的情景剧。准备情景剧的过程中，我们经历了很多的困难，每天熬夜修改剧本，剪辑视频和音乐。大家在一次次的排练和演绎中不断地磨合。团队的每一个人都竭尽全力，表现出最好最认真的自己。不负众望，最终我们的路演与情景演绎如愿登上舞台，短短几天，从紧张无措到自信演绎，我们都惊叹于自己的表现。比赛的初衷不仅是想让大家看到我们的"地铁艺术＋"项目，更想让地铁文明延伸至城市的各个街道小巷。希望武汉文化真正走进每一个市民

◆ 2023年5月，艺术与设计学院青年志愿者服务队的郭成宇、李逸等志愿者在金色城市社区给小朋友们开展每周一次的美育课程

的心中，让志愿服务的种子撒落城市的每一个角落。

当然，我也在比赛途中认识了各行各业优秀的哥哥姐姐，感受到他们对于志愿服务的热爱和激情。谈及志愿服务时，大家似乎有说不完的故事。我也从中了解到其他优秀志愿服务团队创立的初衷，他们的故事仿佛会把你代入其中，让你真切地感受到志愿服务的力量。交谈中从他们的身上学习到了许多表演技巧，同时也体会到了志愿服务的乐趣，我能真切地感受到每一个志愿服务团队的真诚和温暖。

从比赛结束到现在，无数次回放我们准备比赛的照片和视频，每次观看都能感受到当时的热血与美好，我很感谢遇到"地铁艺术＋"的每一个队友，让我在比赛中学到了很多新的知识，同时也让我收获到了难得的友谊。在这场比赛中我突破了自己，也探索出了不一样、全新的自己。

谢谢志愿服务为我打开了新世界的大门，我很开心能够选择志愿服务，也很感激队友们带给我的温暖，感谢他们带给我新的知识，包容不完美的我。接下来，我还是会继续参与志愿服务。大道不孤，众行致远。团队的力量是无法替代的。作为第十六届艺术与设计学院青年志愿者服务队的队长，我希望我们可以携手并进，共同努力，让志愿服务能够浸润每个人的心灵。

关于小艺们的故事还有很多很多，志愿服务的故事也未完待续。我们会继续坚守初心，去探索、学习、创新……积极为志愿服务奉献出我们的青春力量，为志愿服务的美好未来绘制出一片美好的蓝图。

（图片由武汉科技大学艺术与设计学院青年志愿者服务队提供）

守望童心暖民心

——记武汉工程大学守望童心服务中心

志愿之花处处绽放

2023年春天，任鹏和程先知比以往都更忙一些。

他们联合各自所在的武汉工程大学守望童心团队、天风证券欣慈基金会党员青年志愿服务队等组织，共同发起学雷锋系列活动，94名志愿者连续开展7场服务活动，惠及千余名群众。

3月3日，房县窑淮中心学校二年级2班的雷锋精神宣讲支教课上，志愿者何文波为孩子们分享了平时参与学雷锋志愿服务的心得。孩子们听完后争先恐后地说自己也愿意做新时代的雷锋。守望童心志愿者张梦帆说："这真的让人非常欣慰。"

3月4日上午，志愿者为结对的东亭社区的孩子们上起了云端支教课程，并在课后带着孩子们一起在社区做清洁，共同维护美好环境，让雷锋精神落实在行动中。

这两天，志愿者们还在武汉市武昌电车宿舍小区和东亭小区等地为老年人维修电脑、指导使用智能手机，帮助线上认证养老金、社保年度等服务。

"有你们真好！"面对小区老人的称赞，程先知答应，以后他们会来得再勤一点，做到有需要随叫随到。

看着这一幕，守望童心团队负责人任鹏欣慰地笑了。程先知是他一手带起来的志愿者，十几年前，他们在武汉工程大学整合高校青年

◆ 2022 年 11 月，守望童心团队在武汉市武洪山区卓刀泉街道工程大社区开展科普志愿服务活动

志愿者资源，发起成立守望童心服务总队，持续关心困境儿童和留守儿童成长，任鹏是指导老师，在校学生程先知任服务队队长。

十多年过去了，守望童心服务团队在不断成长壮大，程先知大学毕业后到天风证券工作，继续参与志愿服务活动。天风证券欣鑫党员青年志愿服务队现已成为武汉市"本禹志愿服务队"，并获评民政部中华慈善奖，领队获评全国疫情防控最美志愿者、全国优秀共青团干部。

"这就是不忘初心，是志愿精神的最好阐释。像程先知这样的优秀大学生志愿者还有很多，毕业后反哺项目组、反哺社会，实现公益情怀的再循环。他们无论身处何方，都在默默地践行公益育人的初心，继承志愿者无私奉献的精神，终成社会有用之才。"任鹏说。

一个孵化公益项目的梦工场

"守望童心团队起源于 2008 年 10 月，是以学校本科生及硕士研究生为主组建的一支爱心公益团队。"任鹏介绍。

温暖人心、挑战创新、培养新星已成为团队的使命。据了解，团队已构建了"政府—高校—企业—社会组织—校友力量"的五位一体公益生态链。共募集资金 20 万元、成功孵化 16 个公益项目、吸纳志愿者 12930 人次、受益人数已超过 20 万人、社会边际效益达 200 余万元，覆盖 10 个省 76 个市、300 个乡镇。

十余年来，守望童心梦工场立足学校、周边社区及相关县市，开展"大学生实习实训""关爱留守儿童、流动儿童"等公益教育实践活动，培育了 1200 名公益人才，帮助超过 20 万名受益对象。

团队曾获全国大学生社会实践优秀团队、湖北省大学生社会实践活动优秀团队，还被评为湖北省"希望家园"关爱留守儿童先进集体、中国大学生保险责任行银奖团队。

◆ 2017 年 4 月，守望童心团队联合有关单位赴咸宁通城县开展"微善行动"

守望童心 温暖民心

"原来化学离我们这么近呀！"

2023 年 2 月 21 日，由共青团湖北省委、湖北省志愿者协会组织的"志愿公益创造营"系列活动在武汉江夏区法泗小学举行。守望童心服务中心志愿者们面向留守儿童、特殊儿童开展科普课堂"化学与饮食"、财商教育"压岁钱怎么花"主题素质课堂，将自己所学的化学、机械、计算机、财商等知识筛选提炼传递给青少年，以增强青少年的科学、文化素养。

"大家猜一猜，切开的苹果为什么会变成褐色？"

"今天，我们就来讲讲食物的酸碱性。"化学实验环节，在志愿者张梦帆的指导下，孩子们大胆尝试，通过加入不同量的醋和小苏打水，产生不同的颜色，让孩子们同步进行记录。在志愿者们的提示下，孩子们用 pH 试纸测生活常见的香皂、醋等物质的酸碱性。最终通过自己的努力，发现生活中的酸碱并能正确区分，大家纷纷感叹："原来化学离我们这么近呀！"

"别摸了呀，头会秃的哟！"而在机器人团队的精彩表演中，憨态可掬的机器人深深吸引了孩子们的目光。这些机器人有的会跳舞，有的会背诵诗歌，有的还会翻跟头。在志愿者的组织下，同学们与机器人来了一次"零距离"接触——握手、摸头，"别摸了呀，头会秃的哟！"机器人幽默诙谐的回答让孩子们开怀大笑。

这已是团队连续 15 年开展社区青年志愿服务活动了。守望童心团队依托湖北省"七彩社区"志愿服务项目，设计 100 多个子项目，围绕关爱青少年节能环保、文化艺术等内容开展志愿服务，推动社区家庭教育指导中心、大中小学思政课一体化服务站点建设，引导家长树立科学育儿观念，理性确定孩子成长预期，努力形成减负共识。

"送出一本书，成就一个梦。"2023 年 4 月 21 日上午，守望童心团队向武汉江夏偏远地区捐赠了 60000 元和 100 册图书。负责人介绍，此次捐赠将以书香浸润童心，用知识开启美好童年，为孩子们营造一个良好的读书氛围和成长环境。

"读书可以提升本领、传承文化、贡献社会。"这些年来，服务团队通过持续推动阅读进社区、进企业、进学校、进家庭活动，助力形成人人爱读书、家家读好书的书香氛围，让阅读在社区落地生根。

平时节假日、每年寒暑假，守望童心团队也经常性地来到社区，围绕科学精神、爱国主义与家国情怀、革命文化等多个方面，开展形式多样、内容丰富的社会实践活动。此外，团队还对社区困难群众进行慰问和帮扶，针对社区困境青少年进行个案心理辅导和学业辅导。

2018 年，守望童心团队承担了武汉东湖新技术开发区 4 个社区为期 7 周的青少年暑期托管班任务，吸纳双职工子女、农村留守儿童、外来务工人员子女等无人照看、无处可去的小学生近千名。

团队共安排了三大类课程，包含汉学课堂、创意绘画、科普体验。三个系列的活动，涉及写作与摄影、阅读、安全自护等内容，让孩子们度过了一个有意义的暑假。

每年冬季，守望童心团队都会走进社区，走进养老机构开展爱老助困慰问活动。工程大社区 90 多岁的张宏义老人、80 多岁的张大伦教授、唐和桂、路彩梅等老人，都是志愿者牵挂的对象。他们经常登门送上爱心物资，与老人谈心，询问生活状况。

他们也时时关注残疾青年严钰溪、残疾儿童管修远、困难儿童尹春秀近况，鼓励他们坚强面对生活。

任鹏介绍，近五年来，团队协调各方社会力量，累计向湖北省内社区和乡村振兴重点帮扶县捐赠价值 50 余万元的医疗物资和生活物资，并开展系列爱心活动，彰显了工程大青年力量。

志愿者们表示，一定会坚持守护困难儿童，关爱老人，让爱心接力棒在每一届大学生志愿者的手中传递下去。

（图片由武汉工程大学守望童心服务中心提供）

"小桔灯"照亮旅人归家路
——记武汉铁路职业技术学院"小桔灯"志愿服务队

武汉铁路职业技术学院"小桔灯"志愿服务队成立于 2011 年。12 年来，团队联合武汉铁路局团委开展志愿服务，每年有 1000 余名学生志愿者奔赴各大火车站，帮助旅客购票取票，协助指导进站等，用志愿精神点亮那盏小桔灯，温暖万千旅客的回家路。

2015 年以来，团队连续多年荣获由全国铁道团委颁发的服务武铁春运"优秀组织奖"、由中铁武汉局团委颁发的服务武铁春运"优秀

◆ "小桔灯"志愿服务队帮助乘客购票取票

组织奖";超过百名志愿者获得由全国铁道团委授予的"优秀志愿者"荣誉称号;团队还荣获 2017 年度湖北省高校校园文化建设成果奖二等奖;2018 年获评湖北省"本禹志愿服务队";2020 年获湖北省青年志愿服务大赛铜奖。领队万旭辉同学获 2018 年团中央、中国青年志愿者协会授予的"优秀志愿者"荣誉称号。

80 名志愿者日服务旅客过千

2023 年 10 月 6 日,中秋国庆长假进入最后一天,武汉火车站迎来返程客流的最高峰。车站内外,身披橙色马甲的志愿者随处可见,他们在关键节点为旅客们提供及时服务。

21 岁的赵坤洁是武汉铁路职业技术学院的一名在校大学生,也是武汉火车站"小桔灯"志愿者。"每次节假日来车站做志愿者,都会收到很多人说被我感动的信息,其实我也一直被感动着。"赵坤洁说。

一位老年旅客,提着两个大背包在服务台前左右环顾不知所措,赵坤洁立即迎上前去接过行李。通过简单的询问,赵坤洁得知老人不会使用手机查看车票信息,不知在哪里检票候车。在查询到相关列车信息后,细心的赵坤洁主动带着他来到离检票口最近的区域安顿好。

"不好,有行李滚下来。"刚服务完重点旅客的志愿者王定航突然发现不远处的电梯上一件行李正往下滚。他一个箭步冲上去,用瘦弱的身体把翻滚的行李牢牢顶住。"还好,有惊无险。"王定航大口喘着气,"这样的突发情况,车站工作人员每天要处理不少。"

"我学的就是交通专业,在车站做志愿服务,边学习边收获,很开心。最令我感动的是咱们铁路工作者的敬业精神,他们真的不容易。"赵坤洁说,自己或许满足不了所有旅客的需要,但至少可以让一部分得到帮助的旅客感受到旅途中的一份美好和温暖。

中秋国庆假期,有 358 名大学生志愿者到武汉站和武昌站参与志愿服务,参与人数同比增长 25%。

◆ "小桔灯"志愿者为老年旅客提供服务

旅客集中的时候，东西进站口落客平台上容易堵车。"小桔灯"志愿者来到这里帮助下车旅客搬运行李，引导旅客进站乘车，有效缩短了出租车、网约车在落客区停留时间，缓解了拥堵现象。

据统计，2023 年中秋国庆长假，该站发送人数创历史新高。这对旅客服务工作提出了更高要求，"小桔灯"志愿者的参与起到了重要的辅助作用。最多的一天，80 名志愿者共服务了约 1000 名有需求的旅客。

岗位不同，责任同样重大

2023 年暑假，武汉铁路职业技术学院的"小桔灯"志愿者们，再次奔赴各大车站助力暑运。

8 月的一天，武汉火车站热浪翻涌，志愿者周启龙身披橙色马甲，和带班师傅在人工检票口候车区忙碌。

当开始检票的广播响起，旅客们纷纷向检票口涌去。在人工检票口，有几位旅客时间紧、行李多，带班师傅验过票后，当即把职工卡递给周启龙："快刷卡通过电梯带他们下去。"

周启龙让他们拿好行李跟紧，争分夺秒送进了电梯，下到站台很快登上了列车，周启龙这才放下心来。

返回岗位后，带班师傅告诉周启龙："带旅客下电梯的时候，一定看仔细是我验过的那几个人，其他人不能进去，因为从那里下电梯会直接到达列车区，要是有人跟着下去了，可能不是这趟车的，也可能会出现其他危险。"

周启龙一惊，原来下电梯也要注意那么多细节。

"如何换乘，地铁在哪里坐，东西出站口在哪儿，停车场在哪儿，在哪里打车……"在出站口岗位的志愿服务，让周启龙印象更深刻。

当多个车次同时到站时，数百名旅客从同一个闸口出去，出站口会拥堵。带班师傅负责人工通道，周启龙则站在另一边负责解决旅客的困难。当有人身份证消磁刷不成功的时候，周启龙会及时让他们前往人工通道，以免影响后续出站旅客。

"岗位不同，责任却一样重大。牢记岗位安全知识，及时准确回答乘客问题，做到上知检票口候车，下知出站口换乘，用心帮助每位旅客，是我们志愿者应尽的责任。"周启龙说。

工作平凡，意义重大

火热的 7 月，正是铁路暑运高峰期。电梯、出站口、进站口、候车室等岗位都有志愿者的身影。虽然每个岗位的任务看似简单枯燥，但是每一项任务都不可忽视。

吕晨泽来车站做志愿者 7 天了，分别在电梯值守、出站口引导、平台维持车辆秩序和进站口引导等岗位服务过。最让他难忘的，是在东平台维持车辆秩序时遇到的一位"特殊"旅客。

那天，吕晨泽在马路中间管理临时下客的私家车，一位中年大叔急匆匆地向他跑来。吕晨泽赶紧迎上前："您好，有什么可以帮助您的吗？"

只见这位大叔十分着急地向吕晨泽打手势，嘴里发出含糊不清的声音，吕晨泽觉得很奇怪。但他马上意识到，这位旅客可能是聋哑人，无法正常交流。

于是，吕晨泽拿出手机打了几个字："您先别着急，有什么我能帮助您吗？"这位大叔把手机上的乘车软件给吕晨泽看，吕晨泽明白了，原来他是要搭计程车。这时，大叔又指了指地面，吕晨泽弄清楚了，大叔是希望计程车能够到这个地方来接他。

于是，吕晨泽接过手机拨通了计程车师傅的电话："喂，您好，您的这位乘客他不能说话，他让我帮忙询问一下，您能不能到东平台来接一下他。"

计程车师傅说："我现在就在平台下方，如果上来的话，要绕很大一圈，要不让那位乘客坐电梯下来找我。"于是，吕晨泽在手机上打字向大叔转达了司机师傅的意思，并帮他加了微信方便联系。然后，将大叔送进电梯。离开时，大叔一直冲吕晨泽伸出大拇指，连连点头。

一句简单的"您好，请问我有什么能够帮您？"现在已成了吕晨泽的工作口头禅。也许，这是很简单的一句问候，但对志愿者来说，包含了他对这份工作的热爱和对乘客的尊重。

用温暖照亮归途

寒来暑往，每逢节假日客流高峰时，武汉各大车站都有志愿者的身影。他们用热情周到的服务，在冬日温暖归家的旅人，也在炎炎夏日给人们带来清凉。

2016年，曾浪还是武汉铁路职业技术学院的大一学生。那年寒假，他参加了"小桔灯"春运志愿服务活动。

曾浪的家距武昌火车站有100多公里，每天往返要奔波3个多小时。每天凌晨 4 点，他就从家里出发，乘坐首班从咸宁开往武昌火车站的火车，以便履行他的志愿者义务。

刚上大学时，曾浪就加入了学校的青年志愿者协会。在春运志愿服务中，他主动申请去火车站负一楼电梯处为旅客服务。那里是风口，曾浪一站就是一天，有时被冻得手脚冰凉，但他仍然坚守岗位。

"你是志愿者吗？能帮我吗？"一名带着孩子拎着大包小包的女士问。曾浪连忙拎起这对母子的行李，将他们送至候车室。

此后很多个冬季，曾浪一直和"小桔灯"志愿者同伴一起，为成千上万的旅客送去温暖。

2023 年初次上岗的刘鑫锐，对志愿服务则有着不一样的感受。

刚开始面对乘客们的各种问题，刘鑫锐显得有些手足无措。幸好有经验老到的师傅在一旁，总能妥善地为乘客们解决问题。

师傅看出了刘鑫锐的窘迫，便在工作闲暇之余分享她的工作经验。师傅说："面对问题一定要提出高效有用的解决方法，绝对不能用简简单单一句'不知道'去应付。因为，每一位乘客都是要归家的旅人，或是外出工作的打工者，你为他们回答的每一次疑问，都是在指明他们回家的路。"

明白这一点后，刘鑫锐感觉身上的责任更重了。

随着对工作的熟悉，刘鑫锐逐渐得心应手。站在平台疏导车流时，她看着武汉站作为每日客流量超十万人的高铁枢纽，心生感慨：武汉站就像一个庞大的容器，每个部分都要有高度契合的齿轮，来保证这里每天数以万计的乘客正常乘车。

"高效的运行离不开严密的制度。"刘鑫锐说，"我们志愿者也是不可或缺的螺丝钉，我为自己是这无数个小小的螺丝钉中的一个，而支撑起武汉站这个巨大的机器高效运转而自豪。"

（图片由武汉铁路职业技术学院"小桔灯"志愿服务队提供）

我将青春献"彩虹"

——记湖北医药学院彩虹灾害医学救援志愿服务队

"谢谢你们啊，就因为我学会了海姆立克，捡回我小孙子的一条命啊。当时，小孙子被果冻卡住，脸都变紫啦……"近日，十堰吉祥社区一名老奶奶激动地向刚入社区的"彩虹"志愿者们诉说她学习急救知识后，应对家庭突发事件的情况。

猝不及防的意外、频发的自然灾害、惨烈的交通事故……这些突发情况造成大量人员伤亡、众多家庭支离破碎，血淋淋的事故不断刺痛人们的心。湖北医药学院第一临床学院彩虹灾害医学援救志愿服务队自 2010 年成立至今，队员们始终坚守"让更多人拥有自救和共救能力"的初心，秉承着"人民至上、生命至上"的信念，培养救人技能，实施救人行动。

在日常生活中，团队坚持宣传急救，深入社区、学校、工厂、机关、农村、军营及志愿服务基地，构建志愿服务长效机制。目前拥有 10 余家校外培训基地、20 多个合作社区。

多年来，团队获得"全国青年文明号"、中国青年志愿者优秀组织奖、湖北省"青年文明号"、湖北省"十大青年公益组织"、湖北省青年志愿服务项目大赛银奖、第六届中国青年志愿服务项目大赛铜奖及中国国际互联网＋创新创业大赛湖北省银奖等多种荣誉；获全国大中专学生暑期"三下乡"社会实践优秀团队、湖北省暑期"三下乡"社会实践优秀团队和湖北省"本禹志愿服务队"等称号。

服务群众，让救护就在身边

2010 年 12 月，应中国医师协会、中国医师救援协会之邀，湖北医药学院第一临床学院分党委派出 7 名党员教师赴北京参加紧急灾害医学救援课程培训，并获国家注册资质。他们开始致力于培养一个个鲜活勇敢、身怀急救技能的医者并将组建专业志愿救援服务队伍提上日程。

当月，在第一临床学院分党委整体推进下，这支以教师指导为主、医学生广泛参与，命名为"彩虹"的灾害医学救援志愿服务队正式成立。

13 年来，该团队以"拯救生命，团队合作"为口号，以户外授课、实战考核、模拟演习、群众互动等形式为载体，不断扩大受训范围。

"同志，你怎么了？你能听得到我说话吗？"2023 年暑期，在学校、社区、医院"共同缔造、全民健康"周末健康夜市活动现场，志

◆ 彩虹灾害医学救援志愿服务队开展急救技能演练培训

愿服务队队员向社区居民进行急救技能的展示和教学。志愿者对受伤人员进行施救，发现意识丧失，呼吸、心跳停止，立刻用双手按压胸口，实施心肺复苏抢救。

为了让居民了解在灾害事故发生时如何急救，"彩虹"志愿者不仅向居民展示了心肺复苏、海姆立克等基本的急救技能，还对烫伤的处理、伤口的止血、头部的包扎等也进行了详细的讲解，并邀请现场观众亲身体验，手把手教学，为他们答疑解惑。

像这样的演练培训已多达几百场。在社区，他们教授老人如何在意外伤害中避免二次伤害；在学校，他们教授学生如何躲避不法分子的侵害；在工厂，他们教授工人如何在受伤后应急自救；在乡村，他们手把手教授村民面对突然昏厥、被食物噎住等问题时如何紧急自救。他们运用自己所学的医学知识，围绕灾害现场的组织实施、常见灾难的医学救援、灾害心理应急与应对、灾害防护、灾害救援基本技能等五个方面，为人民群众口传身教 CPR 心肺复苏术、海姆立克急救、各类包扎等技能，将急救知识传授给广大基层群众，争取做到"人人会急救，急救为人人"。

为提高全民急救意识，让更多人学习急救技能知识，彩虹灾害医学救援志愿服务队的身影，出现在许许多多可能需要急救知识的地方。他们有计划地制定专业志愿服务项目，定期走进社区教授居民急救知识，在社区培育固定人群学习急救技能，建立社区公益急救角，不断扩大急救宣传范围，最终达到全民学急救、全民会急救的良好社会态势。

13 年来，该队伍已为 30 余万人普及了应急救援知识，培训了 1500 余名初级救护志愿者，举办急救技能知识培训 2000 余场，发放救护宣传读本 10 万余册，拍摄的"急救知识教学"公益视频，浏览量突破 6 万，提升了基层群众的自救、互救意识和能力，服务社会成效显著。

救死扶伤，践行医学生誓言

13 年来，"彩虹"志愿服务队师生秉持着"弘扬救人精神，培养救人技能，实施救人行动"的理念，在一次次群众路遇危难之时主动伸出援手，见义勇为、鼎力相助。他们发扬救死扶伤的优秀品格，多次街头勇敢救人，用自身所学的急救知识挽救他人的生命，先后涌现出在武汉公交车上救人的江山；在十堰路边对车祸男子进行施救的教师李盾；在公交车上勇救司机的邱文蕊；还有在路边救助摔倒小哥王万荣等大批先进典型。他们的事迹，受到社会广泛赞誉。

2015 年 5 月 24 日 20 时 30 分，十堰东岳路车流密集。"彩虹"志愿服务队教师李盾发现前面路段很多围观人群，他判定可能发生了车祸，于是，将车停靠路边，上前了解情况。

李盾发现，一名 50 岁左右男子躺在地上，一动不动，经询问得知，一辆摩托车将该男子撞倒，其妻女在旁急得不知所措。李盾让她们立即拨打 120 电话，同时给受伤男子检查身体，开展急救。

"师傅醒一醒，不要睡着了。"李盾弯下腰轻轻将男子放平，拍了拍肩膀，并在耳边喊了几声，发现对方已没有任何意识。他迅速将男子衬衣和皮带解开，并从头部往下，一点点检查，发现对方头部有伤口，不停地流着血。为了防止男子失血过多而休克，李盾将男子伤口使劲按压止血。

李盾边急救边呼喊。两分钟后，男子醒了过来，仍不能动弹。约 5 分钟后，120 救护车赶到现场，李盾协助医护人员将受伤男子抬上急救车后离去。因抢救及时，那名男子最终转危为安。

2021 年 3 月 24 日 20 时，原"彩虹"志愿服务队队长、现荆州市中心医院麻醉科医生万衍，经过荆州市荆州区一处路口时，看到一名骑单车的男子遇车祸倒地，单车压在身上。他当即对伤者展开急救，全身检查发现伤者无明显出血，但右上肢前臂活动障碍并伴有疼痛，怀疑有骨折，为防止加重损伤，他用手握着伤者右手手腕和肘关节部以防牵拉，嘱咐伤者保持手臂不动。几分钟后，救护车赶来，伤者最终得到及时治疗。

从应急救护培训，到一次次舍己救人，"彩虹"早已将救死扶伤精神融入每一位队员的生命底色之中，并不断影响和带动更多的人参与到生命救助中来。

2013年的一天，"彩虹"队员江山和同学张敏、乐林莉、郭伟、马小峰乘公交车回学校时，最后一排一名男乘客突然倒地，全身抽搐。

江山临危不乱，立即和同学一起检查男子病情，并迅速有序分工：她负责对患者实施心肺复苏术，通过按压胸部进行心肺复苏，张敏负责观察呼吸情况，郭伟负责清理口腔污物开放气道，乐林莉和马小峰则呼叫120协助抢救。因抢救及时，病人神志逐渐恢复，脱离生命危险。

队员薛慧也遇到类似的突发情况。2014年，她在上海乘地铁去医院途中，看到一位青年突发腹痛晕倒，便上前给予施救。这时，有围观的人说："小姑娘你不要过去，不然会招惹麻烦的呀！"她依然开展紧急救助，确认患者将得到进一步治疗后，薛慧悄悄离开。事后被救者多方打听，辗转找到薛慧，赠予她一面锦旗："能遇到薛慧这样的好心人，是我们的幸运啊！"

2020年，队员操瑞雪在上海开往武汉的高铁上，听到列车广播急促呼叫："8号车厢有乘客身体不适，现寻找医务人员紧急救治。"

听到广播后，她立即赶到现场，看到一名外国小朋友鼻子流血不止，父母十分着急。操瑞雪通过简单的英语交流，了解孩子的既往病史，她一边安抚患儿情绪，一边采用冰敷后颈部动脉以及远端指压的方式止血。经过10多分钟紧急处理，鼻血渐渐止住，情绪也逐渐稳定。

孩子父母放下心来，冲操瑞雪直竖大拇指，并用中文不停地说："太感谢了，您是最美丽的女孩！"

2022年，队员邱文蕊在南方医科大学顺德医院实习。5月的一天，她乘公交上班时，遇司机师傅突然失去意识，身子一歪倒在地上，车辆顿时处于失控状态。

危急时刻，坐在前排的邱文蕊赶紧冲向驾驶位，按下公交车紧急制动按钮，车辆停稳后她一边表明自己医学生的身份，一边紧急指导其中两名乘客分工协作，分别拨打120急救电话和拨打公交公司电话请求支援。

邱文蕊与其他乘客将司机移至地板上，检查其脉搏、呼吸，在排除心脏骤停的情况后，她开始持续呼唤司机。不一会儿，司机师傅慢慢醒来，邱文蕊守在他身旁询问既往病史，并与急救中心保持联系，及时告知病情发展。

120急救人员到达后，邱文蕊与他们进行了交接，直到送上救护车才离开。司机沈师傅康复出院后，多方了解找到邱文蕊，她的事迹才被大家得知。

无私奉献，践行志愿精神

"我是医学生，治病救人是我的本分。"曾经在"彩虹"学过急救知识的王万荣说。2023年的一天晚上，她和好友蒋婷婷救助了一名摔倒街头的中年男子。

"救与不救，对普通人来说可能就在一念之间。但对于从医者，我们只有救人这一条原则，'彩虹'精神已在我们心中深深扎根。"王万荣说。

这也是每一个"彩虹"队员的心声。

一直以来，在"彩虹"志愿服务队，无论老师还是学生，在一次次路遇旁人有难时，他们都用实际行动秉持着"弘扬救人精神，培养救人技能，实施救人行动"的理念，践行"健康所系，性命相托"的医学生誓言，主动伸出援手，见义勇为、鼎力相助，诠释着当代大学生的责任和担当，诠释着人间大爱。

"志愿者所具备的最基本素质是不要求回报的奉献，虽然辛苦劳

♦ 2023 年 4 月，彩虹灾害医学援救志愿服务队在十堰市学术报告厅进行心肺复苏 AED 急救公益集训

累，但是我们为此而感到骄傲。"志愿服务队往届队长孙翔宇认为，做志愿服务就是要把一件件平凡的小事坚持做下去。

2015 年 开 始，志愿服务队坚持每年办一场急救技能大赛，并坚持队内每周一训，以提升团队的专业水平；2018 年"彩虹"创办了急救协会。

据统计，13 年间，"彩虹"志愿服务队开展志愿服务活动 2000 余次，志愿服务总时长达 85598.36 小时，真正做到了将急救传播到大街小巷。

不经历风雨怎么见彩虹。在"彩虹"精神的带动和感召下，湖北医药学院已在全校范围营造出"学习传播医学专业知识，践行社会主义核心价值观"的校园文化氛围。

目前，学院根据彩虹灾害医学救援志愿服务队多年开展急救知识与技能普及活动成果予以理论和实践提升，开设《灾害救援》《现场急救技术实践》选修课程，其中《现场急救技术实践》入选 2022 年湖北省一流本科课程，在提升青年学生急救能力和弘扬救死扶伤精神等方面发挥了积极作用。

在奉献中感受快乐，在实践中不断成长。他们以青春热血尊重生命，护佑生命，他们是天边那绚烂的"彩虹"，为生命护航。

（图片由湖北医药学院彩虹灾害医学救援志愿服务队提供）

温暖：给予幸
福的人最幸福

工地建到哪儿，
我们就把女童保护延伸到哪儿
——记中建三局"女童保护"志愿服务团队

援爱之行

"我没有见过爸爸，不知道他长什么样。"恩施来凤县一位留守女孩的话，至今仍深深刺痛着中建三局"女童保护"志愿服务团队成员的心。

那是 2020 年，中建三局"女童保护"志愿服务团队前往恩施州来凤县漫水乡镇中心小学，一位一年级的女孩说，她的父亲长期在外地的建筑工地做钢筋工，自己已经对父亲的样貌没有了印象。

当时，这所学校下辖三个村级教学点及两所幼儿园，服务周边 13 个村的孩子，其中留守儿童约占比 1/3。

"20 多公里的山路，徒步上下得走几个小时，下雨天更不好走，这条路她每周都要往返两趟。"时任漫水乡中心小学的向校长说到另一名留守儿童，"她家属于比较远的，父亲刚刚不幸去世，全靠爷爷奶奶出去做零工来维持生计。"

实地探访，映入眼帘的是一座 20 世纪 80 年代修建的瓦屋，房顶由一排排粗木撑起，厨房低矮的灶台有多处裂纹，灶台上放着一口黑黢黢的大锅……这些情况均被志愿团队记录在了"帮扶档案"上。

"我们联合公司团委向全局职工发起倡议，呼吁公益捐款，设置10 余个'流动募捐箱'，捐赠 2 万元在学校建立'蓝宝'留守儿童活动中心，方便留守儿童与在外务工的父母视频连线。"中建三局"女童保护"志愿服务队第二任队长张曦介绍。

志愿团队会特别关注孩子的教育和身心健康情况。

在与孩子们进行授课互动时，女童保护专业讲师、志愿者费青发现，漫水乡中心小学的孩子普遍内向、不太活泼，一些学生甚至远超正常读书年龄。"我不仅为留守儿童的学习、生活感到忧心，更担忧她们的心理健康状况。希望通过专业的防侵害课程，让孩子们正确认识身体，学会爱护、尊重自己和他人的身体，提高自我保护意识。"

在志愿者们的努力下，学校教学楼的走廊间搭建起"蓝宝图书角"，让女童保护安全手册和更多的健康科普类图书得以补充。

在图书捐赠当日，有一本名为《十天建成火神山》的漫画画册吸引了一众孩子们的目光。画册以卡通的方式，呈现了火神山医院建造的全过程。"两山"建设者王泽锦随队来到捐赠现场，为孩子们讲述了武汉火神山、雷神山医院建设时，数万名建设者勠力同心、冲锋一线的故事，勉励他们努力学习，早日成才，回报祖国。

"一代人有一代人的使命。通过女童保护公益活动，我们希望为孩子们创造美好生活，不光是物质上的，更是精神上的。雾锁深山，但锁不住人的志向，只要有理想就会有改变生活的能力。"志愿者们说。

圆梦之旅

"红星闪闪放光彩，红星灿灿暖胸怀。"

2021年，中国建筑全国农村留守儿童关爱保护"百场宣讲进工地"活动现场，迎来了一群特殊的小嘉宾——蕲春县彭思镇茅山小学和恩施州来凤县漫水乡镇中心小学的孩子们。她们的红歌合唱和少数民族特色表演赢得全场掌声雷动。

"非常感谢中建三局长期以来对我们学校的支持，孩子们快乐学习、健康成长是我们的期盼，是我们的责任，希望借此机会唤起更多社会人士对留守儿童的关爱与保护。"蕲春县彭思镇茅山小学的校长张燕说道。

"部分农村留守儿童是外出打工工友的子女，他们往往也是安全问题的易发人群。我们想通过'百场宣讲进工地'活动，向孩子及其家长们普及安全常识和自我保护意识，知道哪些是正常触碰，哪些是不可接受甚至是侵犯的行为。"中建三局总承包公司湖北公司工会主席周才清提到。

活动结束后，中建三局为孩子们准备了一次为期 3 天的"武汉之旅"特别礼物，也是兑现 2020 年为孩子们许诺的"圆梦之旅"。"去年在和孩子们聊天时得知，她们最想看看武汉大学和长江大桥。对于她们来说，繁华的江城是她们最憧憬的地方，今年就想着为她们实现这个朴实的愿望。"

在武汉大学，孩子们穿过樱花大道，在宽阔的操场上尽情奔跑，欢笑声伴着阵阵蝉鸣响彻珞珈山脚。在讲解员的带领下，大家参观了

◆ 2021 年，城市圆梦行走进武汉大学

校史馆，感受到百年校园沉淀的历史气息和人文素养。"原来武汉大学这么美，要是以后能来读书多好呀。"孩子们说。

"一个博物馆就是一所大学校。"在志愿者简光玲的引导下，孩子们来到由中建三局建设的湖北省博物馆，探寻建筑的奥秘。"我们希望通过这种形式，带领留守儿童们走进建筑工地，让孩子们了解建筑是如何一步步建成的，领悟'万丈高楼平地起'的道理，指引他们未来人生的发展。"

此外，志愿者带领孩子们参观了中国建筑科技馆，领略从古至今的建筑之韵，在建筑结构中感受中国匠心。穿过东湖绿道，感受"百湖之市"的动人景色。来到东湖海洋馆，孩子们好奇地趴在水族缸上，细数着每一种鱼的名字，惊喜这些只在图画书上出现的美丽生物，在他们面前游来游去。在霓虹与夜色中，她们留下了与长江大桥的第一张合影……

志愿者们动情地说："对城市的向往，对未来的憧憬，能让孩子们更富有乐观向上的态度和梦想。安全教育的科普更重要的是引导孩子们学会保护自己的同时也要让她们对社会充满热爱，这样才能帮助孩子们保持健康积极的良好心态。"

缘起于爱

程晨是中建三局的一名员工，也是"女童保护"志愿服务队的一名志愿者，她给我们分享了参加志愿服务的缘起。

"2002年，我还在念中学。有一次和父亲路过武汉理工大学，父亲意味深长地对我说，要是我能在这求学，将会是我们家第一位大学生。父亲期盼、骄傲的眼神让我记忆犹新。"

也就在这一年，武汉理工大学与她在读的中学开展结对志愿服务活动。"到了假期，会有固定的大学生志愿者来我家为我补习功课，闲暇时他们会教我打羽毛球，分享在大学里的见闻。他们的陪伴让我找

◆ 2018 年，"女童保护"志愿服务团队在蕲春县彭思镇茅山中心小学开展服务

到了奋斗目标，我暗暗立志要成为像他们一样优秀的人。"

2017 年 11 月，程晨参加工作后，加入了中建三局"女童保护"志愿服务团队，服务的第一站是湖北省黄冈市蕲春县彭思镇茅山中心小学。"我们为当地留守儿童带去女童保护公开课，希望让孩子们了解到更多有关身体的'小秘密'，筑起自我保护的安全防线。"从一名被帮扶对象变为帮助他人的志愿者，程晨完成了身份的转变，也完成了对志愿精神的传承。

2021 年，程晨参加了由湖北省妇女联合会、共青团湖北省委、湖北省教育厅、湖北省民政厅主办的湖北省"万名爱心妈妈结对关爱万名留守儿童"实事项目活动，成为一名"爱心妈妈"。结对的女儿蕲春县叶晓颖因父母长期在外务工、治病，长期与祖父母及妹妹为伴。

"我俩相隔 120 公里，却因手机频繁交流让彼此的心走得更近。节假日，我都会为她选购衣物，她总让我买大一号的，因为这样就能穿得更久，而我许诺会一直陪伴她成长。2022 年，我邀请她来武汉游玩。

陪伴她的时光，我仿佛一下回到了 20 年前，就像当年志愿者哥哥们陪伴我一样。叶晓颖后来表达了对我的感激，她告诉我，未来也要成为像我一样的志愿者，去帮助更多需要帮助的人。"

在中建三局，有很多像程晨一样的员工，从被服务者变为志愿者，从"被动关注"到"主动加入"，越来越多的"微光"汇聚在一起，完成对志愿精神的传承。

守护着爱

唯有时间能见证关爱的力量，作为劳动密集型企业，中建三局有近 30 万名农民工兄弟，广泛分布在全国 60 多个城市和 20 余个海外国家。对大多数工友而言，他们远在老家的孩子基本是隔代抚育。父母角色缺失、隔代教育，安全教育资源匮乏等原因，使农村留守儿童的安全问题日益突出。

2017 年 9 月 25 日，中建三局总承包公司与中国少年儿童文化艺术基金会"女童保护"公益项目合作，成立湖北省首个由企业主导的

◆ 2017 年，"女童保护"项目新闻发布会暨中建三局筑梦志愿服务队启动会现场

女童保护执行团队，打造符合工友需求和企业属性的公益项目，探索出一条"项目化、制度化、专业化、信息化"的"四化"志愿服务新路径。

成立 6 年来，他们走进湖北蕲春、恩施、宜昌和四川等地的 30 余所中小学、40 余个工地、20 多个乡村，连续 5 年承办全国农村留守儿童关爱保护"百场宣讲进工地"活动，通过有趣、互动式授课，为 1000 余名劳务工友和 2 万多名儿童、家长讲授"女童保护"公开课，普及防侵害知识；编写了一套针对留守儿童应对山区生活的《自我安全保护手册》，定制"安全锦囊"公益产品，包含《未成年人保护法》、女童保护《儿童防侵害手册》、便携式报警器、保温杯、蓝宝纪念品，共计发放 4700 余份。

6 年来，他们帮扶慰问留守儿童，捐赠价值 10 万元的幼儿园设计图，在鄂西搭建"蓝宝图书角"，开展"爱心妈妈"结对。连续三年举办"城市圆梦行"，游百年名校、参观博物馆、探索科技馆，为 200 余名留守儿童播种大学梦、城市梦。

"工地建到哪儿，我们就把女童保护志愿服务项目延伸到哪儿！"对于志愿服务团队未来的发展方向，团队发起人张曦的回答十分笃定。

孩子们的世界可以很大，志愿服务就是为孩子们打开认知的大门，呵护他们健康快乐地成长。女童保护是践行社会责任、弘扬正能量的一项长期工程，重在久久为功。中建三局"女童保护"志愿服务团队表示，将继续锚定"工地建到哪儿，志愿服务就延伸到哪儿"的目标，为更多的孩子们带去"爱的守护"。

（图片由中建三局"女童保护"志愿服务团队提供）

她们有一个共同名字——"爱心妈妈"
——记中建三局三公司"爱心妈妈"工作室

精神的力量

"在我的怀里，在你的心里，就在某一天，我们相遇了，我是你的'爱心妈妈'，你，就是我的宝贝。"

身为中建三局三公司"爱心妈妈"工作室一员，回忆起这些年的志愿服务经历，从刚接触时的不知所措，成长到如今的策划者、组织者，张逸青一路感受爱的力量。

2016年，张逸青在朋友的邀请下，第一次参加了志愿服务活动。

"这个孩子刚生下来时，医生就说智力可能有问题，这些年来为了治病已经花光积蓄，可情况还是不太乐观，这些年她爸一直在家里陪着她。"女主人张玉艳对到访的志愿者们介绍情况。

女孩对于志愿者的到来，并没有显得害怕和胆怯，只是反应较慢，动作表达得不明显，偶尔嘴中能咿呀几个字来。尽管沟通交流起来十分困难，但是大家并没有失去耐心，还是坚持与她交流，和她一起做游戏，帮助她提高认知能力。

"真的太感谢你们了，平时一直是她爸一个人陪着的。"张玉艳端着一大盘水果从厨房走出来笑着说。

环顾四周，张逸青发现家里摆放得整整齐齐，桌椅茶几一尘不染，窗台上的鲜花迎着阳光盛放。接过递来的西瓜，张逸青鼻子不禁一酸。这个家庭并没有因为遭遇如此大的不幸，便就此失去对生活的热爱。他们一边直面苦难，一边积极生活，这需要多么强大的内心与勇气啊！

这次经历给予张逸青莫大的触动，物质上的东西失去了还可以再买回来，但是一旦丧失精神信念，整个人生将会变得暗淡无光。志愿服务活动的意义不仅在于给人们带来物质上的帮扶，更重要的是精神上的慰藉。

"不论身处何地，我们都可以通过自己的力量和行动，为他人带去希望和温暖。"张逸青突然产生前所未有的感动，她想继续参与志愿服务，继续帮助这些孩子。

爱的种子一旦在心中种下，那便再也无法停止生长。

他们也值得被爱

"有那样一群孩子，他们每个都天真烂漫，有时却沉默寡言；外表与常人无异，可内心偶尔会逃避现实。他们是独自闪耀在夜空中的星星，显眼又独特，虽与我们相距甚远，但也值得被这个世界温柔以待。"

中建三局三公司"爱心妈妈"工作室的成员是武汉市启萌星自闭症儿童看护机构的常客。多年来，她们自发组织起各种爱心活动，希望能为这些心处幽闭之中的孩子点亮那盏通往未来之路的灯。

张逸青记得，"爱心妈妈"工作室的成员第一次来到这里时，还未等志愿者们自我介绍，就有一个小朋友突然尖叫起来，有的孩子在尖叫声的刺激下号啕大哭，现场很快变得混乱。

尽管大家来之前都做了心理准备，但依然有些手足无措。

"怎么办啊，还没开始互动就尖叫了起来，接下来的活动该怎么进行下去？"

"是啊，之前从来没碰到这样的情况。"

不少队员都小声嘀咕起来，心中生出畏难情绪。

"小朋友们乖，都不哭了，这些阿姨都是来陪你们做游戏的""馨莹乖，安静一点，阿姨给你糖吃"……而看护阿姨们似乎早已习惯，她们对孩子挨个儿安抚，孩子们的情绪逐渐得到稳定。

志愿者们在看护阿姨的陪同下，开始与孩子互动。张逸青知道了那个尖叫的孩子叫馨莹，她是这里年龄最小的孩子，只有 10 岁，同时也是自闭症程度较高的孩子。

这让身为母亲的张逸青心疼的同时更加关注这个孩子。

张逸青发现，馨莹并未难以靠近，而是非常安静。她既不哭闹也不认生，只是静静地坐在椅子上玩玩具。

张逸青温柔地问道："小朋友你好呀，你叫什么名字？"她低着头默不作声，玩着手中的玩具，无论张逸青怎么问她，她就是不理睬。在接下来的活动里，馨莹无论言语还是眼神，从不和身边任何人交流，张逸青刚想要抱她，她就拼命挣扎逃离。

在接下来的几个月里，"爱心妈妈"经常来看望这群来自星星的宝贝。直到有一天，张逸青和往常一样对着馨莹自说自话、玩游戏的时候，馨莹突然把头转向张逸青，嘴角浅浅地上扬了一个弧度，又迅速低头拨弄手中的玩具，像一个想要表达情感却又害羞的小姑娘。

这个微小的举动，让张逸青心里顿时涌入一阵暖流，她伸出手轻轻地抚摩着馨莹的头。张逸青知道她虽然没有说话，但是心里已经接受了"妈妈"。

那天告别时，张逸青尝试将馨莹轻轻抱入怀中，她好像知道什么似的，没有再像以前一样挣扎开，而是静静地感受着来自"妈妈"的温暖。

这一刻，张逸青的视线变得模糊起来，情不自禁地将她抱得更紧了。

天赋不该被忽略

在与这些"星儿"相处的过程中，"爱心妈妈"发现这些孩子虽然习惯于沉浸在自己的世界里，但命运给他们关了一扇门的同时，却给他们打开了另一扇窗，他们往往在艺术方面具有一定的天赋。

在武汉市启萌星自闭症儿童看护机构，有很多孩子做出了漂亮串珠手工艺品。

一个名叫秦子健的穿珠高手让张逸青记忆十分深刻。

"你不要碰！"秦子健奋力去夺下张逸青手中的串珠。那天，张逸青想要看一看秦子健穿的手串，却遭到严厉拒绝。

"子健是这里年龄最大的孩子，相比较而言，他的症状没有那么严重，能够进行简单的语言交流。这里的手工艺品大部分都是他做的，他有时候还能帮助我们做一些小事。不过他不喜欢别人碰他的东西，他有个秘密基地，也不允许别人靠近。"机构负责人何桂霞向"爱心妈妈"介绍。

"我只是想看一看你怎么会穿得这么好，有什么诀窍吗？你教教姐姐好不好？"面对询问，秦子健不作声，使劲地晃了晃头。

张逸青尝试了好几次都没反应，便只好坐在旁边静静地看着他穿串珠。就这样过了十几分钟，突然有个珠子很难穿，他连续穿了好几次都没有成功。

"来，姐姐帮你固定，你来穿下一颗。"张逸青很自然地将手伸过去按住那颗珠子，这次秦子健没有拒绝。在两人配合下，他们陆续完成了许多漂亮的手工艺品。

"谢谢姐姐！"尽管秦子健说得不太清楚，但是对于张逸青来说，这比任何话语都动听。

张逸青疼爱地摸了摸他的头说："子健才是最棒的！"

过了一会儿，秦子健突然站起来，拉着张逸青的手朝着一个地方走去："姐姐，我带你去看我的秘密基地！"

"好啊，姐姐也很好奇你的秘密基地呢！"

打开秘密基地的门，各种各样精美的手工艺品被整齐地摆放在架子上。

"这些都是你做的吗？"张逸青感到非常不可思议，这个看起来木讷的孩子居然有惊人的艺术天赋。

秦子健用力地点了点头，那一刻他的眼中闪着亮光。

◆ 2023 年 2 月，爱心妈妈张逸青和秦子健一起穿串珠

　　张逸青等"爱心妈妈"认为，这些"星儿"的天赋不应该被浪费，值得被更多的人看到和关注。在与机构负责人商议之后，他们决定于 3 月 30 日第十六个世界自闭症日，在武汉商贸职业学院行政楼广场开展爱心义卖活动，售卖串珠手工艺品。

　　在活动现场，"星儿"们不仅没有怯场，还主动表演了非洲鼓和葫芦丝等精彩节目，志愿者们也献上了歌舞表演，欢乐的氛围吸引了一大批师生，活动当天完成义卖 100 余件，筹得善款 2000 多元。

　　在活动结束的时候，秦子健拉着张逸青的手，清澈的眼神里全是不舍。

　　"姐姐你还会来看我吗？"

　　"只要你需要姐姐，姐姐就会来看你。"他伸出手做了个拉钩的动作，张逸青笑着跟他做了约定。

　　这些年来，在"爱心妈妈"的陪伴下，"星儿"们逐渐展现出了改变和进步。情感上的支持、语言上的沟通、行动上的鼓励，帮助孩子们发挥出他们的潜力和才能。

"星儿"们并不是失去爱的能力，而是需要我们用足够的爱去感化他们封闭的心灵。总有一天，他们会打开心门，去感受这个世界的美好，绽放出属于星辰的璀璨。

"爱心妈妈"又来啦！

咸宁市通山县慈口乡下泉村小学有 81 名学生，其中留守儿童就有 50 名，还有 17 个单亲孩子，经济困难的家庭占了大多数。

2014 年以来，"爱心妈妈"们带上爱心物资，利用节假日或周末来到这群大山里的孩子身边，他们开展跳绳比赛、讲述"两山"故事、折纸飞机飞行比赛等。

"你是不是他们的老大呀？"一向古灵精怪的刘佳茜，坐在从慈口乡开往武汉的车上，调皮地问向张逸青。这天，"爱心妈妈"们带他们去武汉游玩，这是刘佳茜第一次离家去向往的大城市，一路上充满了好奇，不停地向窗外张望。

"不是呀，我们都是'爱心妈妈'，没有老大。"张逸青扑哧一声笑了。

"那你们是不是很有钱呀？"

"你为什么这么问呢？"

"因为你们每次来都会给我们带好多好多东西。"

"那如果我们不带东西去，你还会欢迎我们吗？"张逸青问。

"当然会呀！我喜欢的是你们，又不是那些礼物！"刘佳茜洋溢着喜悦和满足。

一瞬间，张逸青有些哽咽。

她把目光转向窗外，悄悄擦去眼角的泪水。她仿佛看见，一个个装载着梦想的纸飞机从孩子们手中飞出，越飞越高，越飞越远。

那天，"爱心妈妈"带着孩子们参观了中建科技馆，了解了中国建筑的发展，吃到了人生第一次汉堡包。张逸青禁不住将孩子们的欢乐分享在朋友圈，并写下"唯愿以晨雾之微补益山海，荧烛末光增辉日月"。

下泉村小学有棵特别的树，是 2021 年植树节"爱心妈妈"和孩子们一起种下的。

"我希望能考上大学，治好爸爸的病。""我希望爷爷奶奶身体健康。""我希望妈妈过年能早一点回来。"

类似这样的心愿卡挂满了整棵树，因此，大家给它起名为"幸福树"。

当城里的小孩还在追着喊着想要更多玩具时，这群大山的孩子懂事得让人心疼。正因为如此，"爱心妈妈"们会将每一个心愿都记下来，并尽可能地帮助孩子们实现心愿。

每次"爱心妈妈"的车驶入下泉村小学的停车场，总会有一大群孩子冲出来，手舞足蹈地尖叫着："'爱心妈妈'又来啦！""爱心妈妈"给孩子们带来 DIY 手工的配件，孩子们成品完成后总会争着抢着先送给"爱心妈妈"。

"我以为他们会第一时间留给自己呢。"张逸青和队友手上拿满了孩子们做的手工，互相笑着比较谁手里的更好看。

"我们站在田野上，往远处眺望。思琪说，思念像线团在缠绕。"

张逸青看着邓思慧的日记，心疼不已。她不止一次去过邓欣怡、邓思琪、邓思慧三姐妹的家，要走 2 个多小时的山路，门口挂满了"五保户"等标识，爸爸躺在病床上无法劳动，妈妈已经好多年没有回来过了，一家人只能靠政策救济和爷爷的手艺维持生活。

张逸青每次来都会带上生活用品。三个孩子没有单独拍过照，张逸青便给她们拍下了人生的第一张照片。当把照片洗出来送给她们时，她们塞了一把糖和纸条放到张逸青手里便跑开了，张逸青打开纸条，上面写着"妈妈，谢谢你。"

"流泪是经常的，但这样的泪水逐渐从心疼变为欣喜、激动和牵挂，让我们志愿服务的脚步更加有力。"张逸青说。

爱的无声传承

志愿服务的魅力在于用一棵树摇动另一个树，用一个灵魂唤醒另一个灵魂。

有一天，刚满 2 岁的小儿子突然在张逸青耳边呢喃："爱心……妈妈……志愿队。"张逸青的心瞬间被狠狠地拨动，欣喜中带着泪水："哈哈，你在哪儿看到的？"儿子只是冲她笑，没有回答，但她觉得那笑容已甜进了心里，像一朵含苞待放的紫荆花。

"一个小小的志愿灵魂即将被唤醒。"张逸青欣慰地想。

大儿子城堡还不到 6 岁，已经和张逸青一起参加过很多次志愿服务活动了。张逸青很早就给他和同学讲"爱心妈妈"与孩子们的故事，他充满了向往和期待。

当张逸青第一次要带他去慈口乡参加志愿服务活动时，他欢呼着把玩具、书籍收拾了整整四大包："这些我都要带给那里的小朋友。"

那天清晨不到五点，城堡就跑到张逸青房间里喊着要出发。一路上晕车和颠簸，他呕吐了好几次，反而安慰大家："没事没事，我可以的。"

车子刚刚在下泉村小学停稳，他便立刻冲下车拿出带来的玩具往外分发，孩子们围在他身边，他又依次讲解使用方法。张逸青看着儿子，一颗志愿的种子已经在他小小的心里生根发芽。

小善方有大德生，爱会相互传递，会彼此感染，无论年龄，无论贵贱。

爱的故事源起

张逸青的故事，是所有"爱心妈妈"都经历过的。

中建三局三公司"爱心妈妈"工作室成立于 2014 年初。当时，三公司一个年轻的妈妈葛荟出于母爱天性，每每看到那些因病被遗弃乃至夭折的小孩，都会特别难受，总想着自己能不能为他们做点什么。于是，她把这个想法告诉了另外 7 位年轻的妈妈，大家一拍即合。

2014 年 3 月，8 位"爱心妈妈"带着孩子们需要的奶粉、纸尿裤等物品来到了武汉市慈济儿童福利院。

在这里，"爱心妈妈"们认领了自己的"新孩子"，带着他们一起识字、玩游戏。孩子们也从刚开始的一言不发，躲着她们，到后来的无话不谈。每次离开时，孩子们都紧握她们的手，一个劲儿地问："阿姨，以后你们还会来么？""爱心妈妈"们说："只要你们需要，我们一定来！"

有个叫"玻璃"的小女孩，与葛荟女儿一般大。葛荟上前想要抱起她时，保育员告诉葛荟，小玻璃是个瓷娃娃，一碰骨头就会骨折甚至粉碎。葛荟伸出手，她紧紧地抓住葛荟，那一瞬间，从她脆弱的声音、无助的眼神里，葛荟读到了孤独和渴望。

"每个孩子都是来到人间的天使，我们有一万个理由，要将爱心公益做下去。"葛荟说。

2014 年，重庆大山里的肖清奇父母相继离世，3 岁的他从此变得沉默寡言，不愿和别人说话。"爱心妈妈"们知道后走近了他。从最初的嘘寒问暖到每月的几日小住，7 年陪伴下来，他慢慢从一个羞涩自闭的孩子成长为一个阳光自信的少年。在他写给"爱心妈妈"们的几十封信里，"爱心妈妈"早已成为他心里最亲爱的"妈妈"。

为了响应国家"一带一路"倡议，中建三局三公司越来越多的男职工奔赴海外。"为让这些国内留守的儿童感受父爱，2020 年冬，我们用 12 个夜晚上门为 11 个宝宝拍摄亲情视频，与海外爸爸们连线。当大家看到自己宝宝可爱的出镜，他们哭了、笑了，我们也哭了、笑了。"葛荟说。

9 年间，"爱心妈妈"工作室制定了章程，设计了队旗、队服和标语，建立了爱心基金，设立了一整套规范严格的基金筹集、财务管理制度。

◆ 2014 年，"爱心妈妈"葛荟与儿童福利院的孤残儿童互动

　　她们树起了光谷第一座爱心墙，为厦门白血病患儿义卖筹集善款，走进西安阳光学校为自闭症儿童担任课外辅导员，与重庆市万盛区签署"爱心协议"，创建江苏省首个建筑业"爱心妈妈小屋"……从关爱留守儿童开始，逐渐扩展到公益宣讲、扶危助困、生态保护、文明风尚、民生服务等主题，平均每年有 200 多名志愿者参与，每月平均服务时长超过 60 小时。

　　这个团队爱心圈不断扩大，已由当初的 8 人增至如今的 300 余人，更多的"爱心妈妈""爱心爸爸""爱心小伙"加入进来，年龄横跨"60后""70 后""80 后""90 后"，甚至"00 后"；她们从武汉出发，走到了更远的西北、华北、华南甚至海外。

　　微光可成炬，大爱映苍穹。这个团队、这些故事仍在不断延续，越来越多的"爱心妈妈"将在一座座"幸福港湾"里续写"暖心筑梦"的山高水长。

（图片由中建三局三公司"爱心妈妈"工作室提供）

我听过你的歌，我的大哥哥
——记国网孝感供电公司"爱心大哥哥"志愿团队

　　金秋九月，又到开学季。和往常一样，夏凡又自费给云南弥渡县德苴乡邑郎完全小学的孩子们寄去学习用品了。

　　夏凡，国网孝感供电公司团委书记。2009年，还在云南上大学的他，开始开展志愿服务。2013年入职孝感供电公司后，成为国网湖北电力共产党员服务队的一员。自2009年至今，他始终奔走在公益活动的路上：投身孝感大悟县红畈村乡村振兴工作，累计捐赠21万元，直接帮扶500多名学生；走访云南、湖北山区20多所民族学校，帮助4个少数民族孩子重返校园，创办2所"儿童之家"，志愿服务时长达10841

◆ "爱心大哥哥"志愿团队与孩子们的合影

小时。他还创建了"爱心大哥哥"志愿团队，成立"夏凡爱心基金"，带动 20 余人对云南、湖北两地的留守儿童进行"一对一"帮扶。

受他影响，100 多人加入"爱心大哥哥"志愿团队，开展助学、敬老等活动 1000 余次。

多年来，夏凡获第十三届中国青年志愿者优秀个人奖，湖北省岗位学雷锋标兵、湖北省"向上向善"好青年等荣誉，荣登中央文明办第二季度"中国好人榜"，获评"助人为乐好人"，所带团队荣获"全国最佳志愿服务组织"和湖北省"本禹志愿服务队"。

从修建一口水窖，到帮助一个孩子；从捐赠一本图书，到建成一间图书馆；从一个人的独自坚持，到一群人的爱心团队。"爱心大哥哥"关爱山村儿童的故事，跨越了 14 年，仍在继续。

建一口窖，幸福一群娃

2009 年，云南省遭遇 50 年来少有的极端干旱。还是大三学生的夏凡从新闻报道中得知，大理弥渡县严重缺水，当地上百名学生生活受困。他当即产生了一个念头："一定要帮帮他们。"

夏凡通过一位大理籍学弟联系上德苴乡多依完全小学校长禹映海。禹校长告诉他，学校有 204 名小学生，天气干旱，大家每天要到近两公里外的地方取水。而解决用水最有效的办法就是打一口井，修水窖。

修一个水窖大约需要 6000 元，这对经费紧张的学校而言，很难。对于还是一名学生，没有经济来源的夏凡来说，更难。

他又能拿什么去建水窖呢？

那些天，夏凡一筹莫展，在校园焦虑地走来走去。

当他走到平时常玩的篮球场，无意间，台阶上一个不起眼的矿泉水瓶，让他突发奇想：能不能靠收废品挣钱呢？

想到就干！第二天，他在学校里拉起了"为了让干旱灾区儿童喝上水，请你捐出 10 个矿泉水瓶"的横幅，带着同学们一起穿行在宿舍里收集水瓶，同时联络附近高校共同参与。

仅仅一个多星期，夏凡就收到了两万多个矿泉水瓶，卖了 3000 多元。加上自己的奖学金、各种比赛奖金，七拼八凑，最后凑了 6000 多元，一并寄给了禹校长，为学校新建了一座水窖、铺上了水管。

禹校长发来学生在水窖旁的合影，孩子们围在水池旁，水花飞舞。看着那一张张笑脸，夏凡仿佛看到夜空里那一片璀璨的星星。

那一刻，夏凡觉得一切辛苦都是值得的。

自此，他与德苴乡深深结缘。一年后，夏凡获全国信息化技能大赛三等奖，将 2000 元奖金寄给山区孩子添置课外读物。他告诉自己，"我将尽我所能，帮孩子们走出大山"。

从本科到研究生期间，夏凡一直坚持拿出自己的一部分生活费，给山里的学生们购买过冬衣物，组织同学捐书、捐衣。

"现在，募集衣物献爱心，也成了我的母校湖北工业大学的一项传统活动。"夏凡说。

尽一份力，结一生缘

"看，这是禹源希爸爸前些天发来的照片，小源希又获奖了，真的是越来越棒。"夏凡打开微信，发自内心地为禹源希骄傲。

2013 年 8 月，夏凡研究生毕业，应聘到国家电网孝感供电公司。尽管工作忙碌，云南山区的孩子始终是他的牵挂。

他联系禹映海校长："有没有成绩优秀、家庭贫困的孩子？我想帮帮他们。"

在禹校长的推荐下，他开始"一对一"资助家庭贫困的三年级学生字文武。每个月，字文武父亲都能收到来自夏凡的 100 元转账。

100 元不多，但对于一年收入只有 5000 多元的字文武一家来说，却无异于是雪中送炭。

2016 年，夏凡又资助了第二个云南学生张润雪。

除了物质帮助，夏凡时刻关心孩子们的学习和生活。刚跟张润雪结对时，夏凡感觉到她有些内向和自卑，了解到她喜欢画画，便一直鼓励她。

"后来，张润雪经常用妈妈的手机给我发她的画，前年国庆节她还给我视频唱了《我和我的祖国》。"看着张润雪越来越快乐，夏凡非常欣慰。

2018 年元宵节，夏凡第一次踏上了德苴乡的土地，看到了那口水窖和他一直牵挂的小朋友们。当地村民穿着民族盛装，唱着民族山歌热情迎接，令夏凡感动不已。"我的付出微不足道，村民们却如此热情，我不像远来的客人，像归乡的游子。"夏凡说。

刚结婚那会儿，妻子不太理解他："家境本不宽裕，你一个刚上班的年轻人，帮得过来吗？"

"能帮一个是一个嘛！"夏凡宽慰妻子。后来每次参加志愿服务活动，夏凡都会带上妻子，还把自己和孩子们在一起的照片同她分享。渐渐地，妻子理解了他的付出。

2021 年，字文武小朋友因扩张型心肌病不幸去世，夏凡万分难过。他决定继续资助文武的妹妹禹源希。

"我想将这份爱延续下去。"夏凡说，"生活给了字文武很多磨难，但他一直没有放弃对生活的渴望和对学习的向往。我从他身上学到了绝不放弃。"

这些年，夏凡在本职工作中始终勤奋努力。他完成电网规划 10 余项，入选首届国网湖北省电力公司储备人才，先后荣获湖北省第十六届自然科学优秀学术论文三等奖、湖北省电力 2014 年优秀研究成果三等奖等多项荣誉。每次获奖，夏凡都把奖金捐给德苴乡的孩子们。

从 1 到 104

2023 年秋，国网孝感供电公司"爱心大哥哥"志愿服务团队的青年志愿者们与老同志们欢聚一堂，度过了一个欢乐的重阳佳节。

从入职那天起，夏凡就有个心愿：组建志愿团队，让这份爱心凝聚得更大，帮助到更多需要帮助的人。

2013年11月，夏凡所在的孝感供电公司成立"爱心大哥哥"志愿服务团队，夏凡任队长。他们在大悟、孝昌、云梦等地先后设立4个服务点，建起"七彩小屋"留守儿童之家。

远在千里之外的德苴乡多依完全小学，也挂上了"夏凡爱心书屋"的牌子，成为两地爱心传递的见证。

每次有志愿者提出资助意愿，夏凡会把孩子监护人的完整信息发给对方，进行"一对一"帮扶。相较于其他方式，他觉得"一对一"帮扶更加稳定，也更能温暖孩子们的心。

随着"爱心大哥哥"的故事被众人所知，志愿团队如今已扩大至104人，成员也从供电公司内部发展到包括老师、企业家在内各行各业的人。

2020年初，新冠疫情突发。夏凡带着40多名志愿者奋战在疫情防控一线，多方筹措物资。他资助过的一名云南邑郎黎族少年得知后，

◆ 夏凡为云南省大理市弥渡县德苴乡邑郎小学的"夏凡爱心书屋"揭牌

打来电话："我想把自己的生活费拿出来，买些口罩寄到孝感。"这让夏凡十分感动。

"一个人的力量是有限的，让更多的人加入进来，做更多有意义的事情。"10年间，该团队围绕"服务留守儿童，助力乡村振兴"的目标，构建起"共建、共治、共享"的志愿服务"生态圈"。团队建立了"困难留守儿童信息库"，并持续寻找愿意资助的人群，协助双方组成帮扶对子，先后开展"百名留守儿童集体生日""实现微心愿""常态化通信通话""安全用电宣讲进校园"等活动。

予人玫瑰，手有余香。在帮助他人的过程中，团队成员们的综合能力也得到了很大提升，队员们先后获评中国青年志愿者优秀个人奖、抗击新冠肺炎疫情青年志愿服务先进个人等。

"我愿意做一束微光，点亮自己，照亮他人，在志愿服务的路上一直坚持走下去。"夏凡说。

如今，夏凡也有了孩子。等孩子长大些，他会带着他去参加志愿服务。他希望，爱像千里外水窖中的水那样，源源不断地流下去。

"这些小小的爱心终将汇成江河，让那些处于困境中的孩子们在这江河之上扬帆起航，去追逐他们的梦想。"夏凡坚信。

（图片由国网孝感供电公司"爱心大哥哥"志愿团队提供）

为困境儿童打开心窗
——记恩施市义工协会

　　　　爱是无声，默默涌过生命的岸；爱是澎湃，翻滚撞击心灵的床。从"希望伴飞"到"梦想小屋"，从抗疫一线到战洪现场，如一束光，把这方土地温暖；汇光如炬，繁星常亮。奉献、友爱、互助、进步，你们在，爱就在。清江澄碧涌细浪，硒都自有好儿郎。

　　这是 2023 年 2 月 10 日，恩施市 2022 年度"硒都榜样"组委会对市义工协会的致敬词。该协会上榜恩施 2022 年度"十大最美微治理单元"。

　　恩施市义工协会于 2011 年注册成立，2018 年被批准为市首批慈善组织，目前拥有会员义工 1300 余人。

　　12 年来，协会通过困境儿童助学、关爱服刑人员未成年子女、爱心爸妈等项目，建立困境儿童档案 2100 多份，累计资助困境儿童 2021 人，累计募集资助款 750 万元；为 37 所偏远山区小学 6500 多名小学生修建"健康浴室"；对 51 名重大疾病儿童进行了救助；建立了 5 个关爱留守（困境）儿童示范基地。

　　2020 年，协会组织 131 余名义工，参与疫情防控工作超过 870 人次，累计服务时长 6800 多小时，累计筹集各类医用物资 75 万余件，通过网络微捐累计筹款 26 万余元。

心系困境儿童，助力成长

2023 年 9 月 17 日，恩施市义工协会志愿者走进恩施市三岔镇苘坝村、汾水村以及茅坝村开展"心系困境 助力成长"走访慰问活动。

走访过程中，志愿者们同孩子们交流，详细询问他们的生活学习情况，鼓励他们在新的学期保持阳光心态，拼搏进取，快乐生活。

"我们把未成年人关爱保护工作作为民心守护、促进社会稳定的一项重要工作来抓，围绕留守儿童、困境儿童关爱保护，充分发挥各种渠道优势，吸引更多社会力量参与，为儿童健康成长发展创造良好氛围。"义工协会会长向波说。

少年儿童是祖国的未来、民族的希望，留守儿童、困境儿童更是需要社会关注的特殊群体。

2023 年 1 月，恩施市义工协会开展以"为爱出发"为主题的"暖冬行动"，近 300 名义工分批前往全市困境青少年家庭开展入户走访慰问。

据了解，"暖冬行动"募集善款 8 万元，用于资助恩施市 400 名困境青少年家庭，每户发放价值 200 元的慰问物资。活动启动后，得到了社会各界的广泛关注，先后有 200 多名爱心人士参与捐赠。

"'暖冬行动'已连续开展了 8 年，成为义工协会的品牌项目。"协会副会长李少介绍。

8 年时间，"暖冬行动"累计筹集善款 90 多万元，先后组织义工 2000 多人对 3000 多户困难家庭进行新春慰问。

"未来，我们会继续将这个活动进行下去，为留守儿童、困境儿童送温暖，用爱心织就保护儿童的一张网，照亮孩子们健康成长之路。"李少说。

"娜姐"就在你身边

协会长达十余年的困境儿童帮扶道路中，涌现出了很多吃苦耐劳、坚持付出的义工，他们尽最大努力，对山区困境儿童进行助学帮扶、心理帮扶、思想帮扶和文化帮扶。

他们当中，有一位来自宜昌的公益人，恩施市义工协会副会长汪娜。在协会，大家都亲切地叫她"娜姐"。

汪娜2011年到恩施工作。2015年5月的一次募捐活动中，汪娜了解到了恩施高寒山区的部分学校没有热水，很多孩子洗不了澡而患有皮肤病，她立即联络身边资源发起了募捐，不到24小时就募集了43000多元善款。很快，利川毛坝和建始官店修建起了两所健康浴室。

从此，她与恩施市义工协会结缘，成为一名义工。

2015年7月，汪娜在参与山区困境服刑人员未成年子女的走访调研中，看到一个叫然然（化名）的孩子从小内向自卑，不爱与人交流，并伴有自虐倾向，生气会用头撞墙。

当汪娜得知然然最大的心愿只是想要一盒水彩笔时，她的内心非常酸楚。那时起，她给自己定下了一个目标：要尽最大努力去帮助山区里处于困境的孩子。

当时，义工协会作为民间公益组织，既没有经费设立专职义工，也没有独立完整的项目运作经验，连下乡走访的费用都需要义工个人支付。但为了争取到共青团湖北省委"希望伴飞"项目支持，她利用业余时间研究资料，学习专业社工知识，一步步完善项目计划，常常工作到凌晨两三点。

最终，在2015年共青团湖北省委"希望伴飞"项目大赛中，恩施市义工协会参评的"希望伴飞，让爱回家——关爱困境服刑人员子女"项目获得了一等奖。

这也让恩施市义工协会开辟了一条"义工＋社工＋心理咨询师"的专业化发展道路。

汪娜因病身体一直不太好，比普通人更易累，带病工作是她的常态。但为了项目向专业化发展，她每次都是咬牙坚持再坚持。

2016年，在她的努力下，恩施市义工协会与新塘乡的5个学校共同建立了关爱困境儿童基地，义工们定期去那里开展活动。每一次，汪娜都会把然然带上。

慢慢地，然然从抗拒、冷漠，到后来开始加入孩子们的游戏。每一次进步，汪娜都会给然然一个温暖的拥抱，在他耳边悄悄说：你真棒！

现在，然然开心了，会放声大笑；难过的时候，不会再憋着，他开始愿意去表达，甚至开始去帮助他人。有一天，汪娜看到然然在雨中主动为搬运物资的义工撑伞，并与他们交流时，她激动得泪流满面。

因为她知道，这个孩子终于可以正常地融入社会了。那一刻，她觉得所有的努力都是值得的。

创建爱心爸妈团队

恩施市义工协会成立12年来，通过各种资源为恩施山区的困境儿童募集助学资金以及各种物资，全国各地爱心人士都纷纷加入爱心助学的队伍中，累计资助金额达80多万元。

"山区的很多困境儿童缺乏的不仅是物资，他们更渴望爱与陪伴。"汪娜说。

2017年9月，汪娜发起成立了恩施市义工协会爱心爸妈团队。首批成员20名，结对恩施周边乡镇15名服刑人员未成年子女和事实孤儿，让这些从来没有享受过父爱母爱的孩子有了爸爸妈妈。

刚开始，义工们也有担心，汪娜就带着他

◆ 2018年，爱心妈妈看望孩子并给孩子检查作业

们一家一家地跑，为他们做示范，帮助与孩子建立沟通。在爱心爸妈团队的共同努力下，15 个孩子在性格、学习成绩和生活习惯等方面都取得了巨大的进步，有的孩子后来还考上了恩施重点高中。

如今，爱心爸妈团队成员已经扩大到了近百人，对接了 120 多个服刑人员子女和事实孤儿，这群没有血缘关系的爸爸妈妈用爱滋养着孩子的心，陪伴着他们一路慢慢长大。

打造"梦想小屋"

"你梦想的小屋是什么样子？"

"对我来说，有书桌的房间就是'梦想小屋'。"

2021 年 4 月 12 日，恩施市留守儿童紫紫（化名）害羞地说。

当天，恩施市义工协会"搭建梦想小屋 营造幸福童年"爱心爸妈团队关爱项目启动。六年级学生紫紫成为第一个拥有"梦想小屋"的孩子。

在紫紫很小的时候，妈妈就去世了，她与爷爷奶奶相依为命。

2020 年 10 月，"爱心爸妈"朱瑞廷和谭顺明走进紫紫家，与这个聪明懂事的小女孩结对子。

"我送紫紫上学的时候，班上同学问我是不是紫紫妈妈，紫紫没说话。我告诉紫紫：以后我们就是你的爸爸妈妈。"谭顺明有些哽咽。

2021 年 3 月，得知协会启动"梦想小屋"项目时，朱瑞廷和谭顺明立刻想到了紫紫。

紫紫房间的床是两张木板搭成的，坐上去就会发出"嘎吱嘎吱"的声响。床边放着一张餐椅，上面堆满了书，她平日就趴在椅子上学习，蹲久了腿会麻。

"紫紫，我们把你的房间改造一下好不好？"

"改造会让你们花很多钱吗？我现在住得也挺好的。"

紫紫的懂事让义工们心疼不已。

爱心筹款、购置材料、拍摄照片、制作礼物……大家用半个月时间，为紫紫打造出"梦想小屋"。

"朱爸爸，我有点紧张。"4月12日，站在门口的紫紫迟迟不敢推开房门。

"来，我们一起。"

"哇！"推开房门那一瞬间，紫紫的眼睛里闪烁着惊喜和感激的光芒。眼前的房间温馨舒适，床上放着柔软的毛绒玩具，床前的星星灯一闪一闪，大大的书桌上整齐地摆放着崭新的书籍，相框里的紫紫笑得那么灿烂。

"亲爱的紫紫，愿你从今天开始，正式开启你的梦想计划。相信只要你努力、坚持并快乐地追求你的梦想，终有一天，梦想将会实现——爱你的义工叔叔阿姨。"拿起书桌上的日记本，紫紫一字一句读着义工叔叔阿姨对自己的祝福，泪水从脸庞轻轻滑落。

"谢谢你们，我好喜欢这个房间！"紧紧地抱着朱爸爸和谭妈妈，

◆ 志愿者们为梦想小屋的改造搬运材料

紫紫泣不成声。

"'梦想小屋'并不只是装饰一个房间，而是要点燃孩子们的梦想，告诉他们，这个世界深爱着他们。"汪娜说。

筹措资金、物资为困境儿童改造房间的"梦想小屋"项目，现已成为义工协会核心工作之一。6 年来，协会走访核查并建立困境儿童档案 2100 多份，资助 1900 名学生，106 名"爱心爸妈"与 106 名困境儿童结对帮扶，在州内改造建成"梦想小屋"43 间，多名孩子受助走出大山，命运由此改变。

"我们深知公益发展的过程是一个不断走向专业的过程，唯有不断学习，才能为孩子带来更多的专业性的帮助。"汪娜说。

公益小天使

随着公益活动的深入开展，汪娜深知，做公益不仅仅是简单地给予，也要让孩子们从小在内心种下公益的种子，真正用志愿行动影响他人甚至这个社会，让更多的孩子学会爱、懂得爱、感受爱、分享爱。于是，2019 年，汪娜成立了"公益小天使"公益组织，组织中小学生围绕乡村振兴、红色文化、文明、关爱等主题，开展公益活动，让孩子通过"志愿 +"社会实践活动去认知社会，了解社会，不仅仅会帮助她们确立正确的人生观，也会在未来成长的岁月中帮助她们度过青春期的困惑，更会因为她们的纯粹为这个世界带来更多的美好。

如今，协会很多义工都利用工作之余学习专业知识，取得国家家庭教育指导师、心理健康指导师等专业资格，协会项目先后获省、州级公益大赛金奖，协会开展的"希望伴飞服刑人员子女关爱"项目在 2018 年获全国学雷锋志愿服务"四个 100"最佳志愿服务项目奖。

（图片由恩施市义工协会提供）

渺小微尘亦有光

——记武汉商贸职业学院微尘爱心服务队

武汉商贸职业学院微尘爱心服务队成立于 2012 年，由党员、团员青年等 50 人组成。11 年间始终践行志愿精神，走进乡村支教，帮助近千名山区留守儿童、孤独症儿童等，培养学生志愿者 2000 余名。他们默默耕耘，无私奉献，将温暖洒满每一个角落。

微尘有爱迎风扬

"来，我们一起，谢谢老师！"孝感市大悟县唐店小学一间教室里，校长让学生们整齐站成一排，面对支教志愿者毕恭毕敬地鞠躬。

这个场景，刻在丁玥脑海里 11 年了。今天想起，依然动容。

丁玥是武汉商贸职业学院教师。作为曾经的军人，刻在骨子里的责任与担当，使得她成为教师后，总想着为这个社会做些什么。

最初，丁玥参加校外各种公益活动，尽自己所能去帮助别人。直到有一次，她参加由公益组织"麦田计划"发起的活动，给山区孩子捐助学习用品，她萌发了在校园里创办志愿者团队的想法。

2011 年，微尘志愿者团队初建，他们与"麦田计划"达成合作协议，由"麦田计划"提供资金，微尘志愿者团队派出志愿者，共同在乡村小学开展公益支教。

丁玥一直记得文中开头那一幕。那是 2012 年的一天，丁玥带领团队成员及华科附小的小志愿者们到孝感市大悟县唐店小学支教，他们给乡村孩子们带去零食、牛奶、书籍。

◆ 丁玥在咸宁高㮤初小支教

　　丁玥发现，有个叫小鹏的孩子一直把糖拿在手里不舍得吃。就问他："你怎么不吃呢？"小鹏说："我妹妹还没有吃过，我要带回去给她。"

　　华科附小的很多小志愿者都愣住了。顺顺小朋友感慨："这么普通的零食，我平时在家都看不上的，没想到他这么爱自己的妹妹。我真的要好好珍惜现在的生活了。"

　　那天支教结束后，校长让学生们齐齐地站在志愿者面前，鞠躬感谢。这让丁玥深受触动，更坚定了她将公益活动进行到底的决心。"希望孩子们得到帮助，能够好好学习，将来有能力去帮助他人。"

　　2012 年 10 月，武汉商贸职业学院微尘爱心服务队正式成立。作为指导教师，丁玥开始思考团队的规划发展方向。

　　2013 年，丁玥学习到习近平总书记给华中农业大学"本禹志愿服务队"的回信，看到总书记勉励他们弘扬志愿精神，并向全国广大青年志愿者致以诚挚问候和崇高敬意的时候，她仿佛找到了明灯。于是，她通过不断学习，组织开展大学生志愿服务的实践育人功能研究，落实职业教育助力乡村教育发展项目，开展"小蓓蕾公益计划"、关爱自闭症儿童等。

十几年来，微尘爱心服务队累计志愿服务时长超过 10 万小时，团队人数超千人。

拥抱来自星星的你

有这样一群孩子，他们沉浸在孤独的世界里，就像在天空中闪烁却让人感觉遥远的星星，他们就是自闭症儿童，也被称为"星星的孩子"。

成立于 2016 年初的武汉市启萌星自闭症学校，由几位家长自筹资金，以互助模式运行，主要为自闭症、脑瘫、智力障碍等心智障碍孩子服务，至今 7 年多的时间，已服务了上百个孩子及家庭。

2017 年，微尘爱心服务队走进了"星儿"的世界。他们在了解到这部分困难群体后，与启萌星手拉手互助服务中心定期开展志愿服务活动，定期对他们进行探望，并开展一些益智类小游戏，组织有工艺特长的志愿者开展专业培训，如教授书法、音乐、绘画、演讲等课程。

2023 年 2 月 20 日，武汉商贸职业学院微尘爱心服务队、中建三局三公司安装分公司"爱心妈妈"志愿服务队和武汉工程大学守望童心服务中心来到武汉市启萌星自闭症学校，为孩子们送来爱心物资和温暖的陪伴。

"哇，这个圣诞树的配色真好看，还有这棵大白菜，真精细。"2023 年 3 月 31 日，第 16 个"4·2"国际孤独症日来临之际，由微尘爱心服务队、"爱心妈妈"工作室主办的"点亮星灯 与爱同行"手工艺品义卖活动，在武汉商贸职业学院举行。8 名孤独症儿童制作的 300 件手工艺品广受欢迎，义卖当天募集到 1701 元。为了让更多人看到义卖品，微尘爱心服务队特地帮助"星孩"在网上开设了线上店铺，将作品挂出。"这次活动不仅仅是义卖，更多是希望大家能了解这个特殊的

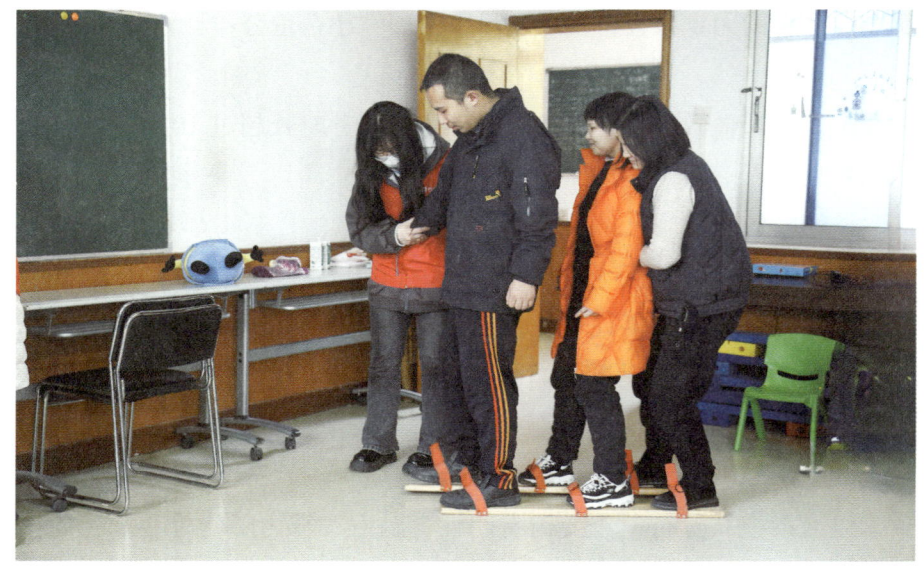

◆ 2023 年，微尘志愿者陈杭与自闭症儿童互动

群体，从内心里去接受和关爱他们。"丁玥说。

志愿者贾芊芊与自闭症儿童接触后，决定用更多的时间去帮助这些孩子们。大学毕业后，她来到一家以自闭症群体为工作人员的咖啡馆。"每次看到他们特别清澈的眼神，我的心也变得安宁，尤其是看到他们能像正常人一样融入社会，我很欣慰，我愿意帮助他们，这将是我的终身事业。"贾芊芊说。

播撒爱的种子

"我本从山村来，回山村去，没有什么后悔的。"曾是微尘爱心服务队志愿者、现为英山乡村小学教师的蔡灏说。

蔡灏小时候在英山县温泉镇沙湾河完全小学读书。2012 年考入武汉商贸职业学院后，受丁玥老师和众多志愿者影响，大一就加入了微尘爱心服务队，持续跟随团队下乡支教。

大学毕业时，她已在大城市找到工作。当她看到家乡英山发布招募乡村小学语文教师的公告，立即辞职返乡，一待就是 6 年。

"见识了外面世界的繁华，深知家乡与城市的差距，这也更坚定了我成为乡村教师的决心。"蔡灏说。

2019 年至今，她多年被评为英山县"优秀教师"。

蔡灏目前带的五年级整个年级仅 11 名学生，基本都是留守儿童，一半孩子父母离异，家庭对孩子的教育陪伴非常有限。"他们更孤单，更需要老师用心去教育和了解。"

这些年，为准确了解孩子们的家庭状况，蔡灏每到开学就走上百公里山路进行家访，联系村支书收集信息，尽可能和家长面对面沟通交流，与学生谈心。

在蔡灏的努力下，班上的孩子们渐渐有了变化。小江以前不爱做作业，每天把作业本直接扔到抽屉里。蔡灏和他多次谈心，在班级里选他成为语文课代表，耐心辅导他学习，一个学期后，他的学习态度有了变化，成绩也在不断进步。

小园是单亲家庭的孩子，家境贫寒。2019 年，蔡灏征得小园父亲同意后，把小园接到自己家，给她辅导功课并照顾她的生活。蔡灏的父母也把小园当成自己的孩子。这份爱持续了四年，现在小园已是四年级学生，语文、数学成绩都在 90 分以上。

担任了 6 年乡村教师，蔡灏最大的感受是"穷人的孩子早当家"。班上一个 11 岁的女孩，平时除了学习，还要照顾家里，小小年纪就把家中料理得井井有条，这让蔡灏既佩服又心疼。

"教育是追梦的事业。我告诉孩子们，人生是一把爱的火炬，我从志愿精神中拿到了这把火炬，就要让它燃得更灿烂。"蔡灏说。

蔡灏的成长故事是微尘爱心服务队员的一个缩影。11 年来，队员们始终践行志愿精神，把爱的种子种在山村孩子的心里，传播到全国各地。

（图片由武汉商贸职业学院微尘爱心服务队提供）

大音希声，大爱无痕
——记长江设计院青年志愿者协会

　　长江设计院青年志愿者协会（以下简称长江设计院青协）成立于2012年10月，接受长江水利委员会直属机关团委和长江设计集团团委的指导和监督，主要聚焦扶贫助学、关爱农村留守儿童、城市流动儿童及长江保护宣传活动。

　　青协注册志愿者上千人，均为长江设计集团的青年员工，基本为硕士或博士学历的高素质队伍。他们具有成熟稳定的活动组织团队，整体协作能力强，在志愿服务活动中由长江设计院青协专员组成项目组，进行工作分解、预算管理，保障志愿服务活动的顺利开展。

　　2014年，长江设计院青协获首届中国青年志愿服务项目大赛入围展示，2015年获第二届中国青年志愿服务项目大赛省级"希望伴飞计划"铜奖，2016年被评为湖北省"本禹志愿服务队"。2017年向昀鑫获"全省向上向善好青年"荣誉称号。

"投入关爱，点亮希望"

　　10年，他们见证、参与云南乌东德水电站的诞生且耀出光明；

　　10年，他们见证、参与千余位贫困学子沐浴爱的成长；

　　这是一场持续10年的爱心满满的捐助之旅。不论风雨、不畏险阻，众心汇聚。每一年，来自武汉的爱，总会抵达云南乌东德坝区、惠泽坝区两岸5所中小学家庭困难学子。

　　乌东德水电站位于金沙江下游，是国内第四大水电站，国家"西

◆ 乌东德希望小学捐助现场合影

电东送"骨干工程。长江设计集团为乌东德水电站的设计单位，在现场设有管理基地。

乌东德工程所在地左岸为四川省会东县新马乡，右岸为云南省禄劝县乌东德镇，都属于交通不便、经济落后的少数民族地区。通过走访，志愿者们发现，这些身处大山的孩子们纯真朴实、活泼可爱，对未来有着无限向往，对幸福美好的生活充满渴望。

长江设计院青协为了解决当地孩子学习生活问题，积极响应国家号召，从2012年起，持续开展大型志愿服务活动——"乌东德爱心助学"，受到了社会各界的普遍关注。

青协的志愿服务工作规划，详细记载了他们的主要工作内容：

（1）活动重在延续、系统、务实，坚持在工程建设的10年期间持续开展，真正做到帮助和培养一批当地贫困生。

（2）从学校层面考虑，申请企业经费进行物资资助，改善学校教学条件。

（3）为了精准扶贫，根据收集到的贫困生家庭情况等信息，架构建设爱心助学专题网站，由青年员工自愿对特困学生进行结对定点帮扶，进行助学金资助和思想辅导。

（4）开展志愿者帮扶计划，帮扶计划由前方基地和武汉后方组织志愿者，定期前往受助学校开展功课辅导、兴趣课拓展等志愿服务活动，旨为当地贫困生开阔视野，树立积极的生活态度和远大的人生目标。活动流程图如下：

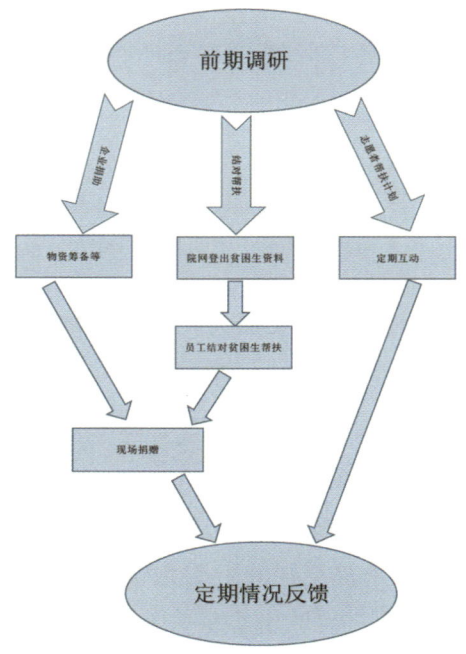

◆ 爱心助学活动流程图

自 2012 年起，长江设计院青协已成功举办 10 届爱心助学活动，对乌东德坝区内新马乡中心小学、乌东德镇新村小学、乌东德镇中心校、禄劝县乌东德希望小学、嘎吉中学、乌东德中学、会东和文中学、会东中学、禄劝一中等学校累计 1085 名贫困学生进行针对性帮扶，累计捐助助学金、教学及生活物资 143 万元，受到了社会各界的普遍关注和好评。

2021 年是乌东德水电站全面投产发电之年，也是长江设计集团乌东德爱心助学活动的第十年和收官之年。这年冬天，集团团委再次组织坝区爱心助学活动，王建新、郑敏、付蓉等志愿者开展了乌东德坝区助学前期调研、活动建议征询、网上募捐等一系列助学筹备活动（后因疫情暂停）。疫情缓解后，熊堃书记带领捐助小组先后前往云南省禄劝县乌东德中学、乌东德希望小学、新村小学和四川省会东县乌东德镇中心校、嘎吉中学进行现场捐助，代表集团向 132 名学生捐赠 79000 元助学金、12000 元奖学金和 44805 元爱心物资，将长江设计人满满的爱心送到孩子们的手中。

过去 10 年，长江设计院青协源源不断地将爱心传递给乌东德的孩子们，爱心助学活动点燃了坝区上千名学子心中的明灯，照亮了他们的求学之路。在对乌东德十年助学活动的总结中，他们欣喜地发现，不少得到帮助的孩子学习取得了进步。有的已经升学，离梦想更近了一步；有的成绩名列前茅，对未来充满希望；还有的在心中许下了奋发图强、回馈社会的愿望。

十年建设，十年助学，建设一方，造福一方。至此，为期 10 年的乌东德爱心助学活动圆满落下帷幕。

按计划，集团在金沙江旭龙水电站开展新的助学活动，持续为金沙江畔的孩子们送去长江设计人的关爱与帮助。

2022 年，长江设计集团勘察设计的金沙江旭龙水电站项目获国家发改委核准批复，集团为之奋斗 18 年，为项目开工建设提供了坚实技术支撑。在这期间，坝区艰苦的自然环境、当地落后的教育条件等诸多现状萦绕在大家的心头。

2022 年冬，长江设计集团团委、青年志愿者协会和旭龙水电站设代处发起爱心助学网上募捐活动。

"原本预计 3 天的爱心助学网上募捐活动，不到 3 个小时就完成了。真的是太感动了！"团委书记熊堃说。

这天上午 10 时，网上募捐活动开始短短半小时，31 名受助学生的助学金捐赠便由 62 位捐助人全部认捐完毕，共募集 4.96 万元。中午 12 点 33 分，爱心物资捐助达到既定目标，共 124 名员工参与。

至诚为善，至善为坚。长江设计人积极践行社会责任，发扬企业的奉献精神，走到哪里，爱心就洒到哪里，定会温暖寒冬的孩子们，照亮他们的求学之路。

"爱心暑期与你同行"

"哥哥、姐姐，我今年又被评上三好学生了！"

"你又长高了呀！""暑假作业有没有遇到难题呀？"

"姐姐，我有个秘密想告诉你。"

2023 年暑假伊始，郑敏、晏智作为本次暑期爱心助学活动负责人和志愿者们带着生活用品和助学物资一起来看望这群可爱的小精灵。期盼已久的武汉市爱心花朵教育咨询服务中心的 50 余名小朋友，一见到长江设计院青协的志愿者，就迫不及待地想与这些知心哥哥姐姐们分享自己的心里话。今年已是青年志愿者陪伴孩子们度过的第 11 个暑假了。每年暑假期间，志愿者们都会用寓教于乐、丰富多彩的活动，带领这群可爱的孩子们认识世界、开阔视野、收获知识，将这个缺少父母陪伴的寂寥夏日，变成了有欢笑、有收获、有成长的美好假期。

志愿者张敏记得，2013 年夏，当他们第一次走进武汉市立新农民工子弟小学时，破旧吊扇嗡嗡作响的教室里，洋溢着一张张灿烂而又纯粹的笑脸；教室外泥泞的空地上，跳跃着一群群单薄的小小身影。这些孩子最小的只有 3 岁，最大的 10 岁，很多孩子因为家庭困难，生活拮据，附近的学校又无法入学，只好暂时在这里上课；每到假期，由于父母忙于工作无暇照看，孩子们也会被送到这里。

2013 年前后，正是农民工为武汉城市建设做出大贡献的时期，但很多农民工子弟常常缺乏细心的照顾和良好的家庭教育。他们大多生活条件较差，安全意识薄弱，容易沾染不良的社会习气。同时，在暑假期间，孩子们因无人照看，溺水、交通等安全方面悲剧时有发生。

于是，志愿者决定牵起孩子们的手，领着他们走过每一个寒来暑往，希望能为他们带去一个充满关怀和陪伴的童年，让他们能够身心健康地成长。

他们开始定期开展爱心陪护活动。除了辅导作业、科普知识，志愿者还准备了很多孩子们喜闻乐见的动手操作活动。从香气四溢的烘焙、心灵手巧的折纸，到灵感闪现的模型搭建、创意无限的软陶制作，无论是在室内还是户外，"爱心花朵"的孩子们都在一次次动手动脑的快乐情境中主动思考、积极表达、相互协作，提高了观察能力、认知能力和动手操作能力，也为爸爸妈妈带回了自己亲手制作的礼物。

这些精彩纷呈的活动，给孩子们带去的不仅是陪伴和快乐，更是视野的开阔、知识面的扩展和综合能力的提升。

2015 年，立新农民工子弟小学变更为武汉市江汉区姑嫂村"爱心花朵教育服务中心"。志愿者们依然每年暑假对这些家庭困难且无人照看的学生进行暑期志愿陪护，不仅给予其生活上的帮助，还通过"安全教育""视野拓展""多彩课堂"等几个板块，室内和室外主题活动相结合，进行素质拓展，开阔学生视野，丰富学生的精神世界。

"大家想学习给地铁'做体检'吗？""有谁知道'钢铁蚯蚓'盾构机？""大家知道如何保护我们美丽的蓝色星球吗？""地球上的水是从哪儿来又到哪里去了呢？"

在暑期爱心陪护活动中，志愿者们结合自身专业特长，给"爱心花朵"的孩子们带去了关于地铁、水资源、环境保护、安全用电等多场趣味小讲堂，用生动活泼的讲解和妙趣横生的互动，让孩子们学到了许多课堂以外的知识，了解了这些与生活息息相关的事物背后的故事，发现原来生活中处处是知识、处处有学问，也对这群可爱的哥哥姐姐们的工作有了一定的认识。

◆ 2021年，长江设计院青协开展暑期爱心陪护活动，志愿者为学生讲授印刷术

近年来，长江设计院青协持续不断地为中心提供食品、文具、日用品等力所能及的爱心物资，捐助学生午餐费和教师高温补贴。

从"立新农民工子弟小学"到"爱心花朵教育服务中心"，改变的是名称和资质，改善的是环境和条件，不变的是纯真的笑脸和温暖的爱心。11年来，累计组织志愿服务人员400余人次，累计服务学生1600余人次。

大音希声，大爱无痕。如今，团委将暑期爱心陪护活动与单位"活力团支部创建"相结合，由各个团支部拿出方案来申报承担每周的陪护活动，在进一步激活单位各团支部的积极性和创造力，汇集更多有创意、有特色的活动内容的同时，也吸引了更多的青年职工加入志愿者的行列中来，帮助一批又一批的小朋友健康快乐成长，让爱更广泛地传播。

（图片由长江设计院青年志愿者协会提供）

做那个给别人带来幸福的人
——记葛洲坝三峡建设公司"三峡阳光"青年志愿者服务队

在岁月的长河中，时光的波涛不断翻涌，葛洲坝三峡建设公司"三峡阳光"青年志愿者服务队如一艘坚实的船，承载着奉献社会、回报人民的初心使命，砥砺奋发，破浪前行。这支由葛洲坝三峡建设公司团委发起的队伍，自 2014 年 12 月成立以来，始终以"实践社会、奉献社会、携手慈善、共创和谐"为己任，成员人数至今已达 605 人。

他们以行动为笔，以岁月为纸，组成外营点职工服务中心、宜昌基地青年志愿者团队、驻村扶贫工作队以及乌东德水电站、白鹤滩施工局、垫江项目部等多个外营点青年志愿者小分队，共同绘制出一幅幅生动的画卷，绽放着独特的色彩。

以爱为先，助农脱贫

"崎岖的山路、颠簸的车子、飞扬的尘土、满脚的泥泞"描述了 2018 年前后秭归县归州镇香溪村的环境和生存状态。对于"三峡阳光"香溪村驻村扶贫工作队队员们来说，并不算什么，初来乍到的他们，立即埋头扎进扶贫工作中。

香溪村村民靠种植柑橘为生，长期以来因品种不佳、交通不便、劳动力不足等多重问题，他们的人均年收入还不到 4000 元。面对生活的困境，不少青壮年选择外出务工，留下年迈的老人和幼小的孩子。

"必须提高村民收入，同时把孩子们从农活中解脱出来，才能更好地学习。"驻村工作队员宋雨龙等人经过走访调研，与公司对口帮扶队商量后，宋雨龙提出了电商助农的法子。

于是，驻村工作队与历届对口帮扶的队员们积极发动社会力量，争取多方资助，想方设法打通村民的致富之路。

"胡家专，我们又来了！"

"是小宋啊，欢迎欢迎！快进屋坐！"

2018年底，驻村工作队和对口帮扶队一同来到脱贫户胡家专家里了解收入情况。胡家专高兴地说："今年柑橘的收成不错，别提有多开心了，感谢你们啊，感谢！"

三年如一日，香溪村建档立卡贫困人口如今已全部脱贫摘帽，群众满意度达到98.4%。

此前，宋雨龙他们做了大量工作。他与队员一道，分析研究精准扶贫的政策，邀请专家指导，首要的是解决品种质量问题，将其栽种的长虹脐橙改成了"九月红"。一开始，说服村民更改柑橘品种时，村民们不理解，说什么也舍不得更换种植了这么多年的柑橘树。工作队

◆ "三峡阳光"青年志愿者服务队开展企业共建志愿助农活动

员没放弃，甚至自掏腰包为村民包下树苗。

三年来，工作队员们在扶贫路上不停奔波。新建尹家湾至胡家坪公路是驻村工作队接到的首要工作，公路修好后能够大大改善胡家坪交通出行，同时也为香溪村特色旅游开发奠定重要基础。只要一有空，队员们便沿着公路查看施工进度情况，希望进度快一点，再快一点。

如今，村里的路修通了，地种好了，在外务工的青年们也有不少回到了香溪村，香溪村成了秭归县"九月红"脐橙优质产区。

"不仅要让孩子读得起书，更要鼓励他们奋发学习，增长见识，努力'跳出农门'，阻断贫穷的代际传递。"这是一名对口帮扶队队员在日记里写的一段话。

对口帮扶队队员积极参与"暖冬行动""筑梦阅读"等教育帮扶活动，通过与留守儿童进行结对的方式，到他们家里走访，和孩子父母交流，为孩子们做心理疏导，鼓励孩子增强学习、生活的信心，努力用知识改变自己的命运。

他们还想方设法地丰富孩子们的课外生活，开展"兔子舞蹈""集中画笔""图书阅读"等活动，准备了一些兴趣课，比如绘画、唱歌，独具特色的太极舞、摆手舞等，孩子们也收获了一段有意义、有知识、有陪伴、有成长的旅程。

如今，对口帮扶队队员已经成了孩子们的"知心哥哥""知心姐姐"。

让爱生长，让爱传递

"教育不是注满一桶水，而是点燃一把火"。青年志愿者服务队将爱延伸，在四川乌东德、白鹤滩、向家坝、重庆垫江等项目部，以小分队的形式积极开展小学扶贫帮困服务。

四川省会东县新马乡中心小学、云南省巧家县大寨镇官村小学、云南省水富县明德小学、重庆市巴南区卢沟小学，是小分队常年的扶

◆ "三峡阳光"青年志愿者与香溪村孩子合影

贫帮困学校，虽然所处地区不同，但这里的孩子都有相似的处境：偏远山区、交通不便、土地贫瘠、家庭贫困。

贫困不仅带给他们生活上的艰苦，更带来了精神上的贫瘠。他们求学的路途遥远、崎岖，经常课上到一半就得回家帮爷爷奶奶喂猪锄地，更多的孩子上学只是为了中午能有一顿学校提供的饱饭，他们坐在教室的每一天，都有可能是最后一天。

孩子们的处境令小分队队员心疼不已。他们根据学生的具体情况，开展了不同的帮扶行动。资助成绩优秀但因贫困不能完成学业的学生；特邀北京教育专家到农村授课，让他们了解山外面的世界，向往山外面的精彩，希望最终能带领着他们走出大山。

在巧家县大寨镇官村小学，教室设施曾经破旧不堪，孩子们的读书声夹杂着寒风的怒吼，多年的书本反反复复用了再用，早已不堪翻阅。这几年，小分队尽最大能力帮忙修缮了破损的教室，带来了新的桌椅书本，将新文具、新衣服送到孩子们的手上。

如今，四所学校里的学生有很多都已走出了大山，看到从未见过的星辰大海。"短暂的物质支持并不能改变他们的一生，但教育可以。"宋雨龙说。

"他们的一生会因为受到教育而变得美好，他们有了梦想，有机会做自己想做的事情。知识拓宽的不只是一条养家路，更是让他们有机会成为更好的人，并将曾经感受过的爱传递下去。"

砥砺初心，生生不息

"做那些为大多数人带来幸福的人，是最幸福的人。"

多年来，"三峡阳光"志愿服务队的扶贫帮困活动，在大山里种下种子，在爱的灌溉下发芽生根，抽出新叶，又将种子带去更远的地方。

从第一届"三峡阳光"志愿服务队的"80后"，到如今的"00后"，从曾经建设的水电站周边辐射到各大外营点项目的企地共建，从当年的土坯课桌到如今现代化的多媒体教室，从云贵川之交的扶贫扶困，

◆ "三峡阳光"青年志愿者服务队慰问葛洲坝班

到与湖北各大院校大学生和志愿者团队共助农村留守儿童、城市随迁子女等青少年群体,志愿服务队用爱心温暖着大山,温暖着这个世界。

采访"三峡阳光"志愿服务队,不仅能见到志愿者们肩扛 20 斤重的大米等慰问物资,奔赴各个社区,走访慰问空巢老人的身影,也能看到他们为城区居民维修小型家电、宣传防雾霾知识、开展"净化生活环境、共建美好家园"、"庆国庆、共筑少年中国梦"、"助力长江大保护"等多个志愿服务活动而忙碌。

这些不断涌现的志愿服务活动将"三峡阳光"志愿服务队的品牌越擦越亮,并不断深化志愿服务内涵。

时光流转,万物变迁。"三峡阳光"志愿服务队队员说,以青春之我为国奋斗的情怀和精神,是永恒的、不朽的。

（图片由葛洲坝三峡建设公司"三峡阳光"青年志愿者服务队提供）

同在一片蓝天下　手心相牵共成长
——记武汉铁路职业技术学院刘洋爱心社

　　"每个人都是被上帝咬过一口的苹果，没有绝对完美的存在。"有这样一群孩子，他们有的在表达方式、行为举止、表情体态等方面与众不同，有的意外烧伤成为"烙印天使"，还有的为生活所迫成为留守儿童。他们在社会生活中往往会遇到更多困难、误解，甚至遭受到不公平的待遇，需要多一点的耐心、理解和引导。

　　为了让更多人了解、关注困境儿童群体，帮助他们健康成长，武汉铁路职业技术学院刘洋爱心社打造了"同在一片蓝天下　手心相牵

◆ 刘洋爱心社开展关爱留守儿童活动

助成长"关爱困境儿童的志愿服务项目。这是该校 09 届毕业生、第四届"全国孝老爱亲道德模范"刘洋为感谢母校辛勤培养、号召学弟学妹在志愿服务中为青春添彩而发起的。

在校团委指导下，团队以特殊儿童教育学校、特殊儿童康复训练中心、郧西县观音镇彭家湾村为主要服务阵地，围绕困境儿童生活照料、支教助学、情感陪护、辅助康复、文体活动、爱心捐赠等方面开展志愿服务。

让阳光洒满爱的大地

2023 年 6 月 25 日至 6 月 28 日，关爱困境儿童志愿服务队的志愿者们前往武汉市硚口区同馨中医康复门诊部开展关爱困境儿童志愿服务活动。

在康复医师的分配下，队员们在行动恢复室帮助脑瘫患儿通过蹦床、套圈、运球等活动锻炼和恢复身体机能；在语言训练室通过声韵母朗读、看图识字、绘画折纸等活动帮助自闭症患儿恢复语言和与人沟通的能力；在康复室给症状较轻的患儿上课，帮助老师维持上课纪律，阻止他们做出伤害自己或其他儿童的行为。这些活动看似简单，却对困境儿童的身心健康有着重要的影响。

在开展活动之前，志愿者们通过网上学习，明白了对待困境儿童要耐心和细心。"通过今天的实践也体会到，这些特殊的孩子在心里接纳一个人要比平常人久，我们志愿者在尝试与小孩子沟通时会遭到无视，但我们不会放弃，而是一直在'自言自语'地鼓励他们做得好的地方，劝导他们上课认真听讲不调皮，下课不乱跑、不乱爬。用陪伴来融入他们，帮助他们。"一位志愿者说。

同在一片蓝天下，手心相牵共成长。从 2015 年 1 月志愿服务项目开始至今，已持续服务 8 年，累计 3780 余名志愿者参与其中，服务对象达 610 余人次，开展 130 余次志愿服务活动，总计贡献服务时长

14.7 万小时。2017 年入选省级"阳光助残 1+1+1"项目，与汉阳清露社工服务中心、武汉同馨脑瘫中医康复中心和武汉三医院烧伤科儿童病房爱心学校结对开展服务活动。

针对不同类别的困境儿童，团队设置"护翼起航志愿服务小分队""烛火志愿服务小分队"以及"关爱郧西留守儿童小分队"，分别针对残障儿童、烧伤儿童和留守儿童开展志愿服务活动，其中关爱残障儿童活动平均每周开展 1—2 次，在定点服务基地开展；关爱留守儿童活动平均每年开展 2 次集中活动，寒暑假各 1 次，赴十堰市郧西县农村开展（非假期期间，利用新媒体进行志愿者和留守儿童的结对沟通）。

2022 年夏，志愿服务队的 25 名大学生志愿者又一次赴十堰市郧西县关防乡中心小学开展为期 15 天的"关爱留守儿童，助力乡村振兴"暑期社会实践活动。

志愿服务队的队员们为小朋友们准备了"高铁科普课堂""传统文

◆ 刘洋爱心社志愿者为小朋友们科普高铁知识

化课堂""素质拓展课堂""趣味英语课堂""手工美育课堂"等多个教学课堂，给乡村小学的孩子们带去了精彩又难忘的七彩假期。

"老师，我将来要成为一名优秀的铁路人，驾驶高铁跑遍祖国大江南北！"高铁科普课堂上，一名孩子兴奋地说出梦想。

高速铁路是武汉铁路职业技术学院的特色专业，队员们发挥专业特长，让高铁科普教育走进课堂，他们从时代的变迁切入，为小朋友们介绍了铁路机车和铁路的组成构件及作用，带领小朋友们了解我国高铁动车的发展史、运作模式等。

队员们的分享引起了小朋友们的浓厚兴趣，从过去的蒸汽火车头到现在电力驱动的动车组，他们认识到国家高铁为生活带来的便利性以及铁路建设的重要性。许多小朋友为国家拥有先进水平的高铁而感到自豪。

"天对地，雨对风，大路对长空，山花对海树，赤日对苍穹……"传统文化教育课上，小朋友们在对韵歌的朗诵中感受着古汉语的音律节奏美，在诗词学习中感知其中的魅力与深含的精神底蕴。那"接天莲叶无穷碧"的夏日莲花、"千里冰封，万里雪飘"的冬日雪景，一幅幅美丽缤纷的自然画卷，在脑海中舒展，让小朋友们沉浸其中。

邹钰彤小朋友兴奋地说："我最喜欢对韵歌，非常有趣，回家我要带着弟弟一起读。"

"带领小朋友们一起学习优秀传统文化是一次全新的体验，我真切感受到了小朋友们对优秀传统文化的认同和喜爱。"队员张婷说道。

"抗击疫情的时候，解放军叔叔们来到了家乡帮助我们，他们的体格那么强壮，这是如何训练和爆发出来的呢？"素质体能教育课上，队员们的提问让小朋友反响热烈，尤其是男孩子有浓厚的兴趣和满满的热情。

"你们以后想不想成为一位优秀的解放军战士？"

"想！"孩子们异口同声。

于是，队员们带着小朋友在操场上一招一式整齐划一地演练，每个动作都矫健有力。何岩松小朋友说："我一定好好学习军体拳，将来成为解放军！"

操场另一侧，女孩子们则跟随着欢快的音乐起舞，舞蹈的步伐轻灵畅快无不彰显着活力。她们尽管是初学，却依旧热情满满，舞蹈动作整齐划一。王锐蕊小朋友意犹未尽地说："这些舞蹈又有趣又简单，我还想学其他的舞蹈。"

"少年智，则国智；少年富，则国富；少年强，则国强……"美德素质教育上，队员们特意播放《少年中国说》改编的歌曲，由几个声音洪亮、唱歌好听的小朋友出来领唱，其他小朋友也不甘示弱，纷纷放开嗓音，将课堂气氛推向高潮。

《少年中国说》改编成歌曲，既活跃了课堂气氛，也在教育孩子们以美育德，从歌声中领悟美德真谛，激发他们思考，激励少年努力上进。"一位队员说。

余沫沫小朋友说："真的好有趣，我一定会把它们讲给我的朋友们听。"

"晨兴理荒秽，带月荷锄归。"劳动素质教育课上，队员与孩子们在快乐中一起劳动，在陪伴中教导美德。他们贴心地准备了砂纸、橡皮泥、细绳和其他的手工材料，与孩子们一起制作，有的用砂纸画小鸭子，有的用砂纸画小飞机，还有的孩子用橡皮泥捏各种小玩意儿，欢声笑语中好不热闹。

"看我画的小动物多好看呀！"邹钰彤小朋友举起自己画的小动物，开心地说。成品做好后，孩子们相互比较，纷纷露出了满足的笑容。

"他们明白了什么是劳动，该如何去劳动。"张婷说。

在为期15天的沙沟村之行中，尽管生活条件较为艰苦，但所有队员们满怀激情，尽最大努力完成了预期教学任务。

他们，以大学生志愿者的身份为乡村孩子带去期待和向往，同时也在这场特别的经历里收获了珍贵友谊。

沙沟村有不少智力残障或身体残疾的独居老人，队员们帮助老人刷洗积灰的厨具，打扫房屋，晾晒被褥，给院子里种的菜和绿植浇水。"感谢你们这些从城里来的大学生们啊，谢谢你们做了这么多啊！"一位老人眼泛泪花感动不已。

锻造"铁"的志愿者队伍

在服务队，志愿者因事而聚、事毕而散，采用项目化的组合方式，定期面向学校全体同学进行招募。

在志愿者遴选、培训和考核上，会根据项目活动的具体要求和安排，前期积极宣传动员，在学生自愿报名的基础上，根据学生日常表现、综合素质、参加志愿服务和社会实践情况等方面，组织开展笔试、面试等考查，遴选优秀志愿者参加项目活动。

每次活动开始前，会邀请残障儿童治疗专业人士、心理咨询师、优秀志愿者，进校开展志愿者专门培训，从活动内容、服务标准、纪律要求等方面进行宣讲和培训，提高志愿者服务能力和水平。

活动结束后，则以专项活动为节点进行志愿者考核和点评，评选优秀志愿者和骨干力量，传承优良传统和好的做法，不断优化志愿者队伍。

工作中，针对服务对象特殊需求，开展精准式志愿服务。据介绍，现有的三个志愿服务小分队会针对不同类别的困境儿童，开展不同的志愿服务活动。

对于残障儿童，志愿者通过开展知识小课堂、载歌载舞一起来、辅助训练等一系列项目，为自闭症儿童、脑瘫儿童和烧伤儿童提供帮助，通过进行简单的肌肉抗萎缩训练等，锻炼患儿肢体动作，同时在精神上支持他们，带给他们快乐和光明。

对于留守儿童，志愿者通过与小朋友们谈心、玩游戏，赠送精美小礼物，一起做饭、共进午餐、共同劳动，实现儿童们的"微心愿"，给他们带去温暖与关爱，在"同相处"中温暖心灵；通过一起表演节目，引导留守儿童用艺术的方式展现风采、增强自信、表达内心，在"同表演"中增强自信；举办"奋斗的青春最美丽""我美丽的家乡"等系列主题分享活动，在"同分享"中激发梦想。

加强各方联动，打造"互补式"活动机制。在实践中，团队充分利用湖北省"阳光助残1+1+1"项目平台，加强学校、社区和残障儿童学校（机构）之间联系，积极探索"学校 + 地方"共青团组织联动关爱的模式，校地共青团组织共同规划、共同组织、共同参与系列关爱困境儿童的活动，建立了各方组织协助开展志愿服务活动的机制。

"青年志愿者和困境儿童共同成长，在具体活动中深入社会、了解困境儿童、服务社会、坚定理想信念，在关爱和帮助他人的过程中将小我融入大我，在实践活动中受教育、长才干、做贡献。我们将志愿服务活动纳入人才培养方案和素质教育学分体系，已成为学校加强和改进学生思想政治教育、提升学生综合素质、服务学生成长成才的有效载体和途径。"校团委负责人介绍。

多年来，关爱困境儿童志愿服务项目受到社会各界的高度肯定与评价。服务队获得2016年度湖北省"本禹志愿服务队"；2017年入选省级"阳光助残1+1+1"项目；2019年获得暑期"三下乡"全国优秀团队；2020年获湖北省青年志愿服务项目大赛银奖、第五届中国青年志愿服务项目大赛铜奖等荣誉。

（图片由武汉铁路职业技术学院刘洋爱心社提供）

白衣执甲、淬炼成钢

——记荆州市第一人民医院"仁爱"志愿者服务队

"90后"冲锋战"疫"线

青春是什么？

荆州市第一人民医院重症医学科护士付鑫的回答是"担当、奉献、不计付出与回报"。

他在抗疫最前线贡献了青春力量，也为青春岁月留下了最难忘的注脚，被授予"全国优秀共青团员"。

2020年新冠肺炎疫情期间，原计划回十堰老家过年的付鑫第一时间写下请战书，报名参与抗疫一线工作。

当疫情防控阻击战正式打响，付鑫立刻赶回医院重症隔离病区。从2020年1月24日起，连续20多天奋战在抗疫第一线。重症隔离病区实行"3人一班次，6小时一轮换"的梯队排班，付鑫作为团队中年龄最小的成员，同时也是仅有的几名男护士中的一员，他主动承担了更多的责任，替其他同事值班，主动值最苦最累的夜班等，充分发扬"90后"医务人员吃苦耐劳，不畏艰难，以维护人民群众健康为己任的崇高精神。

在医院重症隔离病区连续工作26天后，按照规定，付鑫撤离病区隔离休整，由于当时武汉的疫情依然严峻，他第一批报名，于2020年2月21日进入武汉金银潭医院重症隔离病区继续开展工作。

在金银潭医院，气管插管、气管切开的病人比比皆是，每一个开

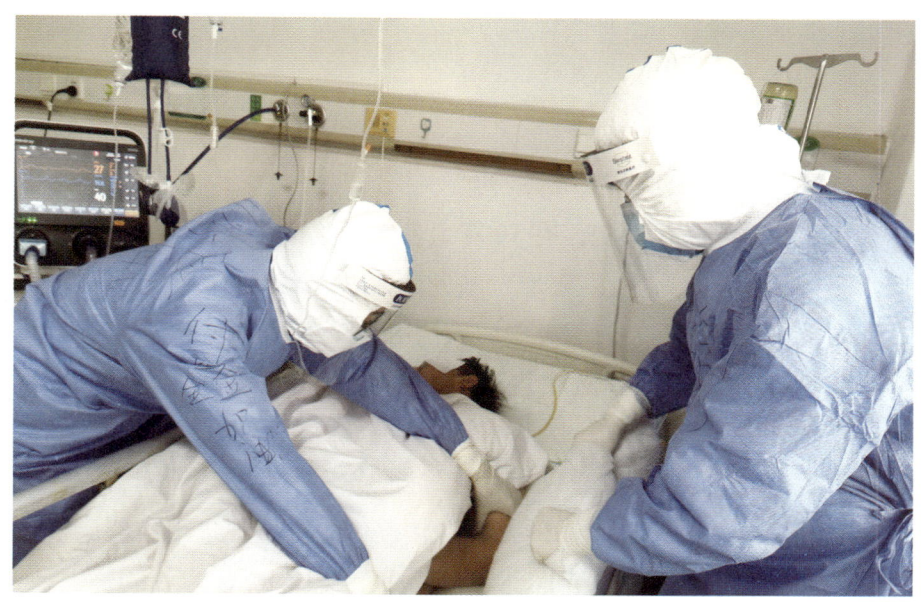

◆ 2020 年 3 月，付鑫在武汉市金银潭医院为新冠患者做翻身护理

放气道的病人的一次呛咳都会带出无数的病毒。面对陌生的环境和严峻的疫情形势，付鑫与科室战友一起，努力开展救治工作，把患者从死神手里抢回来。

2020 年 3 月，武汉疫情缓解，付鑫顺利完成支援任务返回荆州，又参与到医院疫情防控工作之中，每逢需要志愿者及核酸采集人员，他都义不容辞投入工作中。

近年来，付鑫在工作之余发挥专业特长，积极参与各项志愿服务。他定期去敬老院为孤寡老人提供健康护理服务，帮老人打扫卫生，修剪指甲；利用业余时间参加义务植树、暖冬行动、交通劝导、健康义诊、创文创卫、慰问留守儿童等志愿服务，努力提升自己，不断充实自己，严格要求自己，更好地为社会服务。

近几年，付鑫累计志愿服务时长超 200 小时。2021 年，他所在的重症医学科获得荆州市"青年文明号"荣誉称号。2023 年，付鑫获"荆州市十大杰出青年"荣誉称号。

传承志愿精神　服务青年成长

党有号召、团有行动；医者初心，扶危渡厄。

在荆州第一人民医院，有1900余名像付鑫这样的青年志愿者，他们于2013年成立"仁爱"志愿者服务队，以大无畏的牺牲精神和舍我其谁的担当精神，在志愿服务中白衣执甲、淬炼成钢。

10年来，志愿服务队平均每年开展各类志愿服务活动70余次，至今累计志愿服务时长超20万小时。他们始终秉承全心全意为人民服务的宗旨，立足卫生行业，以医疗保健服务为重点，不断完善志愿服务理念和模式，为急需帮助的困难群体提供服务，促进卫生健康事业发展。

2020年疫情发生之初，医院团委发出青年突击队征集令，青年医

◆ 2023年10月，医院志愿服务队在沙市区解放路街道太岳路社区，开展安宁缓和医疗志愿服务主题活动

护们主动请缨，奔赴隔离重症、发热门诊、儿科隔离病房、核酸检测、放射检验等各个工作战线上，为全力阻击疫情贡献青年力量。

常态化防控不松劲，志愿服务队始终以"守好一域人"的初心和"护住一座城"的坚定信念，在预检分诊、发热门诊，把好关口，盯住哨卡。疫苗接种、全员核酸，他们按照统一部署，打好组合拳，织牢全民防疫网，为百姓筑起了一道坚不可摧的健康防线。

一代人有一代人的使命，一代人有一代人的担当。志愿服务队以进一步改善医疗服务行动为主线，以乡村振兴、联点共建、党员下沉社区、暖冬行动、健康义诊、健康宣教等活动为载体，义无反顾地扛起了医院志愿服务的大旗。他们定期发布和开展志愿医务社工和志愿服务活动，不断丰富志愿服务活动类型；形成"心理咨询""溺水急救""心肺复苏""安宁疗护"等一批医务社工和志愿服务品牌。志愿服务成为青春远航的动力，化作青春搏击的能量，结出累累硕果。

志愿服务工作情况

（一）搭建志愿服务平台

建立了完备的志愿者信息库，完成志愿者的网上注册，制定《荆州市第一人民医院志愿者管理办法》，建立了志愿者招募制度、志愿者培训制度，使志愿者队伍建设有章可循。

建立荆州第一人民医院"仁爱"青年志愿者服务队，常年开展"志愿者在一医"和"志愿者在社会"两项活动。

建立荆州第一人民医院"仁爱"党员志愿者服务队，重点开展党员进社区、乡村振兴及"323"攻坚行动等活动。

建设学雷锋志愿服务站，下设 12 个志愿服务队，以门诊服务岗为平台，开展改善医疗服务行动、健康宣教、健康义诊等活动。

（二）深入推进志愿工作

积极围绕创建全国文明城市重点工作及节庆活动开展志愿服务，

组织团员青年参与"暖冬行动""文明劝导""无偿献血""义务植树"等志愿服务活动,同时以医疗纪念日为契机,为广大城乡居民提供健康教育、咨询、诊疗等志愿服务。

以公益活动为主题,积极参与医疗保障与救援、关爱留守儿童,送温暖、送关爱、送服务"三送"服务及学雷锋志愿服务活动等。

以进一步改善医疗服务行动为主题,结合乡村振兴工作开展社会公益活动。针对群众开通健康扶贫绿色通道,定期开展送医送药、健康义诊等志愿服务活动。

(三)主动履行社会责任

在疫情防控中,医院志愿者服务队在院党委领导下,以高度的责任心和使命感,积极开展疫情防控志愿服务。

发挥专业特长,积极参与发热门诊和隔离病房志愿工作,协助一线医护人员转运病人、运送标本,指导病人挂号、检查,为就诊患者提供健康宣教和心理辅导。

全力保障一线医护人员的需求。医院志愿服务队承担了院内物资运输、餐饮配送、隔离休息区生活服务等后勤服务工作,保证他们全身心投入抗疫工作。

在团市委和红十字会等相关部门协调下,积极参与各类抗疫物资的运输、调配工作,有力支援医院抗击疫情的工作。

(四)强化思想引领效果

定期开展青年思想动态调研,制定《青年思想动态调查问卷》了解青年思想动态,不断引导青年人形成积极向上的精神风貌。开设"青年讲堂",挖掘青年人才潜力,充分发挥青年人才的作用。

不断强化"仁爱"意识,培养志愿精神。以倡导志愿精神为要义,通过开展各类志愿服务,彰显医院的社会担当和责任感,提高医院全体职工的思想境界与道德水平,营造出创先争优、无私奉献的良好氛围。

通过志愿服务活动，不断提升医院品牌和社会美誉度。创新志愿服务模式，延伸志愿服务内涵，根据医院自身特色和优势，塑造具有亮点的志愿服务品牌，并积极参与省市各级志愿服务竞赛，提升品牌效应，弘扬志愿精神。

（五）争先创优打造品牌

近年来，"仁爱"志愿者服务队及队员相继荣获2017年度荆州市最美志愿服务组织，2018—2019年度荆州市学雷锋志愿服务最佳志愿服务组织、最美志愿者，2020年湖北省青年志愿服务项目大赛铜奖以及2020年首届湖北省医务社工与志愿服务案例大赛二等奖。

（图片由荆州市第一人民医院"仁爱"志愿者服务队提供）

让爱凝聚成一座山峰

——记三峡大学基础医学院博医青年志愿者服务队

三峡大学基础医学院博医青年志愿者服务队是一支富有激情、热情和活力的队伍，现有成员 42 名，每学年平均开展志愿服务活动 200 余次，活动人数近 2000 人，活动时长超过 6058 小时。

自 2008 年成立以来，先后获评三峡大学暑期社会实践优秀团队、湖北省爱心团体、湖北省"本禹志愿服务队"、医学院十佳杰出青年（团队）、连续十三年获评三峡大学"五四表彰"优秀志愿服务队，累计获得奖励 30 余项。

发挥专业优势，助力乡村振兴

"希望我们制作的墙绘可以一直留在那里，也希望我们的笑声能一直萦绕在山林间。"2023 年，刚刚过去的这个暑假，对李腾来说太难忘。

盛夏七月，李腾以三峡大学博医青年志愿者服务队带队人的身份，同湖北工业大学初芒志愿服务队一起走进美丽的宜昌点军区上峰尖村等地，开展为期 9 天的社会实践。

"身为医学生，墙绘的尝试是一次全新的体验，我们决定结合各自专业特色，共同完成环境改造墙绘活动。"李腾回忆道。

两个志愿服务队确定好思路后，便一同前往实地考察，测量每一面墙的长度、高度以及商量墙面是否可以涂色等问题。最后，由湖北工业大学志愿者设计好墙绘模板，博医青年志愿服务队提供有关医学知识科普文案。

◆ 三峡大学基础医学院博医青年志愿者服务队完成医学墙绘

　　从第一幅墙绘开始，李腾和队员们便充满了新奇感受：颜料的配比，脚手架的搭建，草图的描绘，直到站在有一层楼高的脚手架上动笔刷，到最终完成墙绘，李腾感到经历了一次"人生壮举"。

　　"这次社会实践，不仅是我们来帮助建设新农村，我们自己也在这样的实践中不断成长。"李腾说。

　　在墙绘过程中，服务队与村委会、村民一同商议所绘内容，找准群众真实需求，积极搭建群众议事平台，参与共同协商，以村民选择的房前屋后环境改善、基础设施配套等实事项目为载体，调动各方力量共同参与新农村建设，增强群众参与感。

　　除了墙绘，推动乡村环境卫生建设也是服务队一项重要工作内容。他们走访了近 80 户人家，上门发放宣传册，讲解日常生活中良好的饮食习惯以及如何预防一些基础的老年疾病，受到村民们的热情欢迎。队员们一方面感受到了淳朴的民风，另一方面也了解到新时代村民们对于自身的健康问题越来越关注。

"这将是一次美好的回忆。"回校后，李腾突然发现，以往有些浮躁的心变得平和起来。"很感谢这段美好的日子，身边的一群人为共同的目标而努力，有一种强烈的归属感。"

"我不是一个很优秀的人，但我心愿意向善。再相见时，希望我们都还记得那段时光，都仍是少年的模样。"李腾说。

阳光驿站，幸福相伴

"青春的列车，一直向前驶去，我们无法选择停留，但我们可以播下希望的种子，让它在所经之处茁壮成长，成为一把大伞，为需要的人遮风挡雨。"对邓艾妮而言，志愿服务即使是一点小小的爱心行为，只要帮助到别人，就能把快乐留给自己。

陪伴特殊儿童，与他们交流，引导他们学习知识，是邓艾妮到阳光驿站经常做的事。"我们一起做游戏，欢快地聊天，我感觉她们也需要陪伴和倾听，当她们脸上露出开心的笑容时，跟正常人没有什么区别，这种温暖超级治愈。这也是我做志愿者的意义所在。"邓艾妮说。

刘嘉雪也有同样的感受。所有的志愿服务中，令她感触最深的就是"阳光驿站，志愿相伴"活动。第一次去，是重阳节教孩子们写字画画，其中有一个孩子，长得很高，刘嘉雪教他写诗，陪他画白云、小花、房子、太阳、池塘等，当这些生活小景一笔一画画出来，他很兴奋。那天上午，刘嘉雪还教他用太空泥捏了小人、花朵和乌龟。"看着他做出来的那一刻，真的很有成就感。"刘嘉雪说。

过了一段时间，刘嘉雪带队又来这里，她一眼就看到那个一米九的男孩子。

"我记得你，教我画画捏小人的老师。"男孩很认真地说。

"我当时就是心突然地一跳。真的是很高兴很高兴，感动得不行了。"刘嘉雪有点哽咽。"因为经过这么长时间，这么多次活动，我真

◆ 三峡大学基础医学院博医青年志愿者服务队在阳光驿站与特殊儿童合影

的没想到，这个男孩能记住我。那种油然而生的成就感，太幸福了！原来真的会有人记得你，记得你做过的事情。"

"在阳光驿站里，我给残障儿童讲雷锋精神，举行歌唱表演，鼓励他们积极参与活动。结束后，原本不爱说话的那些孩子对我们竖起大拇指，说谢谢你们。这句话就是对志愿者工作最好的肯定，让我感到了温暖。"志愿者郑洲渝说。"阳光驿站，志愿相伴。"也是尹艺蓁参与的第一个志愿服务活动。在"阳光驿站"这个小屋里，她认识了一群"来自星星的孩子"，他们单纯且天真，对世界充满着渴望与期待。"倾听着他们的故事，我可以用另一种角度看到不一样的世界，看到更加绚烂的风景。"尹艺蓁感慨道。

无数志愿者凝聚成一座山峰

这些年，志愿服务队坚持到宜昌东站维持车站秩序，让旅客平安出行；开展"暖秋行，爱传递"活动，为流浪的小动物寻找温暖的家；

在宜昌第二人民医院开展"医路情深，志愿同行"活动，导医导诊、健康科普等志愿服务情暖患者；"阳光驿站，志愿相伴"活动中，大家细心的关照、体贴的陪伴让折翼的小天使们露出开心的笑容。

今年 3 月中旬，团队正式成为宜昌三峡中心人民医院定点服务队，以"医学见习＋志愿服务"的形式将医学生专业知识与医院志愿服务项目相结合，擦拭学医"初心"、激扬学医"信心"、树立学医"决心"，以"青春志愿行"服务社会大众。

生态文明建设关乎中华民族永续发展，服务队"像保护眼睛一样保护生态环境"，定期开展"创城清理，文明行动"志愿服务活动，开展保护长江净滩活动，以实际行动带动青少年广泛参与到大江大河保护治理等生态文明建设中；开展"志愿永流传，植树正当时"育林植树活动，推动在全社会特别是在青少年心中播撒生态文明的种子。

"往后的日子，我希望可以继续为志愿服务奉献更多力量。"志愿者们纷纷表示。

种下绿色希望，博医青年志愿者服务队一直在路上。

（图片由三峡大学基础医学院博医青年志愿者服务队提供）

星火：用微光点亮微光

小小"石榴籽"们的志愿故事

——记中南民族大学石榴籽志愿服务队

"无论是在高原边疆，抑或是繁华都市，我们将始终怀着最初的热忱与动力，在实现中华民族伟大复兴的新征程上汇聚各族青年力量，坚定立志报国的青年使命，用民族团结的力量去带动民族地区共同发展。"

2021 年"西部计划"出征仪式现场，这段发言引起了众多志愿者的共鸣。发言者是中南民族大学石榴籽志愿服务队队长韩建桥，发言结束后，他随即踏上了前往西部的征途。

中南民族大学石榴籽志愿服务队成立于 2001 年 9 月，是由共青团中南民族大学委员会发起、56 个民族青年教师与学生自愿结成的校园志愿服务组织。服务队现有注册志愿者近 4 万名，下辖 21 家院系志愿服务队，以及包括中国青年志愿者研究生支教团、"大学生志愿服务西部计划"服务团、民族学博物馆讲解志愿服务队、"爱孩子的书"绘本工作室、"洪星连"社区志愿服务队、"伴飞"志愿服务队、为老志愿服务队等在内的 20 支直属志愿服务队，指导曙光支教团等 10 家志愿服务类社团，形成了院系志愿服务队、志愿服务类社团、直属志愿服务队三类团体一家亲、共筑梦的生动局面。

这些数据和团队的背后，是一颗颗小小的"石榴籽"，是一个个可爱的志愿者。他们，有的奔向雪山大漠，在艰苦的西部地区传授知识，只为了让那些渴望求学的孩子走出大山；有的投身疫情防控，在战疫一线倾情奉献，成为无数人心中的"逆行者"；有的服务国际赛事，在平凡的岗位上默默坚守，为一场场比赛的顺利进行保驾护航……

他们是一个个平凡的志愿者，他们的故事，总能带给我们温暖与力量。

"这是我第一次切身感受到祖国需要我们"

2016 年本科毕业时，"用一年不长的时间，做一件终生难忘的事"这句话，深深打动了马万玲。经过层层选拔，她成为研究生支教团的一员。"民大的学生要传递'石榴籽'精神，要把最青春的我们，献给最可爱的孩子们。"马万玲说。

"刚刚来到武汉念书时，妈妈总会打电话来叮嘱各种事务，把我当作一个长不大的小孩。但当我说我要去西藏支教时，她只说了三个字：'好好干'。我知道她肯定了我的选择。"

西藏支教的旅途中，马万玲被任命为队长。进藏的队伍是三女一男，一共 4 人。离开熟知的环境，来到神秘而遥远的西部，多少有些紧张。

一日三餐成了支教团进藏的第一个小磨炼。"我之前做饭很难吃。第一次炒饭的时候，把米饭都炒煳了，但大家都没有任何怨言。后面的每一顿饭，我都会努力提高一些，他们便会夸我说队长今天的厨艺很不错。"4 名队员一起下乡家访、一起生活，互帮互助，如家人般珍重。

"在藏最难的一件事，是我们的队员'二哥'生病了。他躺在病床上，将签字的权力交给我，当时我真的承受不来，害怕极了。"这是马万玲成长历程上重要的一课，往后，她明白了"队长"更深层的含义。高原之上的队长与队员们，是附带着"家属"意义的。

赴藏一年，马万玲和队友们开展百余次志愿服务活动，利用众筹等方式为藏区孩子筹得 15 万余元物资，极大改善了支教学校的饮水条件，还协助将高原书屋搭建在中国和尼泊尔的国界线上。

帮助建设高原书屋的过程也历经坎坷。"没有到达西藏之前，大家

◆ 2016 年 12 月，西藏山南市乃东区中学，马万玲与同学们在一起

会认为母亲河的发源地是涓涓细水。但实际上，由于海拔过高，水流湍急得像从山上砸下的岩石一般。"马万玲提到。边境线的河边时常发生意外，总会有贪玩的孩子掉进河里被水冲走。

捐赠书籍那天遭遇了大雨，他们的车辆只好停在了悬崖边上。倾盆大雨中，泥水不断地从山上冲刷下来，车轮都在打滑。正巧这时遇到另一辆车相错行驶，两辆车横亘在道路两旁，谁也不敢肆意进退。悬崖之上的每一步，都紧绷着心弦。"我当时坐在车上，满手都是汗，眼睛根本不敢看外面。只想着要不要写点东西，万一出意外，家人还能看得到'遗书'。"

坚强的她挺过了这次浩劫，也没有留下"遗书"。马万玲说道："这是我最远的旅行，也是我第一次切身感受到祖国需要我们。"

其实，身为一名学生，她能够贡献的很有限，她能做的仅仅是参与支教，为西部的教育事业出微薄的一份力，但她已经心满意足了。为了边境孩子们的教育问题，她贡献了足够的光与热，唯一希望的，便是她的学生们能够体会到这份心意，努力学习，走出闭塞的山区。

"曾经种下的种子，终于等到开花结果"

2017 年，杨花通过招募成为"笔友计划"项目的一名志愿者。

"笔友计划"项目是为西藏山南、贵州铜仁、新疆塔城、云南大理等偏远地区中小学生搭建的书信交流平台。

在两年的时间里，杨花与对接学生往来通信 14 封。成长过程中的烦恼、学习过程中的困惑，孩子们都会在信里向她一一诉说。学生们的汉语水平不高，书信文字显得零碎，但杨花总会耐心地对他们提出的疑问进行梳理，区分出重难点并结合自己的成长经历给孩子们解答。

桑吉梅朵是杨花对接的服务对象。桑吉梅朵对山外的世界满怀憧憬和好奇。在信中她一次又一次地询问武汉的模样、民大的模样。杨花总是非常耐心而细致地回复她，用文字为她描绘了山外异彩纷呈的世界。

对于杨花每一次的热心回信，桑吉梅朵看在眼里，放在心里。为了表达感谢，她攒了一周的零花钱，买了一个小皮筋连同书信一起寄给了杨花。

收到回信的杨花看到夹在信件中的小皮筋十分感动。

桑吉梅朵用简单而稚嫩的语句描述她眼中的西藏以及美食、风景，她多想把整个西藏装进信里送给远方的姐姐。

殊不知，桑吉梅朵描述出的西藏给杨花埋下了去西藏支教的种子。

2021 年，作为研究生支教团的一员，杨花奔赴西藏进行了为期一年的支教。

回忆起参加"笔友计划"项目的感受，她说道："这个项目作为一种双向的互动，一方面是我们陪伴引导着孩子们，另一方面，在这个过程中我们也在不断重新认识自我。通过书信交流，我'见证'了孩子们逐渐转变学习态度，变得开朗活泼，我感受到了志愿服务的力量，这让我更加坚定地选择支教服务。曾经种下的种子，终于等到开花结果。"

"志愿经历让我选择继续在基层贡献青春力量"

高中毕业后，谭宇航便思考如何"力所能及地为社会做一点自己的贡献"，于是刚进入大学，他便毫不犹豫地加入了计算机科学学院青年志愿者协会（以下简称计科青协）中的信息社区项目组。

信息社区项目组主要是为老年人提供志愿服务，谈起加入该项目组的初衷，他说道："老人的生活可能会面临各种各样的不便，我很希望去帮助他们。"在民大社区，他陪伴那些子女不在身边的老人开展"趣味大闯关""与军运同行"等活动。在陪伴老人的过程中，他也坚定了要在计科青协继续参与志愿服务活动的决心。

于是，大二时他担任计科青协主席，其间带领各部门开展校内外各类志愿服务活动近百次，招募志愿者近千人，直接受益人数4400余人次。

"谭宇航工作认真负责，组织策划的能力很强，总是能及时解决各种问题。"曾与谭宇航在计科青协共事的2019级学生刘柏辰赞叹道。

进入大三后，谭宇航竞选校团委志愿者工作部副部长，同时担任校青年志愿者协会主席。在任期间，他积极组织开展学校70周年校庆志愿服务、迎接新生志愿服务等大型志愿服务活动，并组织校内志愿服务项目，还在中国青年志愿服务项目大赛中并获得全国铜奖的好成绩。

校团委的李然老师十分欣赏谭宇航。"校庆即将举行时，志工部临时接到很多工作，加上到场嘉宾和志愿者调配一直在变动，工作量很大、时间很紧，但他都把事情安排得很妥当。筹办校庆期间，他晚上总是最后一个离开的。"

新冠肺炎疫情暴发时，他义无反顾地投入疫情防控工作中，作为社区志愿者参与驻守疫情检查点、疫情防控政策宣传、外来重点人员排查……他每天早上8点开始驻守在社区疫情防控检查点，对外来人

◆ 2022 年 2 月，重庆市石柱县沿溪镇滨江社区，谭宇航帮助农户抢收榨菜

员进行登记和排查，晚上很晚才离开。他还曾跟随社区工作人员挨家挨户地敲门排查，了解住户中是否有疫情防控重点人员，"半天下来手被敲得生疼"。

抗疫期间，同行的基层工作者马队长与社区居民之间的相处让他印象深刻，"我们进行疫情防控重点人员的排查时，每家商户都会非常热情地和他打招呼。整个社区很大，但每家商户都认识他，这让我更加直观地了解到基层工作的意义所在。"

"基层工作人员的尽职尽责，大学四年丰富的志愿服务经历，让我更加坚定地选择考取家乡的选调生，继续在基层贡献青春力量。"

经过不断的努力，他最终如愿考上重庆市的选调生。

"拿到纪念章的那一刻，一切都值得"

"头顶星月出发，迎接朝阳升起，石榴籽们见到了凌晨三点的武汉，见到了民大夜里'湖光秋月两相合'，见到了五星红旗在万众瞩目下冉冉升起……"石榴籽志愿服务队队长韩建桥这样总结这段志愿服务经历。军运会的10天里，每一个披星戴月的"小水杉"，每一个不断奔波在路上的日日夜夜，每一瞬定格的美好，都值得永远铭记和回忆。

2018年4月，第七届世界军人运动会开始招募志愿者以来，民大共有5000人报名。经选拔，2231名学生志愿者参与了田径、公路自行车、马拉松三个项目的志愿服务工作。

参与志愿服务活动看似是光鲜亮丽的，但背后也饱含着许多不为人知的辛苦。作为负责马拉松项目的带队人员，盛依婷不仅要负责后勤服务，对外还要负责与东湖竞委会对接，对内在团委老师和志愿者之间进行上传下达，负责校内1414位马拉松志愿者的管理和10月27日的马拉松正式赛事的组织和调控。繁重的工作让她很累，但也很充实。

盛依婷说，"军运会是武汉齐心协力一起做好的一件事情，我目睹了这个过程，也因此更爱武汉，更爱民大。加上疫情，我们都看到了这个地方的不容易，也更加心系武汉，挂念民大。相信未来这里会更好，武汉值得，民大值得。也希望每一位用心做志愿的人都能快乐志愿，不忘志愿。善良的人一定会被善良宠爱。"

田径项目人事与志愿者处的袁湘钰则表示："收到刻有自己名字的纪念章、纪念证书时，突然觉得自己与军运会的故事就不得不画上句号了。这些纪念品凝聚着所有志愿者的付出，也蕴含着所有光荣背后的艰辛。它对我而言，是一种鼓舞与肯定，也是一种提醒与勉励。'经历就是财富'，我会时刻铭记军运会带给我的财富，也会永远珍藏这份财富。"

"突破极限，就为了那一刻的完美呈现"

2019年10月18日晚，第七届世界军人运动会开幕式上，作为布基纳法索举牌手的她身着编钟样式的古铜色半身裙，头戴高冠，随着音乐的节奏迈着优雅大方的步伐款款而来，以从容的微笑展现着东方的风采。

这位举牌手，就是美术学院 2017 级鲁炫妙同学。

军运会开闭幕式需要 4000 余名赛会志愿者为各代表团举牌引导入场，或在场地四周配合演出。武汉军运会执委会志愿者部、大型活动部以及开闭幕式导演团队 3 月中旬以来先后赴武汉大学、华中师范大学、中南财经政法大学、中南民族大学等 12 所在汉高校进行专项选拔和招募。

第一个就是身高要求，女生要求 170+，举牌手训练强度非常大，从 6 月到 10 月，训练节奏步步加强，除了对姿态、形体的严格要求，大量的体能训练也是必备项目，并且在训练中，举牌手们也面临着随时可能被淘汰的风险，最终民大共有 22 名优秀女孩通过层层筛选入围举牌手。

一个偶然的机会，鲁炫妙得知了军运会组织方正在武汉市高校选拔举牌手。

"这一定是一件有意思的事情，我想去。"

抱着试一试的心态，她报名参加了选拔、面试，并最终得以获得参加培训的机会。

成为一名举牌手没有想象中的容易。

从 4 月的选拔开始，紧接着的是三个月夜以继日的训练。从最开始对走姿与微笑的练习，在伸手、出杆、摆头等动作的一次次的反复中练好基本功。

导演组请来三军仪仗队为她们安排了时长两周的军训，长达两小时的站军姿与走圈练习只为追求身姿更加挺拔硬朗，和动作更加干脆利落；后期为了能支撑起 10 多斤重的编钟裙和引导牌，每天有大量的体能训练，直到开幕式正式开始的这一天。

成为一名军运会举牌手，除了要有身高、形象、身体素质等各方面的要求外，体重也成为摆在举牌手面前必须攻克的一道难题。

"在军运会举牌手的队伍里，经常能看到一些身高一米七、体重只有五六十公斤的同学，这也给了我不小的压力。"

为了控制体重，鲁炫妙严格控制自己的饮食，加大了运动量。

"那种在每天训练结束后还要增加 3 到 8 公里跑走锻炼的日子，会让我一直记得。"鲁炫妙回忆。

终于，她在一个月内减重了 15 斤。

整个过程中，让人最紧张的是日常训练审核和进体育中心的彩排，因为鲁炫妙每天都担心自己会被淘汰。

在一次训练审核后，导演组通知她被淘汰。事后，她第一时间和导演组沟通，了解情况和原因。在学校老师的帮助和协调下，导演组又给予了一次审核的机会。经过不懈的努力，鲁炫妙经过了无数次的考核，最终站在了军运会开幕式的舞台上。"突破极限，就为了那一刻的完美呈现。"她说。

军运会结束后，鲁炫妙再次起航。毕业后，她参加了研究生支教团，服务于西藏山南市，继续怀着志愿精神去帮助西部边远地区的孩子们。

"这份帮扶，更像是有亲人在身边陪伴"

从高中时第一次接触到志愿服务，到加入校青协、负责起"伴飞计划"的具体运作，这期间的种种付出，对于乔平来说，是热爱相随的成长，是初心不改的坚持。"从一个青涩的学妹到'退休'老学姐，'伴飞'让我拥有更广阔的视野和细致的工作习惯，同时也让我收获了很多感动还有友情。"

"伴飞计划"是充分发挥民族高校资源优势，采用大学生志愿者"1+1"结对模式，联手武汉市 8 所民族中小学学生，开展学业帮扶、

◆ 2018 年 5 月，"石榴籽"志愿服务队开展"伴飞五周年"系列活动

亲情陪伴、感受城市、自护教育、心理辅导等形式多样的民族团结手拉手志愿服务活动。

"'伴飞'是有温度的，它不仅仅是'学业帮扶'，更是一种'亲情陪护'。"回想起自己第一次带队进行伴飞帮扶，那个与自己聊了很久的女孩子至今依旧让乔平印象深刻。

活动那天，这个女孩的对接志愿者没有来，她也拒绝其他志愿者来辅导自己。乔平说："在与她交谈后，我才了解到那天没能来帮扶的志愿者已经辅导她两年了。平时辅导功课之余，两个人就像亲姐妹一样会聊起很多生活上的事情，共同分享开心与困惑。同是从异乡来到武汉求学，这份帮扶，更像是有亲人在身边陪伴。正是这其中的真挚与温暖感染着无数人真心相伴，逐梦飞翔。"

"我们一起加油，等待武汉的春暖花开"

2020 年武汉刚出现新冠肺炎疫情时，何杉钟玥在前线工作的朋友就提醒她这次的情况可能不太乐观，希望她多加注意。除了注意日常防护之外，何杉钟玥也一直在留意相关的志愿服务活动。

她是在 1 月底的时候加入志愿队的。

"我一直很喜欢参加各种志愿服务活动，2019 年的军运会，我也参加了志愿服务活动。所以，当我的朋友在招募志愿者时，我毫不犹豫就参加了。"

在军运会中，何杉钟玥被评为"优秀志愿者"，她参与了多个项目的志愿服务活动：火炬传递、新闻宣传、田径项目。在新闻宣传部，她成为特殊摄影位置助理的小组长，同时也为来自世界各地的记者服务。

身在老家四川，何杉钟玥不能参与到武汉的一线志愿服务工作，她的任务是联系和沟通物流渠道，为捐赠物资能顺利到达武汉提供支持和保障。

"我们的工作是接力式的，每个人都贡献出一份力将物资一点一点运到武汉。有的队员负责寻找物资，有的负责物流渠道，有的则是负责后勤核实，有的队员是和各部门协调沟通。每一个部门，每一个环节都十分严格和谨慎。"

困难是有的，但是可以和大家一起解决。

"工作的时候，一天要接 100 多个电话，和不同的人接触沟通。如果有货物到达成都，我必须外出看货。"

何杉钟玥的家人最开始并不支持她的行为。

"因为我上个学期经常生病，所以他们希望我多在家休息和陪伴他们。现在情况那么危急，出去也很危险。为此，我跟他们起了几次争执，最后终于说服了他们。"

因为从武汉回来，何杉钟玥也是社区关注的"重点对象"，这它给她外出看货带来一些阻力。"我出门都会戴好口罩，因为只有保护好自己，才能保护别人。而且如果我实在不能出门，我可以联系其他的志愿者代替我完成任务。"

随着疫情的蔓延，武汉对各种物资尤其是医疗物资的需求日益增加，但何杉钟玥和队友们的志愿服务工作并不总是一帆风顺。

"我记得我参加志愿服务工作的第一天，有一批货从广州过来，我们已经联系好了每一个环节的人员。但是，在货物到达武汉前的 1 小时，武汉对接的人还没到，我和队友们火速联系其他的本地志愿者，这才保证货物按时准确地送达医院。"

工作中，总会出现各种各样的意外情况，何杉钟玥和队友们合力面对和解决出现的问题。他们要时刻跟进物资的去向，确保各种物资和资金的公开透明，让捐赠人放心，让医护人员及时得到应有的关爱和帮助。

何杉钟玥并不是不害怕疫情的威胁，参与到志愿服务工作中的她，会比很多人更直观地面对疫情的残酷。

"大家都是平凡岗位上的普通人，因为这次疫情聚在一起工作。疾病残忍，身边会有人离开，但是他们留下的美好回忆，都留在了这个冬天。"

因为在生病期间体会过孤立无援的感觉，何杉钟玥一直很感激身边老师们的关心和帮助，她也记得党课上老师说过的一句话，"组织上入党一生一次，思想上入党一生一世"。"能够尽自己微薄的力量为社会做一点贡献是我的荣幸，也是我作为党的接班人应该为大家尽的责任。"

志愿服务过程中，何杉钟玥经常鼓励大家："我们一起加油，等待武汉的春暖花开！"

（图片由中南民族大学石榴籽志愿服务队提供）

青年力传岐黄心

——记湖北中医药大学青年志愿者协会

　　湖北中医药大学青年志愿者协会（以下简称校青协）成立于2005年9月，成员遍及各学院、专业、年级、为全校性学生团体。

　　协会成立以来，立足中医药特色，积极服务社会开展了一系列的志愿服务活动：协助武汉市血液中心开展"校园献血志愿服务活动"、组建极具特色的"冬青服务队""胡杨服务队"等服务队，举办"环保涂鸦大赛""志愿者文化节""雷锋月"等。先后获得湖北省高校"优秀学生社团"、先进"爱心家教"集体、"荆楚爱心联盟优秀志愿服务组织"等荣誉。

◆ 校青协举办的"七彩假期"国医时珍少年班活动

校青协还积极开展了"医校阳光行""无烟有颜""黄昏园'梦'行"等项目。其中 2014 年 5 月，在湖北省首届大学生人道公益创意大赛活动中，"医校阳光行"项目被评为优秀项目。校青协还在各类大型赛事上展现了志愿者的良好形象：2015 年在武汉网球公开赛上提供志愿服务；多次参加武汉国际马拉松志愿服务，获得大赛组委会以及媒体大众的一致好评；2017 年 4 月，在第三届湖北省青年公益项目大赛暨湖北青年公益创业专项赛和关爱困境未成年人"希望伴飞计划"B 类扶持项目中获三等奖，晨曦闪光牵手孤儿项目获省赛铜奖。团队被授予湖北省"本禹志愿服务队"、洪山区"十佳高校志愿服务团队"等荣誉称号。校青协现有服务队五支，志愿者 200 余人，累计获得各类公益扶持资金 10 万元，组建的盲人大学生"张耀东"志愿服务小组，参与武汉军运会军运村志愿者之家中医药主题元素志愿服务，被中央电视台、湖北电视台、新华网等主流媒体争相报道。

爱心陪伴，只为孩子灿烂的笑脸

冬青服务队是校青协下属的一支立足于中医药特色文化，以儿童为服务对象所形成的爱心公益性服务队。多年来，专注于提高困难家庭孩子的学习兴趣和成绩，他们通常采取二对一的周末辅导形式，提高孩子的学习乐趣。同时，他们也多次走进课堂，也在对口学校定期开展丰富多彩的主题班会，将优秀的中医药文化带入校园，以志愿者身份与孩子们交流沟通，建立深厚的友谊，让他们能在快乐中学习，在幸福中成长。

2023 年 4 月 27 日，又是前往万福林小学上课的日子，刘灿激动中有些担心。激动的是马上就要和一群活泼可爱的小朋友们见面了；担心的是怕自己融不进孩子们当中。

但是，当真正走上讲台，刘灿发现之前所有的担心都是多余的。

"欢迎哥哥姐姐们！"

刘灿和同伴们做自我介绍的时候，教室掌声、欢呼声一浪高过一

◆ 时珍爱心社志愿者与孩子们一起做手工

浪。随着制作香囊工具的发放，小朋友们就像按开了思维的按钮："姐姐，这个香囊是做好的吗？""哥哥，这个艾草有什么作用啊？""姐姐，这个味道好香啊……"

面对各种各样的问题，志愿者耐心地一一解释。小朋友们兴致勃勃，一个个摩拳擦掌，跃跃欲试。

整堂课，志愿者与小朋友们打成一片，像是许久未见的朋友，有聊不完的故事说不完的话。

"我想把香囊送给妈妈，希望她每天都能开心。"

"我想要送给姐姐，希望她高考金榜题名。"

香囊制作好后，很多孩子表达了自己的心愿。刘灿感到内心一股暖流在涌动。这堂课不仅让小朋友们学习到了艾草和香囊的含义，让中医知识和优秀传统文化得到传播，孩子们亲手制作的每个香囊都包含他们最好的祝愿，无论送给家人朋友还是自己保留，这份祝愿都将留存在他们心里，也会留存在刘灿等志愿者的心中。

"我们做志愿者去奉献，同时也感受到了小朋友们给我们带来的巨大的幸福感与满足感。"这是与孩子们交往的这几年，志愿者胡韵锋最深的感受。

2023 年 3 月 23 日，胡韵锋等志愿者去万福林小学给孩子们教授八段锦。当他出现在教室的时候，后排一个男生突然站起来双手直挥，急切地喊："老师，老师！"胡韵锋愣愣地没反应过来，男孩又连忙说了一声"家教！"

胡韵锋仔细看，才发现原来这个小朋友是他一直负责线上家教的对象。当他们走近相互确认后，小朋友抱着胡韵锋眼泪哗哗直流。

那一刻，所有志愿者心里像被石头掉进水中砸出一圈圈涟漪。胡韵锋也没想到，仅仅教了一个月，这个孩子就会这么信任他。

"其实我们所做的都是微不足道的，但小朋友喜欢和我们相处，愿意跟我们分享日常，会让我们成就感满满，也许这就是每一个志愿者坚持投身志愿服务的最大动力。"胡韵锋说。

因为爱心，他们选择青协；因为责任，他们选择义务家教，只为更多孩子灿烂的笑脸。

敬老爱老，情暖那夕阳红

多年来，校青协胡杨服务队，发挥中医药专业特色优势，在敬老院开展基础医疗服务。他们利用周末上门为老人量血压，测血糖，讲解中医养生保健小知识，包括中医推拿、艾灸、刮痧等，帮助他们疏通筋络，调畅气机，缓解一些常见老年病造成的痛苦。

同时，队员们也陪老人们聊天解闷，帮着整理内务，给他们带去健康和快乐。

2023 年 5 月 13 日，江贞燕等志愿者们前往武汉江夏区社会福利院，他们这天的任务，是给福利院做墙绘。

养老院不大，一栋两层的楼房，三座连着的小平房，围着一个院子，院子里种满了格桑花，院墙上是还未经粉刷的砖块。

那天太阳很大，志愿者们站在阳光下格桑花丛旁，调制颜料、粉刷、绘画，把所能想到的美好的东西用笔描绘下来。刷腻子的时候，一位老爷爷从窗口探出头来："你们是来画画的呀？"志愿者们笑答是啊，爷爷听后笑了会儿，却又突然撇了撇嘴："我今天有一点点不开心。"

志愿者们一下子没反应过来，紧接着后面的门开了，一位中年男子走进来一边说着抱歉一边搀扶着老爷爷走进去。随后，他趴在窗沿上说："爷爷老年痴呆，子女很久没来过了。"

江贞燕和同伴们都沉默了。"那时候阵阵心酸在心底泛起，很难过。"事后，江贞燕每次回忆都感觉心被扯着疼。

那天，看着阳光下的格桑花，江贞燕想起这是藏族的吉祥花，花语是幸福、美好。于是，她提议大家一起将这美好的祝愿刻画在墙上，让格桑花在这里永远绽放。

一笔，一画，志愿者们尽己所能，把这片美丽留在墙上，有太阳、花朵、昆虫、动物、小王子，以及通向一大片格桑花的路。这些是志愿者们能想到的美好，希望住在这里的老人们，看见这面墙能开心地笑一笑，希望他们能一直幸福。

奉献在杏林医堂　收获于温情瞬间

2023 年 3 月 18 日，熊晶晶等志愿者首次到省中医院开展志愿服务活动，今后这里将成为经常性的服务点。

他们在医院老师的带领下，学习了相关知识，进行了详细培训，对医院的布局、基础的医院知识、同患者交流的方法以及工作态度等方面有了一定了解。

"你的手一指，就是责任。"带队的叶老师说。

"你好，请问皮肤科在几楼？"

"请问一下，做 CT 在哪里做啊？"

"哎，小同学，我做核酸要不要取号啊？"

"我取了号要不要签到叫号啊？"

"这个，我的检测报告怎么还没出来啊？"

……

第一次到省中医院做志愿者，熊晶晶他们遇到困境不少。一小时过去了，志愿服务效率不太高，他们只好求助导诊台的老师。

在导诊台，老师们很快解答了一些琐碎和经常被询问的问题，并告诉他们不要紧张，多经历几次就会熟练起来。志愿者们也迅速调整好心态，投入紧张的导医工作中。

那天，活动结束后，不少志愿者说，虽然很累，但也收获了感动。

何钰遇到了一对在疑难杂症病室外等候了很久的夫妻。阿姨一直很焦急地问她医院什么时候下班，他们能不能在下班前成功看诊。何钰赶紧向老师确定就诊信息，不停安慰他们不要着急，最终帮助他们顺利完成就诊。

"小同学，不要一直站着啊，坐着歇会儿。"

其间，阿姨这样简单的一句话，忽然让忙碌中的何钰有了幸福感。

"你好，可以帮我看看我的检查报告出来了吗？我的小孩睡着了。"

一位抱着孩子的母亲将条形码递给李亚，李亚应了一声，到机器前面扫码之后取出一份报告递给她："还有一份没有出来，您还要再等一会儿。"

她说谢谢。等待的时候跟李亚说起小孩，她问李亚："小朋友好不好看？"

"像他爸爸，长得帅。"这位母亲抱着怀里的孩子，脸上洋溢的是满满的幸福，李亚也跟着被这幸福所感染。

后来，李亚还遇到一位老爷爷推着轮椅上的奶奶过来。看到取胶片要等一个小时，爷爷就将奶奶送到一个人少的地方休息，自己过来排队。奶奶等了很久，就焦急地站起来推着轮椅来找爷爷。

她走得很慢，爷爷看到后很着急地小跑着过来，将奶奶扶上轮椅。看他们走远了，还能听到奶奶埋怨："要那片子干什么，回家自己也没法看，你不早点回去吃饭，等下身体又不舒服……"看到爷爷推着轮椅，一只手在奶奶头顶摸了摸，笑着说："这么啰唆……"

"这是他们相伴到老的相处方式。"李亚眼眶湿了。

志愿服务结束后，志愿者们纷纷意识到自己的不足，熊晶晶将满满一个脑袋的疑问按照培训的 PPT 逐个儿进行解决，再将自己所遇到的问题与常见的问题结合后，分享给接下来要参与到活动中的志愿者。熊晶晶说尽管在后面的工作中还是会遇到一些新问题，但是多数时候他们都能正确且笃定地回答患者家属。

作为志愿者，能与被服务的人共同记存一段琐碎的时光，留住一捧细碎的幸福，他们所参与的志愿服务活动变得有意义起来。

情暖社区献无私　报以微笑感幸福

"被需要是一种幸福"。这是做了几年志愿者后，罗钰祺的感受。

2023 年 3 月 11 日，穿过七〇九所社区，走过斑驳的树影，吹过和煦的春风，高阳等志愿者来到了活动中心。"三月雷锋行，温暖似春风"中医药服务志愿服务活动在这里开展。

高阳是第一次为老人量血压，测血糖，虽然都已提前进行了学习，但还是有些紧张。

活动一开始高阳手忙脚乱，一会儿拿错东西，一会儿碰倒这个那个，一着急听不到量血压的咚咚声了，她的鼻尖渗出汗珠。

一位奶奶轻轻拍了拍她的肩膀，鼓励高阳："别怕啊，闺女，大胆地去做。"

在老奶奶温和的目光下，高阳深深吸口气，让自己静下心来，慢慢地一步一步去做，终于成功了。

"社区的爷爷奶奶年纪大了，身体或多或少都有一些老年疾病，希

◆ 校青协在洪山区卓刀泉街七〇九社区为社区居民提供服务

望用自己所学到的中医知识减少他们的疼痛，可以享受生活的美好。"罗钰祺在给一位爷爷按摩的时候，感受到了老人的开心，他们不停地为志愿者竖起大拇指，这也让志愿者感到快乐。

目前，青协已与 10 个社区、两家养老院、3 所小学签订了长期志愿服务合作协议，建立了长期的结对共建机制。他们传播中医药文化，将中华优秀传统文化带到千家万户，让小朋友们体会到中医药文化的乐趣，让老人们切身感受到中医药文化对身体的保健作用，让社区居民了解中医基础知识，体会艾灸、推拿的魅力。自 2017 年获得湖北省"本禹志愿服务队"称号以来，服务队不断推进志愿服务制度化常态化，制定志愿服务点工作制度和年度志愿服务活动计划，提高志愿服务质量，不断丰富和创新志愿服务活动内容。

（图片由湖北中医药大学青年志愿者协会提供）

我以我心暖一城

——记长江大学文理学院爱出发志愿者服务队

长江大学文理学院爱出发志愿者服务队成立于 2015 年 9 月，该校注册志愿者近 12000 人。团队秉持"奉献、友爱、互助、进步"的志愿精神及"尽己所能，为爱出发"的服务理念，8 年来，志愿服务队积极投身于精准扶贫、社会治理、人口普查以及文明城市创建等中心工作，先后开展爱心培智、爱心献血、空瓶换绿植、关爱社区老人等品牌活动百余次，总计 2000 余人次参与，开展志愿工作时长逾 20000 小时。

为荆楚文化贡献青春力量

2023 年，对于杜佳乐等志愿者来说，注定是不平凡的一年。

这一年 4 月，荆州市首次举办"楚文化节"活动。包括杜佳乐在内的 80 名来自爱出发志愿者服务队的志愿者在开闭幕式和 2022—2023 年度电影频道 M 榜暨中国电影大数据盛典活动中，为国内外嘉宾提供优质、高效、文明的志愿服务，用最美笑容、最好风貌、最优服务完成各项工作，展现出楚韵荆州高校青年风采。

"从几千人网上初选，到分批次线下面试，一路艰难过关，最终光荣成为文化节活动志愿者。"杜佳乐回忆。

为了拓宽自身知识面，提升个人能力，在文化节开幕前，大家参加多次志愿者培训活动，学习优秀传统文化、志愿服务礼仪、急救知识等。

在小组抽签中，杜佳乐被分配到了艺人统筹组，负责和央视导演及工作人员前期接洽。

"艺人的行程不能出差错，一定要注意每一个细节，展现出我们荆州志愿者的风采。"

"小乐，这是今天参会的艺人名单，你先去熟悉一下路线。"

……

为了确保任务完成，杜佳乐记不清多少次太阳还未升起就出发，从实地考察到各项事宜检查，杜佳乐将每一处路线都走了不下5遍，每天紧张而繁忙的工作，以致她常常披着浓浓的夜色回到学校。

"我们这一组都是女生，我相信你们只会更出色，谁说女子不如男呢！"这是带队的陈老师经常鼓励她们的话。

开闭幕式，杜佳乐都早早来到现场，确认好舞台走位和艺人出场顺序等，即便现场热闹空前，舞台音乐劲爆，射灯闪烁，礼花在夜空绚烂绽放，粉丝们在热情呐喊，她和小伙伴们都无暇欣赏，他们坚守

◆ 2023年4月，长江大学文理学院爱出发志愿者服务队的志愿者们在荆州火车站负责"楚文化节"艺人接送和秩序维护

◆ 2023 年 6 月，长江大学文理学院爱出发志愿者服务队的志愿者们开展 2023 中国纺织服装产业链发展大会志愿服务

岗位，按各自分工有条不紊地忙碌着，保质保量地完成每项任务。

此后，在 2023 中国纺织服装产业链发展大会暨中国童装企业家荆州对话会上，爱出发志愿者服务队的 70 多名成员，也承担了现场迎宾、引导和咨询等任务，开展了积极主动、热情细致的志愿服务工作，为八方来客展示荆楚文化特色、展现荆楚青年风采。

志愿服务任务虽然结束了，但杜佳乐和伙伴们仍在回味着过去的点点滴滴，他们感动于指导志愿服务工作的老师们，会贴心地为志愿者们提前准备各种小糕点，以补充体力；他们感动于志愿者彼此间的关心关爱，共同成长。虽然一身疲惫，但杜佳乐满心的骄傲与自豪，因为他们不仅代表了志愿者，更展现了荆州学生的精神风貌。他们已与荆州深深联结在一起，他们以志愿精神温暖了这座城。

用志愿行动书写初心使命

从新冠肺炎疫情发生到现在，近 4 年时间过去了，但在杜佳乐和夏梅的记忆里，那段志愿服务经历刻骨铭心。仅 2022 年，爱出发志愿者服务队成员就协助医护人员开展校园核酸检测工作近 100 次，参与志愿者达 2000 人次，为 40 余万人次的检测工作提供强有力的保障。

那段时间，杜佳乐几乎参加了学校每一次的核酸检测志愿服务工作。每天，他们早早在篮球场架好一个个防护棚，帮医护人员摆好防疫物资，然后在群里通知学生。

"大家不要急，在一米线外有序排队等候，请提前扫码预约，在我们这里确认登记信息。"检测的队伍常常一眼望不到头，夏天太阳毒辣，志愿者们顶着烈日维持秩序，帮助同学们扫码登记信息，提醒注意事项。

"印象最深的一次是凌晨，核酸检测就要开始了，太阳还未升起，我们摸黑下楼，检查场地、搭建棚子。等检测结束，朝霞布满了天空，暖暖的阳光洒在校园大道上，就像一束光冲破黑暗。那一刻，大家都激动得流下眼泪。"杜佳乐说。

在那段特殊的时间里，服务队成员夏梅也 24 小时待命，随时开展核酸检测志愿服务工作。她每天凌晨 3 点起床，工作到上午 10 点，尽力把每次核酸检测志愿服务都做好。

"特殊期间，这是我们村里每个人都该做的。"2021 年 12 月，夏梅回到十堰朱家沟村老家，这次她作为被服务对象，在村口做完核酸后，一位青年志愿者对她报以微笑。顿时，她感受到一股暖流在心中激荡，那分明是志愿服务的力量在传递啊！"我仿佛看到那萤火之光在跳跃，一点点变亮，变暖，让我更加坚定地在志愿服务这条道路上走下去。"夏梅感慨。

让志愿精神点亮七彩童年

多年来，爱出发志愿服务项目中，促进少年儿童健康成长，是他们日常的一项主要工作内容。

2022 年 3 月，学校联合团荆州市委、团荆州区委共同启动了"希望家园"周末公益托管项目，爱出发志愿者团队选拔与培训志愿者 60 余人，每周安排 20 位志愿者赴荆州东城街道南门、西城街道郢都路、城南街道新风、郢城镇凤鸣等社区为近百名 5—12 岁留守儿童开展特色公益托管项目，向小朋友们传授书画、舞蹈、合唱、体育、国学经典等内容。

"陪伴孩子们学习，不仅弥补了留守儿童亲情缺失和安全监管不足，也培养了小朋友广泛的兴趣爱好，为小朋友的周末增色添彩。"夏梅说。

夏梅始终记得，在三义街社区的"红领巾课堂"，有个小女孩瞪着大眼睛问她："梅梅老师，您以后还会来吗？"

那是她第一次去社区做口才演讲公益课堂的活动。一开始，很多孩子不愿意举手，在她的热情鼓励下，孩子们慢慢放松下来，开始有了互动，一些拗口的绕口令也能从这些孩子们口中快乐地读出来。最后，孩子们竟然能畅所欲言，大胆地在课堂上尝试怎么展示自己的优点、如何即兴发挥做主持人，那间小小的教室里充满着朗朗的笑声。

下课后，很多孩子围着夏梅，叽叽喳喳的，不舍得她离开。

有人问夏梅，为什么这么擅长鼓励孩子。她说，好像看到了自己小时候第一次站上讲台的那种紧张，所以她要给这些孩子自信，要让他们做闪闪发光的自己。

其实，这是爱出发团队很多志愿者共同的经历和心声。除了陪伴，他们还与荆州市各社区联合开展综合实践活动，定期为小朋友们开展防溺水安全教育主题讲座、心理健康疏导等实践活动，提升小朋友的安全自护技能，增强学生的安全防范意识。

"我从来不觉得自己做得多，也不觉得志愿服务有多么困难，我希望我的生活充满激情燃烧的状态，投身在这片沃土上，帮助他人。无数个志愿者就像许许多多的星星，闪烁在我前进的星空。"爱出发团队一位志愿者在日记里这样写道。

2022—2023 年，该团队积极开展以"学习二十大，永远跟党走，奋进新征程""弘扬雷锋精神，捐献热血青春"等为主题的无偿献血活动，号召广大师生加入无偿献血志愿者行列，用爱心传递真情，用行动为生命加油。为响应荆州市创建全国文明城市的号召，爱出发志愿者服务队 100 余名志愿者多次走进荆州区各乡镇街道开展志愿服务活动，为建设文明荆州贡献青春力量。

志愿精神，生生不息。爱出发志愿者服务队成立 8 年来，围绕疫情防控、文明城市创建、教育关爱、生态环保、禁毒反诈、爱老敬老、大型赛事（活动）服务等主题深入开展志愿服务活动。2017 年，他们将"志愿汇"平台全面引入志愿服务活动管理中。2018 年 5 月，在荆州区纪南镇枣林小学正式挂牌成立志愿服务基地，同年获得荆州市"优秀志愿服务团队"。2019 年，团队获评湖北省暑期"三下乡"社会实践优秀团队；2021 年，被授予湖北省"本禹志愿服务队"；2022 年，被评为"荆州青年五四奖章集体"。

（图片由长江大学文理学院爱出发志愿者服务队提供）

"梦里水乡"的志愿一抹红
——记仙桃市义工联合会

水乡仙桃，明星城市，景美，人更美。

在仙桃，活跃着这样一个群体：他们为老人、困境儿童送去关爱，为家庭困难学子送去希望，创城、防疫、防汛、环保等重大活动现场总是出现他们的身影，社区、乡镇、街道是他们的主战场。

他们是来自仙桃市义工联合会的志愿者。

仙桃市义工联合会成立于 2007 年 7 月 6 日。它是湖北省慈善总会会员单位、湖北省公益创新研究会会员单位、湖北省联合救灾联盟成员单位、中华爱心粥联合创始人单位，也是腾讯公益、壹基金、中国人口福利基金会等公益基金会合作伙伴。仙桃市义工联合会成立以来，始终围绕中心、服务大局，大力弘扬"奉献、友爱、互助、进步"的志愿精神，在各级组织和社会各界的支持关爱下，以"一老（敬老）、一小（护未成年）、一中心（党政中心工作）"为工作主线，在全市持续开展疫情防控、防汛救灾、文明交通劝导、敬老、助学、助困、助残、环保、无偿献血、爱心粥、团年宴、关爱留守儿童、关爱困境未成年人、关爱困难群众等系列专题公益活动，用实际行动践行雷锋精神。16 年来，仙桃市义工联合会累计志愿服务时长达 10 万小时以上，人均开展志愿服务时长 80 小时以上。仙桃市义工联合会先后获得感动仙桃"特别奉献奖"、仙桃市优秀社会组织、湖北省优秀青年志愿者组织奖、湖北省"本禹志愿服务队"、中国青年志愿者优秀组织奖等荣誉称号。多名义工分别被授予国家级、省级、市级疫情防控先进个人、优秀志愿

◆ 2018 年元月，仙桃市义工联组织志愿者扫雪除冰

者、最美志愿者、优秀共产党员等荣誉称号。

从 2007 年到 2023 年，怀揣一颗善心，无数仙桃人民践行志愿精神，成为一名志愿者。

我们先来听听志愿者郑敬兵的故事——

我叫郑敬兵，中共党员，义工编号 90，人称阿郑，现任仙桃市义工联合会副秘书长，郑场镇人，目前在仙桃当地经营一家中国移动个体店。

学雷锋，义务修理

1989 年至 1998 年，我在仙桃市郑场镇经营一间钟表无线电器的修理铺。在此期间，一直坚持为空巢老人义务修理钟表电器。对于行动不便的老人，我免费上门帮忙修理。郑场卫生院的一个张爹爹，退休后独居在医院宿舍，靠一个收音机为伴。由于房子潮气重，居住条件差，收音机零件经常受潮损坏，于是经常来我店里修理。当我了解到张爹爹的情况后，就每次修好后都骗张爹爹，说"这次没有换零件，不收钱。"就这样，一修就是10来年。新婚后不久的一天，我去络绎村为一个老人义务上门服务，修完后天已全黑且下起大雨，赶到家里时，妻子看到我全身湿透，嗔怪地说："去做好事，我支持。但自己的身体，也要注意啊。"有了妻子的支持和理解，我更是坚定了做好事的信心。后来，我坚持在每年的三月学雷锋月义务修理钟表家电，直到后来换了工作。

找到组织，加入义工

2010年的一天，我在去仙桃参加义务献血活动的途中，偶遇仙桃义工做活动。在那一刻，我知道自己找到践行善举的组织了。8月份，我加入仙桃义工联。随后，在义工联的组织下，助人的途径越来越多元化。助老，在我的公益路上占比越来越多。

走访慰问困难群众

2010年中秋节，我组织仙桃义工到郑场福利院给老人剪指甲、捶背，送去中秋月饼和日常用品等物资；2011年，组织爱心人士到郑场福利院，看望老人，陪伴老人聊天，送给老人水果和生活用品；2012年，组织仙桃义工、郑场中心小学教师、络绎小学师生、郑场乒协成员到郑场福利院举行送温暖活动，为老人们献歌献舞，并送去水果等物资；2013年，组织仙桃义工、仙桃市中医院、郑场卫生院为郑场福利院老人义务检查身体并捐助药品合计人民币2000余元；2014年，组织仙桃义工、仙桃爱普眼科医院到郑场福利院、毛嘴福利院为老人们义务检查眼睛……

2013年、2014年，我又投身于公益环保活动中，多次到汉江堤边，参与捡垃圾环保活动，参与给环卫工送清凉活动。2015年夏天，我和郑场、毛嘴镇的几名义工自费购买清凉用品送到了郑场、毛嘴镇的环卫工人手中。

爱心助学

2016 年，我组织了仙桃市第一场乐善助学活动，联系对接来自武汉、荆州等地的爱心人士，为郑场镇的 16 名寒门学子搭建起爱心助学的桥梁，并为学子送去学习用品及 1200 元学费。2017 年冬，我联系壹基金为郑场镇的 15 名学子送去"爱心温暖包"。

郑场离仙桃城区 50 多公里，因活动往来路途较远，我便主动申请成为郑场周边乡镇活动负责人，越来越多的年轻人加入志愿者队伍之中。

2020 年新冠肺炎疫情突如其来，全国上下众志成城抗击疫情。3 月 28 日郑场解封，当晚我便组织郑场当地义工开始给几个特困家庭筹备生活所需物资并分组分批送到他们家里。王滩村的特困生周同学家，父亲年前去世，母亲又身患重病，生病期间已经花光家里积蓄，看病的费用全靠向身边亲友借款，但那只是杯水车薪远远不够。我和几个义工多次前往周同学家里送去生活物资，并鼓励他完成高中学业，考上好大学。

爱心助考

2021 年 6 月 7 日，仙桃义工联合会第七届爱心送考如期举行。我照例从郑场赶到仙桃中学考场免费接送学生，往返家与考场之间。接送完考生的义工已经在考场旁边支起了帐篷，摆放好学生所需的口罩、纯净水、清凉油等用品，学生们进入考场后，我们依然守在考场外，生怕漏掉一个学生。越来越多的学生家长也加入我们的"高考爱心点"中。家长们说："我们的孩子得到你们的爱心帮助，我们作为家长，也应该分担一下你们的辛苦。"连续三天的高考，我们都是在近 40℃高温的帐篷下等着。每一天等最后一个考生离开学校，我们便收起我们的"爱心送水点"。就这样，清晨出发、夜幕降临回家，我们已经坚持了7年。

1989年至今，我坚持志愿服务30余年，最难能可贵的是得到家人的支持。每次参加活动，看店的事情便落到妻子身上。"我的爸爸！我的榜样！我会继续加油的！向你看齐！"这是女儿对我的评价。正是因为有了家人的支持，我才能在公益这条路上走得更远。

老郑的故事，基本上串起了仙桃市义工联的工作日常。16年来，义工联开展敬老爱幼、创城防疫等一系列公益活动，无数志愿者把志愿精神的温暖之光照亮仙桃城乡各个角落。

"2月5日，仙桃义工一见钟情、冬之舞者、风雨兼程、杨林尾镇民政办陈主任陪同香港无国界湖北慈宁服务处社工，走访仙桃部分乡镇福利院，看望孤寡老人。"这是市义工联2008年志愿服务活动记录档案里的其中一条。参加活动的义工都没有留真实姓名而是以网名代替，但爱心企业和爱心人士的善举却被详细记录，这是联合会里一条不成文的约定。

义工联组织、参与的千余项志愿服务活动记录，每一项皆是如此。事情虽已过去十多年，简短文字中依然可以读出无尽善意与感恩。

义工，指利用业余时间，不为任何报酬服务社会的人。他们是基于道义、信念、良知、同情心和责任而进行劳动的暖心人。

2007年7月6日，5名暖心人因网络相识聚在一起，仙桃市义工联合会正式成立。从此，爱心之火，燎原仙桃。

彼时，这支义工队伍人数虽不多，但他们以踏石留印的劲头，号召了一大批人默默无闻地干了很多暖心事。

借助网络平台，他们联合社会力量扶弱济困。汶川地震为灾区募捐，筹得捐款49941元。"爱心助学"品牌影响力渐增，来自五湖四海的爱心人士年复一年"一对一"资助贫困学生。走访仙桃特校，为困难学生送去学习、体育、生活各类用品成为多年传统。还有福利院里

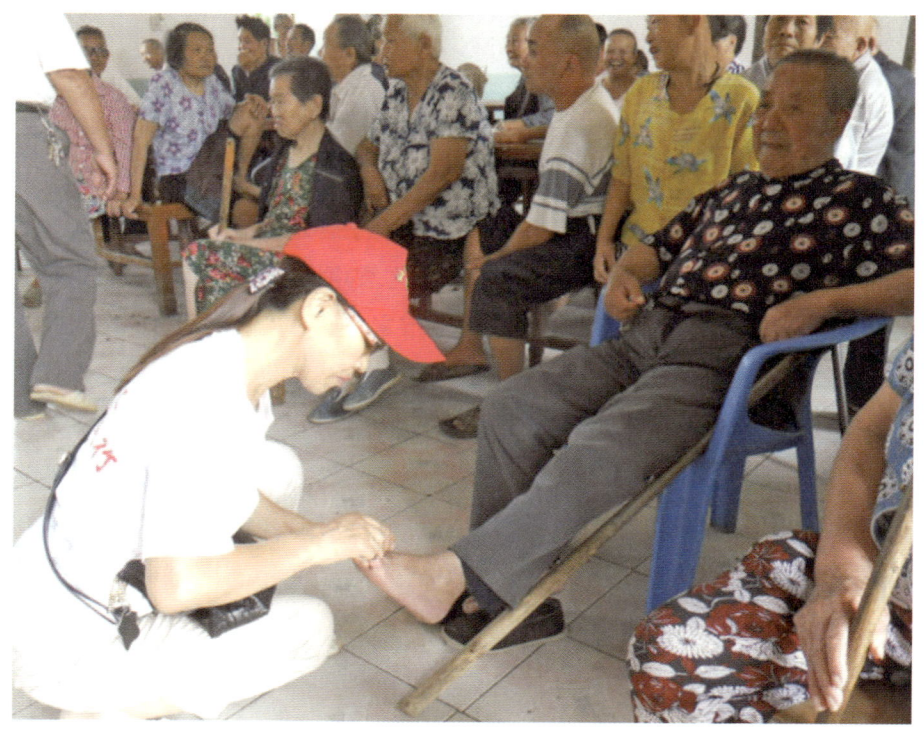

◆ 义工为福利院孤寡老人修剪指甲

月月可见义工的身影，无偿献血义工团体人数逐年递增……

2011 年，"仙桃义工"获得第二届"感动仙桃十大道德模范"的"特别奉献奖"。

2013 年 10 月 31 日，市义工联经由市民政局登记注册，成为仙桃第一支规范化的非营利性社会公益组织。

此后，市义工联逐渐建立、完善规范制度和规定，并按照既定章程更为广泛地开展了敬老帮扶、助学帮困、环境保护、无偿献血、关爱留守儿童、关爱困境未成年人、关注困难群众等系列公益活动。

"登记注册后，每个人的职责、分工更加明确，对我们来说这份责任更重了。"发起人之一、现任会长郭艳军说。

立足实际，市义工联开拓公益合作渠道，通过与湖北爱心社、香港无国界社工武汉慈宁服务处、武汉义工、武汉部分高校爱心团体、省内数十家地方义工组织、壹基金、中国红十字基金会紧密联系，多次成功实行了跨区域无行业差别的公益合作，让有限的人力为困难群体争取更多的可能。

2017年12月16日，市义工联选举产生了新一届仙桃义工负责团队，开启了仙桃义工专业化、制度化、规范化方向发展的新征程。

"12个义工微信群、12支特色志愿服务队伍，方便沟通。志汇学堂、专家讲课、省内各地义工交流会等各平台都能帮助义工提升能力。"郭艳军介绍，义工们的志愿服务水平一直在提升。2018年12月，义工联被评为4A级全国性社会组织，这也是对市义工联发展的肯定。此外，市义工联还鼓励有条件的会员组建、扶持队伍。如今，建设枢纽型、孵化型机构组织，市义工联已初具规模。

2019年3月，由李小双、杨威、郑李辉、廖辉、李大双、王雨寒等6名仙桃籍奥运冠军、世界冠军拍摄的公益宣传片，在城区繁华地段热播，吸引不少市民驻足观看。原来，市义工联邀请家乡冠军筹拍一部公益宣传片，为爱发声，传递正能量。冠军们没有丝毫迟疑便答应了。借助公众人物影响力，这部汇集爱与温暖、希望与梦想的公益宣传片顺利亮相。

同时，市义工联招贤纳才，吸纳不同单位、不同行业新成员壮大队伍，已由最初的十多名发展到现在1000余名正式义工、几千人参与的预备义工团队。义工队伍人才济济，为志愿服务活动提供了资金、人员等各方面支持，把向善力量、爱心义举层层传递。

说起16年来市义工联依然初心不改的原因，郭艳军说了八个字："爱心奉献，温暖他人。"

（图片由仙桃市义工联合会提供）

用生命感动生命

——记孝感市义工联合会

孝感，全国唯一以孝命名的地级市，因东汉孝子董永卖身葬父、行孝感天动地得名。

根植于"孝感动天"的基因传承，在中国孝文化之乡，千百年来，澴川儿女以孝为先，遵行百善，争做好人之风接续流传。

"每天，这座城市都会有感动的故事，都传递着爱与温暖。义工联成立以来，我们一直奔走在救灾济困路上。"2022 年 5 月 16 日，孝感

◆ 孝感市义工联合会 2022 年"童舟共济"青少年防溺水项目暑期巡河活动启动仪式现场合影

义工联负责人周文在"致敬志愿者——志愿公益创造营"致敬礼活动现场讲述他们的志愿服务故事。

2012年5月，周文作为发起人之一，组建在民政部门注册的民间公益组织"孝感市义工联合会"（以下简称孝感义工联）。11年来，孝感义工联以扶贫帮困为己任，活跃于大大小小的公益活动中，帮助了一批又一批需要帮助的人。

十余年致力残障儿童帮扶

周文记忆最深刻的，是他和义工伙伴们陪伴10余年之久的云梦县"玲珑姐妹"。

"玲珑姐妹"，是中国首例坐骨连体婴儿。她们出生时，下半身完全相连，腹腔形如直筒，多个器官系统都得共用。

"这类先天畸形，全世界发病率不足两百万分之一，国内没有成功分离的先例。"周文说，"要想存活下来，不仅需要医疗资源，更需要巨额医药费与康复费。"

可是，这个家里只有父亲做电焊工，月收入仅千余元用来维持生计。

得知消息后，孝感义工联第一时间凑了2000元送上门。

那是小姐妹俩出生的第5天。周文到现在还清晰地记得，婴儿躺在出租屋里，臀部相连，对向而卧。两双未经世事的眼睛打量着志愿者们，眼里充满好奇。

那一刻，周文只有一个念头：想尽一切办法筹钱救命！

他们先后组织了40余场义卖义演，把"玲珑姐妹"的故事告诉社会好心人，同时联系武汉协和医院的儿科专家，为分离手术制定方案。

最终，在志愿者们的努力下，4个月时间，大家共募集到80余万元善款。

2009年11月17日，姐妹俩被推进手术室，33名医生通力合作，手术持续了整整 17 个小时。最终，姐妹俩的身体成功分离，双双成活，创造了前所未有的医学奇迹。

从那以后，志愿者们成了小姐妹的亲人。他们帮助孩子筹集后期手术费及个人护理费、药费，帮助父亲联系到一份工作贴补家用。

十余年来，他们对两个孩子的帮扶从未中断，每隔一段时间都会去探望。

疫情肆虐，他们逆行而上生死与共

2020 年疫情期间，在深圳壹基金公益基金会的协调和支持下，孝感义工联迅速成立湖北联合抗疫情项目组，联合全省 17 个市州的 91 家公益伙伴共同开展行动，成立 16 个协调小组，夜以继日分配物资，开展社区防疫工作。

南方国际 3 号仓库，是壹基金在湖北省的省级备灾仓库，有 8000 平方米。壹基金捐赠湖北的所有物资都从四面八方集中送到这里存放，再从这里分配至全省各市州。

承担这份工作的，全是孝感义工联的义工。

从大年初三开始，罗洋每天开着小货车，从仓库满载矿泉水出发送到各社区，爱人舒水绣也在这里负责卸货、码放工作。

"我们这里夫妻双双当义工的有很多。大家什么都不图，每天都是铆足了劲儿在干活。"孝感义工联副会长汪全安说。

34 岁的李小燕和丈夫罗继平也在这里做义工，两个孩子中大的 12 岁，小的 6 岁，都放在爷爷奶奶家照顾。夫妻俩均没有固定工作，平日李小燕打短工，罗继平做木工帮人装修，每月一家人的生活费和房贷，是笔不小的支出。因疫情没有收入的他们，却从正月初五开始一直在这里默默付出。

每天在现场忙碌的义工中还有一对夫妻档。56 岁的陈跃在武汉铁路局大型养路机械运用检修所工作，因疫情被隔离在老家无法上班。

他的妻子张平花已退休，也是一名注册的义工。

"我们在这里忙着扛蔬菜，孩子承担了全部的家务。他们说，爸爸妈妈你们放心去做事，我保证你们回来有口热饭吃。你们都是好样儿的，为你们骄傲！"回忆过往，张平花泪花闪动。

王厚胜身患糖尿病，疫情暴发时就开始做起了义工，每天早出晚归。妻子周秋娥非常担心，常劝他等疫情结束了再做。王厚胜就带她来到仓库。当她看到大家一起玩命地奔忙时，被深深地感染和感动。从此，义工的队伍中又多了一名娘子军。周秋娥不仅当义工，还隔三岔五炖好猪蹄汤带去给大家喝。

除了夫妻档，还有父子兵。张生平是 2013 年加入孝感义工联的老义工。21 岁的儿子张晨刚大学毕业。父子俩大年初二就开始做义工，他们每天开着货车往医院、社区运送物资。

孝感义工联副秘书长高亮负责对接壹基金捐赠与分配工作，在疫情暴发后的前半个月每天都是凌晨 3 点以后才结束工作，仓库负责人鲁志国每天晚上下班更是没有固定时间。

34 岁的舒梦是两个孩子的母亲，她把孩子都交给爷爷奶奶照顾，不仅自己当义工，还带头捐款 1600 元。

"我觉得人还是应该做些有意义的事情。"17 岁的刘康已经有了 3 年的义工经历，在仓库里非常活跃，抢着干活儿。

一个个默默无闻的义工，组成这样一个无私奉献的大家庭。疫情期间，在义工联组织的募捐中，329 名义工共捐款人民币 51037.8 元。义工联共发放价值近 5000 万元的各类医疗防护物资、医疗仪器、民生生活物资，总吨数近 2200 吨，惠及湖北省内 87 个县市区 882 家医院和 318 个社区群众。

让失独者不再孤独

"纤弱的身影，因为伤痛而更加刚强；刻骨的回忆，因为爱而放射出光芒。穿过风雪峡谷，走进开阔平原，为更多的生命追寻走下去的力量。直面伤痕的人，勇敢，更善良。"

这是 2019 年 12 月，央视《守护夕阳——为老服务志愿者荣耀盛典》对郝应南的颁奖词。

1992 年，郝应南与丈夫离婚后，女儿成了她唯一的精神寄托，快乐和希望的源泉。可天有不测风云。2004 年，22 岁的女儿患淋巴癌永远地离开了她。

女儿走了，郝阿姨整日以泪洗面，不敢出门，完全封闭了自己。抑郁、自闭、精神压力加剧接踵而至，拒绝与人沟通，她变得脆弱而敏感。

郝阿姨决定离开这个让她伤心的地方，远走他乡。此后十余年独自在外打工流浪，只在清明节悄悄回来为女儿扫墓。

每逢佳节倍思亲，节日，对于失独的家庭来说已然成了"劫"。

"那段日子，人没有死就算是一个奇迹了！"郝阿姨回忆。

直到 2013 年春天，一个电话彻底改变了郝应南。那天，她接到孝感义工联志愿者打来的电话，邀请她去杨店看桃花，犹豫半天，郝阿姨勉强答应了下来。

这是她第一次与志愿者接触。随行的还有十多位像她这样的失独母亲。

那天，绽放的桃花，义工们热情的笑脸，给她心里注入了阳光。

参加完那次活动后，郝阿姨感慨："好像自己不那么孤独了，特别是看到有些失独妈妈自己都是热心义工，生活给了那么多苦，她们依旧充满热情。"

从她们身上，郝应南看到了生活的希望。"以后，义工联有活动一定要第一时间通知我。我失去了孩子，但我选择坚强，选择去爱别人。我要把我所有的爱献给其他的孩子。"她说。

在义工们的帮助下，郝应南不仅慢慢从阴霾中走了出来，也逐渐找回了自我。

"对于我们来说，所谓走出来，就是愿意跟他人接触，不拒绝回到社会生活中。"

"什么叫有自我？我的体会是，一个人活着不知道该做什么事，就是没有自我，等到他知道该做什么事了，他就是有了自我了。"

正是与义工们的一次又一次相处，让郝应南有了自我——知道该做些什么了。

她说，不能只接受义工们的帮助，自己也得成为义工，帮助那些需要帮助的人。

2014年，56岁的郝应南成为孝感义工联的一名义工，开始播撒她的爱心：去大悟山区给贫困孩子送书籍、玩具时，看着眼前的孩子，她眼含泪水，仿佛又看到了女儿；云南地震，她为灾区孩子捐款、捐物，参加义卖活动；孝感义工联启动巡河活动，她第一个报名，两个月的大热天里，她不顾风湿病坚持巡河。她还是社区义务房管员，哪

◆ 孝感市义工联合会组织失独家庭共度暖心母亲节

里有"牛皮癣"，哪里有垃圾，她就往哪里去；哪家有矛盾，哪家有困难，她就上哪家去调解。社区刘奶奶生病住院，子女不在身边，她为老人送去 2000 元住院费以解燃眉之急。

2016 年，在孝感义工联的支持下，郝应南成立了关爱失独家庭公益项目组，她决定坚强地站起来，在孝感义工联这个大家庭里，把失独老人聚拢在一起，让大家抱团取暖，去帮助那些与她有同样深切痛苦的人获得重生的勇气和希望。

项目组的两个失独群，涵盖了孝感市三百多个失独家庭，他们通过组织失独老人外出郊游、开展周末伴餐、住院陪护、生日会以及"五节一课"的方式开展志愿服务活动，实现服务对象在生活中能互帮互助，在精神上互相安慰，从昨日的痛苦回忆中走出来，重新燃起生活的希望，过好晚年生活，并最大限度地为他们提供帮助，安享晚年。

央视知名栏目《夕阳红》三次来孝感，邀请郝应南和志愿者们去央视录制节目，希望感召更多社会公益力量关爱老人。2019 年 12 月，她作为嘉宾，站在了央视《守护夕阳——为老服务志愿者荣耀盛典》的舞台上。

据了解，孝感义工联自 2013 年起就开始关注到"失独"这一特殊群体，并经常组织开展慰问活动。关爱失独家庭公益项目组还与医院爱心医师团队一起成立医疗小分队，建立失独老人的个人健康档案，定期进行健康检查。成立心灵成长小组，定期慰问、走访失独家庭，及时了解他们的心理情况；定期组织失独老人开展户外活动，积极鼓励失独老人融入社会生活。

志愿服务专业化

"爷爷和奶奶知道你们要来，早早地就在村口等着了。"2021 年 1 月 31 日，孝南区陡岗镇小池（化名）高兴地对志愿者说。这天，孝感义工联"小敏的希望"助学组在当地开展上半年助学款发放活动。

小池从小失去双亲，与 70 多岁的爷爷奶奶相依为命，生活拮据，日子过得十分艰难。孝感义工联得知这一情况后，将小池纳入帮扶对象。2015 年，在送助学款的过程中，义工陆媛听小池的爷爷说只要天下大雨，屋内就下小雨。她认真走访了解情况，最终在孝感义工联的牵头下，联合区建设局、池庙村仅用 15 天时间为爷爷家重新盖了一座新房，爷爷奶奶笑得乐开了花。

在当天的活动中，14 个志愿者分成四个小组，分别前往陡岗、三汊、杨店、朋兴 4 个乡镇，为 20 名关爱对象送去了 20800 元助学款、20 袋米和 20 提色拉油。同时，孝感槐荫书画院的书法老师给贫困家庭送去了春联。

"小敏的希望"助学项目最初是几个志愿者为帮扶孝南区孤儿小敏而开展的活动。在帮扶过程中，志愿者发现还有很多像小敏一样的困难家庭子女急需帮助，于是，将这个帮扶活动升级成专业项目组。

志愿者们将前期走访收集到的特困学子资料整理成册，供社会爱心人士挑选帮扶对象。除了在经济上给予这些特困学子帮助，孝感义工联每个月还会定期与帮扶对象进行情感沟通。

该项目启动至今，已长期资助困境学生 48 人，累计投入 52 万余元帮扶资金。

孝感义工联还针对家境困难的服务对象开展助学、助残、助老等系列志愿服务活动。同时，通过进社区、进农村走访贫困家庭，为社会爱心人士提供真实可靠的帮扶对象资料，为社会大众参与扶贫工作打造平台。

在志愿服务中，孝感义工联不断积累经验，将一个个志愿服务项目打造成专业社会服务项目，成立了数个专业项目组。他们充分利用社会工作专业知识和方法为服务对象开展帮扶活动，起到了良好的效果。

2015 年 6 月，孝感义工联"护苗行动"关怀困境未成年人项目组成立，这是湖北省民政厅首批困境未成年人保护项目。两个月内，志愿者们调查走访留守儿童家庭 117 户，一对一结对帮扶 110 余户"护苗家庭"。为了让孩子们健康成长，孝感义工联不仅在物质上进行帮扶，还重点对接专业机构为孩子们提供心理关怀。同时，孝感义工联搭建平台，广泛对接社会资源为"护苗行动"服务。

项目持续开展 3 年来，孝感义工联以该项目为核心产生和融合了与困境儿童有关的公益项目 7 个，累计投入公益资金 100 余万元。

2022 年 7 月 23 日，报名参加食品银行 472 期送爱心菜活动的 16 名义工在集合地点签到后，进入超市购买了鲜猪肉、芹菜、土豆、冬瓜等，分袋装好后，分别前往 9 户受助对象家中送爱心菜。

孝感义工联自 2015 年成立"一日一元食品银行"项目以来，凭借项目特点汇聚了社会各界爱心人士和义工们，去帮助那些需要帮助的家庭，改善提高他们的生活质量。

孝感义工联还积极组织义务理发小分队、健康医疗小分队、家电维修小分队、法律知识咨询小分队、农业科技小分队等便民志愿服务队伍，到各重点帮扶乡镇开展服务，切实为当地老百姓办实事、解民忧。

对接资源开发品牌项目

2016 年，受特大洪水灾害影响，孝感多个县市区扶贫重点乡镇受灾严重，孝感义工联组成数个专班分别到各县市区重点受灾乡镇重点村和安置点，实地了解灾情，及时调配发放救灾物资，前后总计发放救灾物资价值 260 余万元，完成 15000 余户重点受灾群众的物资发放工作，有效缓解了受灾地贫困群众生活困难的现状。

为帮助受灾的困难群众树立战胜灾害、重建家园的信心，孝感义工联在短短 3 天时间内筹备了抗洪救灾慰问演出。为缓解受灾地区贫困儿童因灾害造成的心理问题，孝感义工联在深圳壹基金公益基金会的支持下，设立了首个"壹乐园儿童服务站"项目组，为受灾地区困境儿童开展服务。当年冬天，孝感义工联又通过腾讯99公益平台募集了价值37万余元的1100个儿童温暖包，在寒冬到来之前将冬衣和棉鞋送到了困难家庭的孩子手中。

通过这次救灾，他们搭建"湖北联合救灾公益交流平台"，多方筹集资金和资源，积极与省内各县市区的公益组织开展联合救灾、抗疫、劝募、月捐行动计划、伙伴机构人才培养、机构内部管理能力建设培训等赋能行动，为公益伙伴拓展慈善资源，助力省内公益组织共同成长和发展。

也正是在这次救灾工作中，孝感义工联与壹基金达成了良好的合作基础。2017年，孝感义工联作为壹基金在湖北地区的省级协调机构，负责全省壹基金品牌项目的申请督导工作。湖北省19家公益组织参与了3个教育扶贫项目申请，共募集资金150余万元，在8个郊区乡镇学校设立了8个儿童服务站，改善城乡教育资源不均衡的现状，让贫困地区的儿童也能够像城里的孩子一样享受到多元化的教育。

截至2022年12月，孝感义工联先后合作的基金会已达十余家，是深圳壹基金公益基金会、中国社会福利基金会等平台的省级项目枢纽机构，项目涉及志愿服务、儿童关怀、联合救灾、社区发展、助老助残、支持公益组织发展等，已募集物资总价值超过3亿元，执行项目资金4000余万元。

（图片由孝感市义工联合会提供）

最是动人"义工红"
——记荆门市义务工作者联合会

义工红是一种颜色，也是一种精神，它代表着无私奉献、关爱他人的美好品质。在荆门这座城市里，你总能看到一群身穿义工红马甲忙碌的身影。无论是青壮年，还是退休老人，无论是大学生，还是小孩童，他们深入城市的各个角落，活跃在各类公益活动中，为素不相识的人送去帮助和关爱，用实际行动为城市文明添彩。他们就是荆门市义务工作者联合会（以下简称荆门义工联）的义工，这座历史文化名城里最美的一道风景。

雷锋精神播下热心公益的种子

说起话来轻言细语，笑起来热情爽朗，国电长源荆门热电厂职工严昌筠，是荆门义工联的发起人之一。

25 年了，严昌筠已将公益当成一生的事业，一直奋斗在路上。

严昌筠走向公益之路源自于父亲的影响。严昌筠的父亲严克保 20 世纪 60 年代应征入伍后与雷锋在同一军区，受部队委派，曾将雷锋接到其驻地作报告。

"在雷锋的影响下，父亲越发热心助人，还因此获评部队标兵，到北京参加国庆十五周年观礼，受到毛主席接见，后来被誉为当地的'活雷锋'。"严昌筠骄傲地说。

后来，父亲将这段经历记录在日记本里，里面那些言行如烙印一般，印在严昌筠的脑海中，时刻影响着他。

1998 年，严昌筠加入荆门热电厂团委组织的志愿者服务队，从此踏上了公益之路。

2006 年，他和同事曾博一起发起成立了荆门义工联。

17 年来，他影响、号召各企事业单位和社区，建立起 105 支志愿者队伍，引导 8 万多人注册为义工、志愿者；他带领义工队伍踏遍荆门 66 个社区和 100 多个村组，组织各类公益活动 800 余次，帮助困难群众 5 万余人；他直接参与的公益活动达 360 余次，个人志愿服务时长达 9200 小时，帮助困难群众近 2.2 万人。

勇担社会责任

2022 年，又有 29 家企事业单位成为荆门义工联团体义工，他们中有和义工联携手多年的公益"老伙伴"，也有新晋的公益"同路人"。无论新老身份，他们都勇担社会责任，用满腔热爱和赤诚，为贫困学子捐资助学、为残疾朋友送医送药、为困境儿童捐赠衣物、支援各类公益活动、参与乡村振兴、开展环境保护，成为公益事业强有力的支撑。

荆门市民丰科技有限责任公司等 10 家单位在公益志愿服务中表现突出，被评为 2022 年"优秀团体义工"。湖北世宇新型建材有限公司等 6 家企业大爱奉献，为贫困学子捐赠大笔助学款，助力贫困学子顺利完成学业，梦想腾飞，被评为 2022 年"爱心企业"。荆门义工联成立于 2006 年，是湖北省第一家正式注册的公益性民间社会团体，下设有敬老、助残、青少年关怀、防艾、人道救援等志愿服务部。荆门义工联成立至今，先后荣获"湖北省十佳青年志愿公益组织""荆楚学雷锋示范团队""全国助残先进集体""全国抗击新冠肺炎疫情青年志愿服务先进集体""全国未成年人思想道德建设工作先进单位"等荣誉称号。

荆门义工联是深圳建辉基金会、上海华侨基金会及厦门泉水基金会湖北总协调机构、中国好公益平台枢纽合作基地、中国乡村发展基金会人道救援网络伙伴（负责湖北灾害援助项目）、"公益小天使"项目湖北管理委员会主任单位，是北京长林公益基金会荆门地区协调机构，曾先后承接湖北省民政厅关爱困境儿童试点项目、湖北省残联"关心你的残疾人邻居"项目、共青团湖北省委希望伴飞计划"有爱就有家"关爱孤儿及事实孤儿项目、湖北省妇联公益木兰"天使伴成长"关爱留守儿童项目、"守护花开"儿童防性侵项目、壹基金儿童服务站项目、壹基金儿童平安小课堂项目、中国少年儿童文化艺术基金会"女童保护"项目、正荣公益基金和上海仁德基金会联合支持的"星星点灯"关爱留守儿童项目、浙江省妇女儿童基金会"焕新乐园"项目。

此外，荆门义工联还创设有石榴花助学、小树苗关爱等公益项目，"有爱就有家"关爱孤儿及事实孤儿项目，在 2016 年第三届全国青年志愿服务项目大赛上获得银奖。

勇战疫魔

2020 年新冠肺炎疫情期间，荆门义工联多方筹措防疫物资，为抗疫保供。筹集搬运分发医用、民用口罩 34.6 万个，手套 10.4 万只，安心裤 812 箱，核酸检测试剂盒 2016 份，无创呼吸机、雾化器、血氧仪、双道微量注射泵等各类治疗设备 316 台，隔离服、防护服、手术衣等 6130 件，酒精、次氯酸等消毒液 1360 桶，身体乳、润唇膏等各类护理品 1450 支，生活物资 37.1 吨等。

他们和深圳建辉基金会合作，为新冠肺炎定点治疗医院发放致敬款 3 万元，为武汉市抗疫一线家庭和湖北省内困难家庭发放 50 万元关爱金和物资，为湖北省内参与抗疫的公益组织发放 47.6 万元抗疫活动费用。

参与社区防控，守护群众健康安全。100 多名义工响应号召，根据防控总体安排，参与社区、小区、村组卡点值守，为居民解决生活急需。

"云抗疫"，建设网络疫情防控新阵地。参与湖北省慈善总会疫情防控专项募捐志愿服务，建立公益服务网络，线上对接督导海外捐赠物资。

从 2020 年 1 月 26 日到 3 月中旬，荆门义工联出动义工 5000 多人次参与抗疫，志愿服务时长达 30000 多个小时。

敬老爱老

敬老志愿服务以"银龄关爱"和"三义志愿服务"两个项目为主，长期服务困境中的袁梅芳、车友菊、严富荣、邹爱华等老龄行善者。

在袁梅芳患癌期间，胡继芳等义工在病房陪护、交谈，进行心理疏导，并与爱心人士一起为其捐款 2800 元。车友菊患尿毒症住院期间，敬老部义工轮流送餐，并进行陪护达一月之久。

"三义服务队"的义演队精心排练文艺节目，年义演近 20 场。在

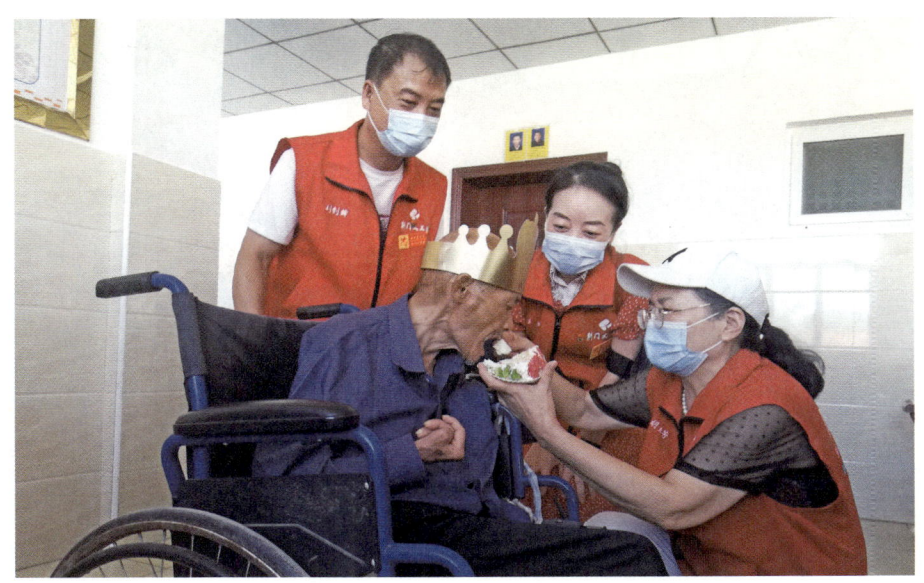

◆ 2023 年 6 月，敬老部义工为福利院失能老人过生日

每年3月的"学雷锋月","三义服务队"都要走进社区为老人义务理发、剪指甲、量血压、打扫卫生，活动深受基层百姓欢迎。

关爱残疾朋友

荆门义工联助残服务部把公益项目和志愿服务活动有机结合，精心组织实施"阳光家园"以及"关爱我的残疾人兄弟姐妹"等公益项目，针对残友需求，为他们常年定期开展"残友团年宴"和"快乐出行"活动。多年来，荆门义工联帮扶残友300多人，提供帮扶资金和物资200多万元。

2022年11月19日，助残部多方联络谋划，在爱飞客举办了荆门市首届5公里迷你马拉松轮椅赛，来自荆门、荆州、宜昌、恩施等市州的76名残疾人运动员参与比赛，帮助残友树立自信，更好地融入社会。

◆ 2021年5月，志愿者在象山中学操场为残疾朋友举办第二届趣味运动会

关爱青少年

青少年关爱服务以石榴花助学、小树苗关爱、女童保护等项目为抓手，给予青少年以物质和精神关爱，助力他们健康快乐成长。

其中，石榴花助学为自创公益项目，主要帮扶对象为贫困高中学子，现已开展了 15 年，累计走访近千户家庭，足迹遍布荆门的大小山村，共资助学生 800 多名，发放助学款 200 多万元，开办了 5 期夏令营活动，获得了学生、学校和社会的广泛好评。

小树苗关爱项目帮扶对象为初中及以下年级困境儿童，坚持每月一次走访看望陪伴，2022 年为贫困孩子筹集学习用品等物资价值 10 多万元，募集衣物 500 多件。

女童保护荆门义工团队 2022 年共开展活动 202 场，为 9364 名小学生上了 202 堂"爱护我们的身体"儿童防性侵课程。

建生态种养基地，助力乡村振兴

荆门义工联坚持"产业振兴"原则，大力发展种植示范基地，带动乡村共同致富。

2017 年，为了帮扶身患尿毒症的华中农业大学学生彭云南，荆门义工联建立麻城扶贫生态种养殖基地，助农种植生态富硒稻，其"三方（专家、义工、农户）合作，两头（荆门义工联提供种养投入并包销产品）在外"的模式在湖北省公益组织中属首创。

荆门义工联出资和部分劳力，聘请农业专家指导，农户负责日常管理，稻谷由荆门义工联以高于市场价收购，不论丰歉，皆保障农户所得。这样既可以帮助农户脱贫致富，结余的收入又可以作为荆门义工联公益基金，提高公益"造血"功能。经过 4 年帮扶，6 家农户成功脱贫。

2021 年，荆门义工联在助农脱贫不断成功的基础上再次创新。他们多方考察后，联系引进台湾高端水果——黄金葡萄柚，并在漳河镇四井村和雄峰村建立了 35 亩黄金葡萄柚种植示范基地。

荆门义工联提供种植土地和种苗，由具有相关经验的台湾果树专家张教授带领技术团队进行指导，打消农户对种植黄金葡萄柚致富的疑虑，让农户有信心和积极性参与进来。两个基地种苗已于 2021 年 10 月全部种下，只待硕果累累。

同时，义工生态大米也取得"荆小益"商标，成功销售到成都等地区。

参与城市文明建设

2018 年，荆门市进入创建第六届全国文明城市周期，义工们投入创城的热潮中。

2020 年是荆门市创建全国文明城市的决胜之年。在志愿服务动员会上，荆门义工联接过了"荆门市全国文明城市志愿服务青年突击队"的旗帜，接下承担创城攻坚期重点点位志愿服务保障工作的任务。130 多个学雷锋志愿服务岗（站）建设的督导、22 个重点路口的文明交通劝导督导成为义工们光荣而艰巨的任务。从当年 6 月起，义工们的周末变成了站岗日，从酷暑站到寒冬。创城期间，荆门义工联共出动义工 4000 多人次，总服务时长 40000 多个小时。

通过荆门市义工联合会义工们的事迹，我们可以看到，义工红不仅是一种颜色，更是一种精神，一种力量，一种信念。这让我们感受到了社会的温暖，让我们体会到了公益的价值。让我们一起以他们为榜样，让义工红的色彩，永远绽放在我们的心中，永远照亮我们的路。

（图片由荆门市义务工作者联合会提供）

驱散寒风迎暖阳

——记鹤峰县志愿者协会

捐资助学、扶贫济困、扶弱助残、公益服务……在鹤峰，有这样一群人，他们头戴小红帽、身穿红马甲，频繁出现在村村寨寨、田间地头，送去党和政府的关怀，带来脱贫致富的新希望。

他们有一个共同的名字——志愿者。

鹤峰县志愿者协会成立于 2017 年 3 月 5 日，当年 7 月 19 日依法注册成为非营利性公益组织。协会致力于县内公益事业已 6 年，关注事实孤儿、困境儿童，陪伴他们健康快乐成长；同时致力于各类公益

◆ 鹤峰县志愿者们为村民贴春联、挂灯笼

事业：关爱福利院老人、环境保护、大型赛会、文明交通劝导、应急救援和疫情防控等。每年开展志愿服务活动 200 余次，参与人数逾3000 人。

近年来，协会从建队伍、做活动、建机制方面入手，持续开展学雷锋暨新时代文明实践志愿服务活动。鹤峰县注册志愿者达 8 万余人，占常住人口的 46%。截至目前，累计开展相关志愿服务活动 5363 场次，服务时长 22 万多小时，解决群众身边小事难事 5000 余件。曾荣获"我和我的祖国" 2020 年度国际中国公益集体奖。

目前，鹤峰县志愿者协会已吸纳团体会员近百家，个体会员逾千名，建立了数十支志愿服务分队。他们以志愿微光温暖着群众的心灵，汇聚起强大的正能量。

助学圆梦，阻断代际"穷根"

2021 年 7 月 23 日，家住鹤峰县五里乡的学生刘赐福高考成绩出来后，第一时间向鹤峰县志愿者协会告知自己考出了 640 分的好成绩，感谢协会的真情帮扶，让自己终圆"大学梦"。

刘赐福一家 3 口人，弟弟董学鹤读小学五年级，母亲在家务农。2016 年，刘赐福的父亲患重病去世，因治病欠下一大笔外债。孩子要上学，全家要生活，还要偿还借款，千斤重担全压在母亲一人身上。

当协会获悉刘赐福一家的困境后，第一时间主动与两兄弟结对子。几年间，志愿者们经常到家里与他们交心谈心，送去棉被、鞋子、油米面等生活物资，每月按时汇去助学款，在一定程度上减轻了一家人的经济压力。兄弟俩非常感激协会这几年来给予的无私帮助，让他们对生活和学习充满了动力。

鹤峰原有建档立卡贫困家庭就读学生 10596 人。"不让一名学生因贫而失学"，鹤峰县志愿者协会把关爱的目光聚焦到帮助贫困孩子身上，借东西部扶贫协作的东风，携手江苏爱心团队和杭州晴雨公益组织启动了"有福'童'享，爱心 1+1"助学平台和"孤星计划"助学项目，吸引 30 多家企业、300 余名爱心人士参加。同时，上海艾力家族等爱心组织也加入关爱鹤峰贫困孩子的队伍。爱心人士与贫困学生"一对一"结成对子，帮助他们完成学业，做莘莘学子的"引航者"。

截至目前，公益助学项目累计捐资捐物逾 100 万元，精准资助和对接帮扶特困学生 600 余名。

扶贫济困，助力脱贫攻坚

"多亏了志愿者热心帮助，我才走过生活中的坎坷辛苦，有了今天的好日子。"鹤峰县容美镇观音坡村村民陈郑和感激地说。

2017 年 10 月，陈郑和的房屋被洪水冲垮，志愿者协会募集资金 8000 余元，送去床、衣柜、桌子、凳子、电视机、电磁炉等家具，帮助陈郑和重建家园，同时与陈郑和的孩子结对，辅导学习、提供资助，点燃他对生活的勇气，帮助他重拾对生活的信心。

"天灾无情人有情。但我不能总是伸手要，发家致富还得靠自己。"通过志智双扶，勤劳务实的陈郑和感恩前行，很快摆脱了贫困日子。

2019 年 1 月，陈郑和主动与志愿者协会沟通，表示自己已经有了一定的经济能力，不再需要帮扶了，希望能把社会资源让给其他更需要帮助的人。

鹤峰县容美镇彭家垭村 79 岁"五保"老人田爹爹关节炎恶化导致全身瘫痪，之前由两个弟弟轮换照顾。后来，弟弟年岁也大了难以照料周全。

志愿者协会通过帮扶干部获知田爹爹的情况后，迅速捐赠物资。当时，有一名志愿者是超市负责人，得知要给老人送温暖，他连夜从外地赶回来，特意准备了一箱羊奶粉。

志愿者第一时间将疗养床、衣服被套、饮水机送到老人家里，并且为老人打扫卫生，擦洗身子，安装饮水机和疗养床，让老人现场几度哽咽。

扶贫济困，关心社会弱势群体，志愿者一直在路上。他们通过公益募捐、结对帮扶、走访慰问等方式，组织开展"爱心同行"、敬老爱幼等志愿服务活动，做困难群体的"交心人"，持续焕发生机与活力。几年来，协会累计关心关爱困难群众近千人，开展关爱活动600余次。

"真的非常感谢你们，大老远地给我们送来多功能护理床和轮椅，真是帮了大忙！"2021年5月25日，庙湾村残疾人王某满脸开心地说。这天上午，鹤峰县志愿者协会将爱心人士捐赠的多功能护理床和轮椅送到他的家中。

今年68岁的王某13年前摔伤造成高位截瘫，生活不能自理，他希望能有一张多功能护理床。鹤峰县志愿者协会得知情况后，经过几番筹措，爱心人士覃书生将家中闲置的护理床和轮椅捐赠出来，经过现场安装、调试，同时还向其家人细心讲解了使用方法，圆了他的微心愿。

2021年7月，40多名志愿者来到太平镇村民黄莫贵的辣椒基地，帮助抗灾自救。

黄莫贵是辣椒种植大户。一场突如其来的强降雨，65亩基地被淹。

"我的心都凉了，不能补救的话就只能重耕田地改种其他作物。"黄莫贵看到损毁的大棚设施、倒伏和被淤泥覆盖的蔬菜，心里很不是滋味。

志愿者协会获悉后，立即伸出援手。当天，志愿者帮采并销售鲜辣椒600多公斤。

2021年夏，鹤峰遭遇数轮暴雨侵袭，各村、社区不同程度受灾，为全力做好防汛救灾工作，党员志愿者响应号召，积极下沉到13个社区及205个村参与核灾救灾、安全巡逻和街道清淤工作；成立了防汛抢险青年突击队，招募40余名突击队员参与到防汛值班值守及防汛抢险工作中，主动承担"急、难、险、重"任务。

志愿者协会有一名"西部计划"志愿者，曾获评全国大学生西部计划"优秀志愿者"、全国优秀共青团员。她叫陈炊宏，今年 25 岁，是 249 个困境儿童的"小陈姐姐"、结对孩子的"爱心妈妈"、1121 名志愿者的"小陈同志"。

2019 年 8 月，陈炊宏成为一名大学生西部计划志愿者，服务于鹤峰县志愿者协会，任协会理事、团支部书记。三年间，她策划参与"河我一起 守护溇水"、暖冬行动等志愿服务活动 158 场，组织实施七彩社区、温暖之家等多个公益项目，为 114 名困境学生送去"青荷圆梦包"，一对一结对帮扶困境学生 249 名，走遍了鹤峰所有乡镇和大部分乡村，志愿服务时长近 1000 小时。

疫情防控一线的"志愿红"

连续 35 天，参与志愿者 1750 余人次，出动志愿专车 2100 余车次，接受 17560 余笔送货单，募集防疫捐款 40118 元，募集防控物资 10 万余元，服务时长 7600 小时……

2020 年 1 月下旬至 3 月 2 日，志愿者协会服务平台统计的这一串串数字，见证了志愿者在疫情防控一线的艰辛与付出。

疫情无情人有情。在疫情防控一线，一抹抹鲜艳的"志愿红"逆行而上，值班值守、代购跑腿、爱心服务……他们以实际行动传递着人间大爱。

那段艰难的日子，城区交通、人员管制，给市民生活带来不便。志愿者协会 35 名志愿者组成"跑跑队"，成立专门的物资配送服务队，固定 13 辆配送货物的车辆，市民在线点单，志愿者超市购物，打包分类，分区域免费配送。

"当时日送近千单，没人叫苦叫累。市民有需求，我们就尽量满足。"协会会长刘鑫华说。

"我的头发两个月没剪，可以扎小辫了。"

"我儿子的头发都快遮到眼睛了。"

"宅"家的市民在微信群、朋友圈戏言，却又无所适从。

志愿者蒋照戌是理发师，主动申请"爱心义剪"。自 2 月 11 日开始，他穿梭于城区近 30 个小区和路口值守的卡点，连续 20 天累计为 500 多名在一线防控疫情的工作人员解决了"头等大事"。

当市民对他竖起大拇指，他却腼腆地笑了："比起一线医务工作人员，这点小事算不上啥，这都是我一个志愿者该做的！"

"活水计划"助力乡村振兴

2022 年 4 月，中国乡村发展基金会联合 12 个省（直辖市）近 70 家县域社会组织共同开展 2022 活水计划乡村振兴志愿者日联合行动。

活动通过线上及线下的公益倡导，动员公众成为爱心志愿者，带动更多身边的人关注并助力家乡公益项目，

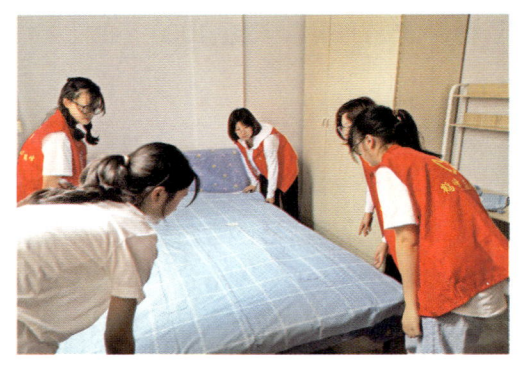

◆ 2022 年，鹤峰县志愿者协会志愿者们正在改善儿童房间

营造全民公益的良好氛围，汇聚志愿力量，共建美好家乡。

自 2021 年以来，鹤峰县"活水计划"共筹款 20.8 万元，其中发放大病临时救助款 6.8 万元，完成儿童房间改善 6.15 万元（孤儿、事实无人抚养儿童、低保户儿童、建档立卡户），完成志愿者培训活动 0.36 万元，"老有所靠"关爱老人 6.1 万元（完成 4 场健康体检、4 场健康知识讲座，购置帐篷、体检床）。

（图片由鹤峰县志愿者协会提供）

凝聚微光成火炬
——记宜昌市伍家岗区微炬社会公益服务中心

宜昌市伍家岗区微炬社会公益服务中心成立于2016年3月，经主管单位伍家岗团区委批准，于2018年8月21日正式在伍家岗区民政局登记注册，是一家专业社会服务机构。中心现有专职工作人员6名，注册志愿者2421人，志愿服务时长80万余小时。

中心自成立以来，以丰富的经验和专业的管理，先后为10支志愿服务团队的建设提供了督导服务，并取得成功；承接政府购买的项目共45余个，如：关爱留守儿童、社区垃圾分类、社区防电信诈骗、暑

◆ 暑期"希望家园"志愿服务活动

期"希望家园"、"暖冬行动"宜昌春运志愿服务、宜昌火车东站疫情防控志愿服务等，先后组织志愿者 10 万余人次，组织各类活动 800 余场次，帮扶各类群体 2300 万余人次，荣获"全国抗击新冠肺炎疫情青年志愿服务先进集体"，湖北省"本禹志愿服务队"等称号。

青春由磨砺而出彩

2016 年 3 月，潘昌华牵头成立宜昌市伍家岗区微炬社会公益服务中心。在伍家岗团区委的指导下和宜昌市社会组织公益园的孵化下，微炬积极号召广大青年加入志愿者的行列，从最初不到 5 人的小团队，到拥有 2400 余名注册志愿者的组织；从一腔热血，到服务更具专业性、组织性，开展了"暖冬行动"宜昌春运志愿服务、困境未成年人的帮扶工作、无偿献血、清理江滩、垃圾分类、"希望家园"等活动，融入基层治理，服务社会。

早在 2016 年春运期间，潘昌华就带着 9 岁的女儿报名参加"暖冬行动"宜昌春运志愿服务。

也正是在那次活动中，潘昌华发现志愿者的服务虽然热情有氛围，但是团队管理还不够规范，服务也不够专业。为了让宜昌的志愿服务越来越好，也为了感染更多的人加入志愿者的行列，2016 年 3 月，潘昌华牵头成立了一家社会服务机构，取名为宜昌市伍家岗区微炬社会公益服务中心。在潘昌华看来，微炬的含义就是"积微成炬，让个人微弱的光，汇聚成一束火炬，照亮公益的前行之路。"

在伍家岗团区委的大力支持和各类政策的扶持下，"微炬"渐渐初具雏形，特别是入驻市社会组织公益园后，"微炬"不仅拥有了自己的办公场地，团队成员还能参与公益园组织的各类专业技能提升课程，这些都有效提升了团队的整体实力和专业水平。

为了更好地接洽各类志愿服务项目来维系组织的发展，2018 年，潘昌华将微炬注册成为一家专业的社会服务机构，以获得参与项目竞争的资质。

从此，他们开始积极向社会推介微炬志愿团队，踊跃参与各类志愿服务创投大赛，链接各大基金会为中心争取更多发展项目。他们成立了团支部和大学生实践基地，与各大高校对接，充分吸纳专业对口的青年志愿者加入组织，促使"微炬"一步步从最初不到5人的小团队，发展到拥有2400余名注册志愿者的规范社会组织。

"曾经有人对志愿服务产生过误解，认为我们是沽名钓誉之辈，只是摆摆样子搞搞面子工程，压根儿不会为群众做什么实事。"回忆过去，潘昌华清楚地记得，2019年的"暖冬行动"中，一名插队乘客被劝阻指着鼻子骂志愿者狐假虎威的情形。

"听到这样的声音也有沮丧，但我们的初衷并不是要得到谁的肯定，而是尽微薄之力帮助更多人，越是被质疑我们就越要做实事。"潘昌华说。

后来，许多曾经质疑的人加入了志愿者行列，成为队友，这其中的微妙转变可以说是志愿服务中的"意外收获"。

2020年初，突发新冠肺炎疫情，考虑到中心已经连续5年在宜昌东站开展"暖冬行动"春运志愿服务，对东站地形和相关管理单位都很熟悉，为方便后续疫情防控工作的开展，"微炬"接手了宜昌东站的疫情防控志愿服务。作为中心负责人，潘昌华在伍家岗区防疫指挥部的部署和团区委指导下，面向全市招募防疫志愿者，组建并培训"宜昌火车东站抗击疫情志愿服务队"。

封控期间，志愿服务开展得非常艰难，防疫物资的匮乏、对疫情的未知和恐惧都困扰着他们。那段时间，潘昌华每天醒来都要面对一堆问题：办理通行证、转运防疫物资、协调安置滞留旅客、为出站旅客提供体温检测、信息登记、健康信息查验等服务，一桩桩、一件件，他和团队成员都咬牙坚持了下来。

"蹲守宜昌东站两个多月，我吃遍了市面上各种品牌各种口味的方

◆ 2022 年，宜昌东站出站口防疫志愿者查询旅客健康码

便面，不自夸地说，我现在也算是个'泡面达人'了。"潘昌华笑言。

防疫工作开展期间，微炬社会公益服务中心共组织志愿者 43800 人次，志愿服务时长共计 35 万余小时，服务进、出站旅客 1200 万余人次，为抗击疫情做出了重要贡献，获得了社会各界的一致好评。2020 年 10 月，"微炬"获得了"全国抗击新冠肺炎疫情青年志愿服务先进集体"的光荣称号，潘昌华也获得了湖北省"本禹志愿服务队抗疫特别个人"的荣誉。

在青春赛道上奋力奔跑

"平静的生活被打破，是我们所有人都没想到的。但有那么一群人，不畏艰险，挺身而出，牢牢守住了宜昌的'东大门'。"回忆 2020 年以来那场疫情，张致敏刻骨铭心。

作为微炬社会公益服务中心党支部书记，张致敏在疫情期间和潘昌华一道率领团队 40 余人，坚守在宜昌火车东站开展志愿服务，助力旅客安全出行，守紧守牢宜昌"东大门"，努力为市民安全保驾护航。

张致敏与志愿服务结缘于初中阶段。在宜昌争创全国文明城市的评选表彰活动中，张致敏第一次接触到志愿服务，从此在他的心里撒下了助人为乐的种子。

大学期间，张致敏曾与同学、朋友一起参与武汉市马拉松志愿服务、汤逊湖环保志愿服务、"青春在这里"党员志愿服务等活动。寒暑假更是全身心投入公益服务当中。

"我记得，2018年寒冬腊月，一个胖胖的，看着比较稚嫩的小伙子出现在眼前，他来的第一句话就是'我能做些什么？'立刻引起了团区委和我们'微炬'团队的注意。于是，我们任命他作为'暖冬行动'小队长，带领来自各个地方的志愿者们开展宜昌东站的春运志愿服务工作。"潘昌华对张致敏的第一印象非常深刻。

在为期整整28天的"暖冬行动"宜昌春运志愿服务活动中，张致敏和其他志愿者一起圆满完成各项任务。

2019年6月，张致敏大学毕业，他放弃优厚待遇的事业单位工作

◆ 2019年春运，微炬社会公益服务中心志愿者帮旅客搬运行李

机会，加入宜昌市伍家岗区微炬社会公益服务中心。

2020年初的"暖冬行动"，被一场突如其来的新冠肺炎疫情打乱了。

张致敏又急又忧，在防疫指挥部的指导部署下，与潘昌华一起面向全市招募防疫志愿者，组建并培训抗击疫情志愿服务队。

疫情防控期间，张致敏带领志愿者在宜昌市内奔波，对防疫物资进行转运。同时，对接各方资源，为社区募集防疫物资，为疫情防控工作的顺利开展提供物资保障。

随着疫情防控常态化开展，张致敏绝大多数时间都坚守在宜昌东站现场，负责疫情防控志愿服务各项工作。旅客对防控措施的不解和对防疫工作的误解时常会有，张致敏就耐心地讲解宜昌当地的防疫政策，用耐心安抚旅客的不安。

"请大家打开健康码，不要拥挤，安全有序出站。"那段时间，旅客们常会看到张致敏站在椅子上，手持喇叭，一遍遍发出提示，帮助大家尽早出站。

2022年12月6日晚，张致敏突然接到区防疫指挥部来电：东站核酸采集点有一个混管阳性，其中涉及4名防疫志愿者。张致敏心里咯噔一下紧张起来。他马上找到这4名志愿者，让他们临时在留观区隔离，同时带领工作人员搭建简易板床，安排所有密接志愿者隔离。张致敏就在临时办公室的椅子上守了整整一夜。

7日下午，当收到疫情防控点拆除的消息时，一种欣慰的情绪盈满张致敏的胸膛。

2020年，张致敏作为抗疫先锋，成为宜昌市最年轻的"优秀共产党员"。

4年来，张致敏组织志愿者开展暑期"希望家园""贫困未成年人帮扶""农村留守儿童服务""五防教育"、禁毒宣传、"清理江滩"、无偿献血和献血法宣传、"文明典范城市创建"、腾讯"99公益日"等志愿服务活动，受到了团市委、团区委的好评，他也获得了宜昌市"最美志愿者"的荣誉。

新时代青年创造美好明天

"微炬社会公益服务中心作为一家专业社会服务机构，主要开展政府、企事业单位、其他组织服务购买；孵化、建设、督导、管理非营利性社会公益组织；社会公益组织发展政策研究；志愿者招募、培训、管理、考核和志愿者人才建设以及志愿服务队伍建设与督导；公益公共空间运营以及公益服务项目评估、督导服务；策划承办各类社会公益服务项目大赛以及其他公益性活动；以及其他社会公益性服务。"潘昌华介绍。

中心自成立以来，以宜昌火车东站、长途客运中心站为阵地，连续 8 年开展"暖冬行动"春运志愿服务活动；2020 年突发疫情，组织志愿者开展宜昌火车东站疫情防控志愿服务活动；以社区为阵地，开展"希望家园"、垃圾分类进社区、预防电信诈骗等社区志愿服务；以辖区进城务工人员子女为主，全面开展未成年人的帮扶工作，引领孩子们健康成长；以宜昌市中心血站为依托，多次组织志愿者开展无偿献血和献血宣传活动；以长江、柏临河为主要阵地，开展"清理江滩"等生态环保活动。

中心还积极参与文明典范城市创建工作，组织志愿者在伍家岗区各街道口开展文明交通志愿服务活动；为提升志愿者综合素质，多次联合其他组织开展志愿者综合能力培训活动，不断提升志愿服务水平，受到社会各界广泛好评。

（图片由宜昌市伍家岗区微炬社会公益服务中心提供）

用爱托起希望

——记咸宁市咸安区青柠公益协会

让志愿服务深入人心

"以前总认为志愿服务好像很难，今天听完后才明白原来志愿服务就是从身边小事做起，下次我也带孩子一起参加！"2023年8月12日，咸宁市咸安区永安街道同心路社区新时代文明实践站内，张阿姨不禁感慨。

当日，咸安区青柠公益协会志愿者受邀在这里为社区居民做志愿服务经验分享交流活动。

活动中，志愿者陈枝梅通过介绍自身参加志愿服务的经验，拉近彼此之间的距离，让居民明白志愿服务的意义和内涵，原来做一些力所能及的小事情也是志愿服务，自己参与志愿服务，孩子也会从中受益。随后志愿者陈芳和儿子分享志愿服务经历，也让在场的家长和小朋友深受感动，原来帮助他人可以从中收获不一样的快乐。

此次分享会激发了社区居民参与志愿服务的热情，大家纷纷表示今后会积极参与小区志愿服务，带动家人和邻里共同美化家园。

"我觉得家里的电线冒烟可能是电器老化造成的。"2023年4月21日，在咸安区桂花镇石城小学课堂上，一年级的学生雷锦程回答志愿者的提问。

当天，一支由青柠公益与咸安商贸物流区、消防支队等组成志愿服务队伍，来到石城小学开展"消防入校园，篮球助成长"志愿服务活动，全体师生共 80 余人参加。

活动中，除了以案说法，引导学生们养成良好的消防行为习惯，树牢消防安全意识，志愿者还送上了小画板、可乐杯、爆米花杯等礼物，和孩子们一起品尝

◆ 2023 年 4 月，志愿者陈枝梅在咸安区桂花镇石城小学教学生用画板认字

自制的美味午餐，鼓励孩子们珍惜学习机会，做乐学向上、德智体美劳全面发展的新时代好少年，努力成为对国家、对社会的有用之才。

成立于 2020 年 5 月的咸宁市咸安区青柠公益协会，是经咸宁市咸安区民政局批准成立，由共青团咸安区委指导、以湖北门板文化产业集团有限公司（门板集团）为核心，联合一批爱心企业和爱心人士组成的社会公益组织。

协会成立时间虽不长，但公益服务队在凝聚爱心力量、扶危助困、战贫救灾、助学帮孤等方面，秉承着"助人以善己 青柠新风尚"的发展理念，坚持党建引领、组织建设和公益服务，为社会树立良好的道德风尚。

疫情防控一线彰显青春担当

2022 年 11 月，青柠公益协会 200 余名青年志愿者赴交通枢纽、核酸检测点、封控小区、农贸市场等重点区域开展卡点值守、核酸检测、人员摸排、健康码查验等疫情防控志愿服务工作。

在咸安区清华城等多个核酸检测采样点，志愿者们分成 3 个小组，每天早上 6 点半到下午 6 点半，协助医护人员开展秩序维护、引导咨询等工作。

"请提前打开健康码，戴好口罩，保持 1 米线，不要拥挤……"重复的话语，重复的动作，志愿者不厌其烦地坚守。前来核酸采样的居民们在志愿者的引导下，戴好口罩，分成几列依次排队，严格保持 1 米安全距离。

帮助老年群众代领健康码，指引居民扫码、佩戴口罩，帮助他们进行核酸登记，并进行现场秩序疏导……在各社区，志愿者耐心对待每一位前来做核酸的居民，细致地引导群众顺利做好核酸采样工作。

在高铁咸宁北出站口，志愿者向旅客宣传疫情防控政策，开展体温测量、健康码行程码查验等志愿服务工作，守好咸宁疫情防控的前沿防线。

在亿丰农贸市场，志愿者分两个班次协助二维码查验。每天都有十余名青年志愿者在这里协助开展疫情防控工作。"为了我们大家的健康，这些志愿者早出晚归，细心服务，热心引导，我们都很感动！"一位居民伸出大拇指。

志愿者热情无私的服务赢得了多方点赞。在他们的带动下，越来越多的居民支持疫情防控工作。不少群众还自发为核酸采样点送来午餐、饮品等，为志愿者送来温暖。

用爱托起希望

青柠公益协会记录了自 2020 年以来部分志愿者活动，无论是看望农村留守儿童、农村学校结对帮扶、乡村助农，还是文明城市创建值守、社区公益宣传等，志愿者用爱心托起一片希望的天空。

"2020 年 2 月 3 日，筹集到爱心款 16.62 万元，消毒酒精 8000 余斤，口罩 1 万余只，手套 2 万双，防护服 1000 套，测温仪 36 只等，先后送往咸安区 130 余个社区以及村镇。共组织 48 名青年志愿者，分别赴温泉办事处 15 个社区，支援社区开展宣传劝导、监测体温、消毒杀菌等各项疫情防控工作。"

"2020 年 5 月 31 日，青柠公益协会收到了一份孤残及留守儿童的认领名单，大家纷纷争抢着为这些孩子们准备儿童节礼物。"

"15 名志愿者与 15 名孤残儿童相逢于广场，志愿者把精心挑选的礼物送到孩子们手中的时候，他们眼里闪着兴奋的光。经过一个上午的亲密活动，活动结束告别的时候，大家眼眶都湿了。"

"2020 年 7 月 12 日，咸安汛情严重，队员跑遍了全市的超市、药店，用临时筹集到的捐款购买各种救灾物资。第二天一早，20 多名志愿者在团区委张娟文书记的带领下，踏着泥泞的小路，背着物资，一路蹒跚来到咸安滨湖围垸、向阳湖围垸值守点，将防汛物资送到一线值守干部群众手中。"

"2021 年 1 月 24 日，周末，组织黑马画室员工一起来到龙潭新社区陪留守儿童做游戏、唱歌、跳舞、画画。刚开始的时候，这些留守孩子很腼腆，不敢说话，也不敢看我们，我们就引导和鼓励他们勇敢地介绍和展示自己。随着我们带领着孩子们一起玩萝卜蹲、抢凳子等游戏，孩子们的热情天性被完全释放出来。"

"2021 年 7 月，筹集到 6 万多元物资（方便面、矿泉水、药品、皮划艇等）分两次送往河南新乡。我们拖着带去的皮划艇，站在齐腰深的水里帮助当地救援队一起转运居民，还将另一条皮划艇送给武警战士以便于他们开展救援。"

……

"尽自己所能去做事情。"是志愿者钱静加入青柠公益协会的初心。

2020 年疫情期间，当地防控人员紧缺，钱静放弃休假、放下家中老小，主动申请到温泉办事处肖桥村做志愿者。

她一到岗就投入烦琐的工作中，张贴宣传通告，分发防疫宣传手册、收集资料、整理报表、登记台账等，每天一坐就是十几个小时，常常加班到凌晨甚至有时通宵达旦。

有一次，医院血库告急，采血车到各社区进行现场收集血液，钱

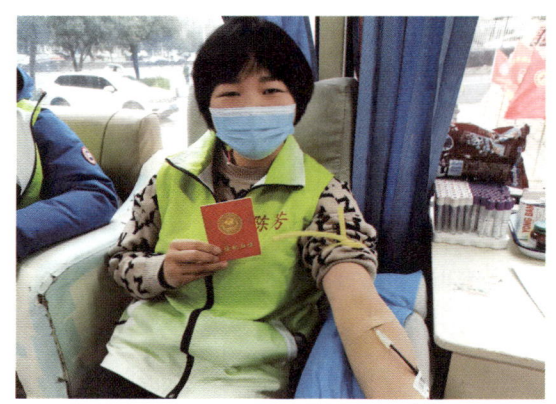

◆ 咸宁市中心血站短信告知血库告急，青柠公益协会组织志愿者进行义务献血

静不顾自己多年低血糖的虚弱身体，挽起袖子就踏上献血车。

"作为新时代的青年，我期待我们的乡亲父老健康幸福，期待我们的城市越来越美好，期待所有的少年儿童快乐成长、安心读书，期待我们的国家越来越繁荣富强、人民生活安康。所以，我自愿加入青柠公益协会，我相信爱心会托起希望。"另一位志愿者陈俞含说。

这几年，陈俞含先后多次走进汀泗长寿小学、双溪担山小学、大幕乡金鸡山小学和桂花石城小学助学支教，被孩子们亲热地称为小陈主持人、小陈老师、小陈宣讲员和小陈活动官。"这一切都滋养着我，让我时刻谨记助学支教，用爱心点亮未来。"陈俞含被孩子们深深感动了。

后来，她还经常带着小学 5 年级的儿子一起去支教，与学校孩子共同主持晚会。看到儿子和那些孩子们打成一片，彼此露出灿烂的笑容。陈俞含感受到，公益行便是最好的教育，是公益心性的培育，更是德善的滋养。

（图片由咸宁市咸安区青柠公益协会提供）

共筑碧水蓝天
——记湖北科技学院绿舟环保协会

有这么一群人，二十二年如一日，始终走在环保的路上，他们手持环保火炬，以热情作引，坚持环保宣教，在课堂讲述保护自然的环保之路，积极开展诸多环保公益活动。

他们的身影，在长长的河滩边，进行水质检测、清理河滩；他们的身影，在校园的各个角落，为环保奉献力量；他们的身影，出现在每个大大小小的环保活动中，表达着对环保事业的传承和热爱。

这个优秀团队，就是湖北科技学院绿舟环保协会，一个成立于2002年9月，以"开展环境教育，播撒绿色种子"为宗旨，在校内外积极开展环保宣教活动的学生环保公益社团。他们在绿色环保方面始终秉持本心，不忘初心，凭着激情和共同的信念，怀着对大自然的敬仰和尊崇，开展各项保护生态环境和环保宣传活动，汇聚起强大环保合力，不断地在环保事业上走出属于自己的一方志愿服务天地。

一叶绿舟，告慰爷爷

虞众文很小的时候，和爷爷奶奶生活在一起，他眼里的爷爷是个很浪漫的人。

奶奶喜欢吃桃子，爷爷就在碧绿的湖边种了一片桃林。那时候山清水秀，鸟语花香，无数个夜晚虞众文躺在桃林里数星星，伴着皎洁的月光甜甜进入梦乡。

后来，爷爷走了。那片桃林也就没有人打理了，加上当地开发建设，河流和土壤受到污染，桃林和湖里到处是垃圾，整个桃林环境越来越差，奶奶每天一个人佝偻着身子清理着垃圾，可桃树再也没有结果。

虞众文记忆里的那处世外桃源，留在了过去，留在了梦里。

后来，虞众文上了大学，走过不少地方，他发现环境问题不止在家乡，很多地方都如此。

他在想，如果能有一个团队投身到环境保护当中，将环保知识传播出去，提高大家的环保意识，自觉维护生态环境。2002 年，正值《国家环境保护"十五"计划》实施的重要一年，国家号召保护环境，倡导绿色行为。为树立绿色观念，普及绿色文明、生态环境和可持续发展的意识，展现当代大学生关注社会，以天下为己任的精神风貌，虞众文作为发起人之一，在学校成立绿舟环保协会。于是，协会开始致力于环保宣教、河流净滩等诸多特色活动。

虞众文做过一个梦：他乘一叶绿舟御风飘至爷爷面前，将世界千万"桃林"恢复生机的消息告诉他，包括爷爷的那片桃林，他在好好守护。

他告诉爷爷，奶奶很想他。

一堂教育课，深入人心

2022 年 8 月 19 日，通山县厦铺镇冷水坪村村民发现，村里出现了一群陌生年轻人，他们到冷水坪村红色革命遗址参观、寻访，了解冷水坪村的自然与人文，拿着专业仪器，对古建筑、山上的植物、土壤进行检测、拍照。

原来，这群人就是湖北科技学院绿舟环保协会暑期社会实践团队。

两天时间里，团队老师和同学们跟随村支书脚步，一同探寻红色足迹，从红色资源中汲取精神滋养和前进力量。烈日下，团队成员利用专业实验设备对冷水坪水源取样，对土壤矿物质含量进行了检测，

◆ 2022 年 8 月，绿舟环保协会"扬绿色理念，创美丽中国"暑期社会实践团队成员在咸宁市通山县厦铺镇冷水坪村玄参种植地考察后合影

指导村民在桃树下套种玄参，对冷水坪村农村生态文明建设、红色旅游和特色农业产业发展进行了积极探索，提出了建设性意见。

每年，绿舟环保协会成员都会响应"三下乡"号召深入农村开展"扬绿色理念，创美丽中国"暑期社会实践，了解当地生态文化，传播绿色理念。

2023 年 4 月 6 日，绿舟环保协会在咸宁市咸安区第五小学给四年级的学生上了一场生动的环保课。

课堂上，协会成员通过精心制作的电子教案，向学生讲解我们赖以生存的环境所面临的严重污染问题。一组组惊人的数据，一张张取自身边的图片，让学生们不由得发出惊叹，环境污染带来的后果引发了他们深思。学校师生表示，环保从小事、从身边事做起，一定将该校的环境教育做好、做大，并落到实处。

在咸宁市及周边地区开展中小学环保教育，是绿舟环保协会的一项长期性活动。此前，协会已在咸宁高新实验外国语学校进行了近半年的环保教育试点活动，积累了一定的经验。绿舟协会相关负责人表示，环境保护的意识不是一朝一夕形成的，必须从小抓起，但咸宁市许多中小学都没有开设环保教育课程。他们将充分整合协会资源，在力所能及的范围内为咸宁市区更多中小学弥补环保教育不足的空缺。

一节观鸟课，探索成长

鸟类的生存与环境质量息息相关。多年来，绿舟环保协会持续开展观鸟活动，迄今在校园内观察并记录到常见留鸟与候鸟40余种。

为了让更多兴趣相投的鸟类爱好者聚集一起，绿舟环保协会建立了观鸟组，经常组织线下观鸟活动。

每次观鸟前，队员会拿上设备绕校内揽月湖寻找合适观鸟点，架起设备。观鸟完毕，团队成员会聚集在一起分享自己看见的鸟种，遇见不认识的鸟，大家会查询资料一起分辨，也有同为观鸟爱好者的老师为他们答疑解惑。

"鸟类是自然生态的重要组成部分，我们举办观鸟活动，是为了让同学们了解美丽校园里的鸟类，在丰富校园生活、陶冶大家情操的同时，培养爱鸟护鸟意识。"团队成员王克说。

每次观鸟活动结束后，团队会将观鸟点清理干净，把垃圾带走。除此以外，协会还会为每位同学赠送鸟类明信片和鹦鹉贴纸，将爱护鸟类、保护环境的"种子"悄悄播撒在成员们的心里。

一条母亲河，共同守护

淦河是咸宁的母亲河，是咸宁的文明起源地，亦承载着咸宁人温馨的记忆。

2022年10月30日，"'河'我一起，守护母亲河"淦河净滩活动，绿舟环保协会50名志愿者积极报名参加。

在淦河两岸河道，志愿者手持夹钳、垃圾袋等工具沿着河滩，从草丛中、石缝、沙砾里捡拾各种垃圾，鲜艳的红色志愿服成为淦河两岸一道亮丽的风景线。

一支优秀团队，为美好环境行动

"包好不乱丢，青年来助力。" 2023 年 3 月 14 日，"2023 公益未来·玛氏箭牌可持续'玛'上 GO"全国青年可持续创新项目入选高校名单公示，来自湖北科技学院绿舟环保协会的环保包装创新项目成功入选，这是该校首次入围此项目。

据悉，该项目在高校开展全国青年公益实践大赛与社区嘉年华活动，鼓励青年人围绕生活中垃圾产生、丢弃及再利用等环保问题，提出创新解决方案，并在参赛过程中挖掘自身潜能，培养创新精神。同时，号召公众参与环保可持续行动，共同打造社会的美好环境。

从 2002 年成立，绿舟环保协会就以"开展环境教育，播撒绿色种子"为宗旨，与咸宁市生态环境局、林业局、自然资源和规划局、农业农村局等部门密切联系，配合每年举办的"世界地球日""世界环境日""增殖放流"等活动，宣传生态文明理念。他们与华中农业大学、武汉纺织大学等高校联合互动，在全国性的公益环保道路上驰而不息。

22 年来，协会每年都会扎根农村，举行以"绿色环保"为主题的暑期社会实践，由专业老师带队组织志愿者到武汉、黄冈及咸宁开展水环境实地调研，其中包括世界自然基金会举办的"湿地使者"以及针对咸宁市斧头湖、西凉湖、向阳湖、淦河等地进行水域水质、人文环境、历史文化等方面的调研。

他们还深入社区和中小学，开展以环保为主题的宣教活动，提高大众环保思想认识、增长环保知识，使 2000 多人受益。为此，他们多次获湖北省大中专学生暑期"三下乡"社会实践活动优秀团队。

2013 年，绿舟环保协会前往咸宁市崇阳、通山、通城各地，调查水环境；联合相关单位，每年开展世界地球日活动，组织万人共绘地

◆ 2023 年 4 月，绿舟环保协会在咸宁市咸安区淦河河边开展测水质·放养鱼·净河滩活动后在淦河河边合影

图活动。

2022 年，协会入选"与祖国同行 为人民奉献——志愿公益创造营 2022—2023"活动。

2023 年，入选"2023 公益未来·玛氏箭牌可持续'玛'上 GO"和"公益未来·大学生就业力实践"两个国家级项目。

如今，协会已经走过 22 年，每年都有 300 至 400 名志愿者加入协会。

"当今公益活动日渐多元化，绿舟环保协会的志愿者心里有梦想、有期待、有感动，对协会有着深厚的情感，团队有着强大的凝聚力。"协会指导老师高格说，"绿舟环保协会致力于播撒绿色种子，营造了一个热爱自然、保护环境的氛围。每播撒一粒种子，就可能裂变成无数'中国梦'的愿景，终有一天，他们的梦想会开花。"

（图片由湖北科技学院绿舟环保协会提供）

行走"江湖"的绿色精灵
——记武汉纺织大学绿色环保协会绿芽环保公益志愿服务队

绿色，代表着清新、生命、希望和未来。

有这样一群朝气蓬勃、热心公益的年轻人，像绿色精灵般奔波于山水之间、江河湖畔。他们利用课余时间与假期走访调查江河湖泊生态数据，为河湖"体检"，开展环保宣教，将志愿服务、创新实践、科学研究与专业知识深度融合。18 年间，足迹遍布 11 个省份、28 个城市、70 个江河湖泊。

这支"专业 + 公益"的新型大学生社团，就是武汉纺织大学绿色环保协会。

他们是全国百强社团、全国优秀学生社团、湖北省"本禹志愿服务队"、武汉市生态环境志愿服务优秀团队、洪山好人，也是纺大第一个登上人民大会堂领奖台，捧回团中央"大学生小平科技创新团队"的社团。

"草根社团"，从环保宣传起步

在武汉纺织大学，提起环保，大家都知道一位叫姚瑶的老师。作为绿色环保协会的指导教师，14 年来，姚瑶带着一批又一批大学生，走过长江流域的 9 个省份 26 个城市，调研取样 69 个湖泊；他们走进30 多个村庄开展水质调查和环保宣传，在 30 余所中小学为近 3000 名学生开讲"环保大课堂"。

如今，绿色环保协会在这位"总教头"的带领下，依托环境工程学院的专业优势，专注于水质调研、环保社会实践等，已是该校声名远播的品牌社团。

"协会走到今天非常不容易。"姚瑶说。

2005年，几名爱好生态环保的大学生，在一间小教室组建起一个保护环境的小团体，起名"绿色环保协会"。

自那天起，他们从草根社团蹒跚起步，收集饮料瓶出售、义卖旧书筹集经费，在校内号召"光盘行动"，印制自己编撰的环保手册，向师生传递环保理念；用废旧材料变"时装环保秀"，在街头开展行为艺术，向路人宣传环保。

当看到大量围湖造田、城市建设造成湖泊面积锐减、水质恶化，他们又头顶烈日四处奔走，将绘制的"绿地图"送到市民手中；为摸查巡司河排污口，夜晚冒雨徒步10多公里，为世界水日"拍摄中国排污口"提供一手数据。

他们倡导环保从娃娃抓起，走进中小学开办"环保大课堂"，讲环保故事、做环保游戏，以通俗易懂的方式让学生从小养成环保习惯；

◆ 2019年7月，志愿者在东洋港北洋桥鑫幼儿园进行环保宣教

他们走进居民社区，宣传国家《水污染防治行动计划》，面对面普及环保知识，手把手教授生活垃圾分类，增强居民环保意识，改善生活环境。

他们还来到武汉格林美城市矿山低碳产业园、中法武汉生态示范城，开展支部共建、社区共治、校企合作，用实际行动凝聚大众的环保力量，活动惠及近 8000 名学生与居民。

2018 年，阿克苏诺贝尔中国大学生社会公益大奖就是对他们最好的褒奖；2019 年，团队入选全国大学生"三下乡"优秀团队，实践成果入选"小我融入大我 青春献给祖国"教育部庆祝建国 70 周年社会实践作品展；2022 年，团队成功入选全国大学生科技志愿服务示范团队；2023 年，团队受邀参加武汉市"守护幸福河湖"主题宣传活动，《守护每滴水，建设节水校园》获得湖北省与绿同行微公益创意大赛品牌项目入围奖。

水质调研，湖泊保护的实战演练

2018 年 7 月 26 日，绿色环保协会会长张燚和队员们结束长江宜昌段、荆州段水域为期一周的社会调查，回到学校实验室对河水样本的水体颜色、温度、pH 值、硝酸盐、氨氮、溶解氧、磷酸盐等，进行成分分析。

近 10 年来的寒暑假，姚瑶组织了 1000 多名张燚这样的绿色环保协会学生赴湖北、江西、湖南等地进行湖泊水质监测和调研，并走访当地政府部门和企业。

"前些年，随着环保活动的不断深入，我们意识到，仅开展环保宣教活动影响力较小，必须将专业知识和技能应用到环保公益活动中，于是，我们对水污染调研和水污染处理进行重点研究。"姚瑶说。

15 年前，绿色环保协会的活动以校内为主，局限于"地球一小时"、回收塑料瓶等活动，对社会环保事业的了解还不够深入。当时，学生想拓展活动，可成长空间受限，他们在洪湖等地采集到样本，却无法检测水样或进行专业分析。

后来，学校协调了环境工程学院夏东升、潘飞等一批专家学者加入进来，进行专业指导，协会开始向科研方向进发。

素有"千湖之省"美名的湖北，由于曾经围湖造田，省内湖泊面积一度锐减，部分地区水质不断恶化。绿色环保协会的学生看在眼里，急在心里。在教授们的指导下，大家开始立足于江河湖泊水环境保护全力奔跑。

团队充分利用纺织印染清洁生产教育部工程研究中心及各类大学生创新创业训练项目平台，进行水污染调研和水污染处理研究，数年下来，一张张湖泊保护"清单"在同学们手中不断延伸。

2013年，团队对梁子湖水环境进行勘测、调查，对水质取样分析，结合数据围绕梁子湖水质保持的原因、填湖造地对生态的影响撰写出调研报告，提出了保护建议。

◆2015年7月，武汉纺织大学绿色环保协会成员在汤逊湖检测水质

在洪湖市长江新螺段白鳍豚国家级自然保护区，他们开展"互联网 + 湖泊大数据监测及修复"，对水源污染进行监测。

2014 年，他们探访汤逊湖水质变恶劣的原因，并提出针对性的对策和建议。

2015 年，在"武汉百湖湿地行"调研中，他们集中进行水调研、水保护、水宣传的实践活动。

2017 年，协会在洪湖市长江新螺段白鳍豚国家级自然保护区开展"互联网 + 湖泊大数据监测及修复"，对水源污染进行监测。

2018 年，团队成员调研宜昌、荆州、武汉 3 地 10 项内容，了解长江经济带沿线水体和物种情况。

2019 年，他们在杭州武汉两地开展河湖长制调研活动，到江河湖泊、田间地头，访基层河长、民间河长、政府人员、社区干部、普通百姓等，找问题、提建议、作巡讲，宣教受益学生、居民约 2000 人次。

2022 年，团队走进企业观摩学习，领略科技助力环保，感受生态治理成就，学习河湖保护经验，成立 1 支武汉生态环境大学生节水护湖队，定期开展河滩清理以及巡湖护湖工作。

2023 年暑期，团队再次走进美丽河湖样板梁子湖，实地考察调研河湖长制，通过座谈、走访、巡湖等方式深入挖掘地方治水良策，提取河湖治理良方。

围绕污水治理、湖泊污染治理、环保新材料等领域的课题，绿色环保协会队员们在专家指导下，结合环保实践开展研究，科学素养日渐凸显。队员们相继获得全国环保类创新创意大赛奖项 20 余次，发表 SCI 文章 15 篇、各级各类环保论文 30 余篇、申请发明专利 50 余项。绿色环保协会成员中，8 名学生受聘成为武汉环保大使，40 名同学受聘为湖北省环境友好使者。

14 年的环保公益实践，让姚瑶对高校环保类人才的培养理解更深。"要让每一个学生在环保的舞台上成为主角。"姚瑶说。在她看来，人才培养不仅要结合专业知识背景，分年级实行梯度培养计划，更要加强环保公益实践的锻炼，引导同学们运用自己的专业知识，在实践中融会贯通，真正实现把论文写在祖国大地上。

科研转化，让专业服务提质增效

协会开展活动与专业实践联系更加紧密。学院为实践团队选派出教师团队"智囊团"，长期进行项目制指导。

这里面有专割污染"黑尾巴"的产业教授，有用泔水沼渣"治"废水的科研团队，有 ESI 高被引论文的学术教授，构建起"专业思政"育人共同体。

教师团队们围绕河湖保护实践，在美丽中国、生态湖北的战略背景下，聚焦国家战略、社会热点及地方实际需求，打造出国家社会实践一流课程《"守护千湖之省"环境保护实践课》，带领学生走进环保公众设施、企业生产、社区治理现场，让专业实践更加系统化和持续化。

伴随这些来自河湖一线系统开展的调查研究、水质测试等专业化实践，一批又一批环保生力军，协会科研项目和成果接连涌现。团队服务社会需求的项目越来越多，与地方政府、环保部门的联系越来越紧密。

2021 年，团队联合武汉市生态环境局宣教中心，深入武汉市北湖小学、阳光社区等开展"生态文明在身边 我为群众办实事"活动，赢得群众广泛认可，获得"武汉市生态志愿服务优秀团队"称号，并被武汉市生态文明网报道。

2022 年，《长江"牌"净化器——科普宣教活动》入围生态环境部宣教中心"清洁美丽中国行"全国高校小额资助项目，成为湖北省唯一入选的团队，团队还承办了武汉市生态环境局主办的"推动绿色发展 打造宜居之城"武汉高校环保公益行动、"全民参与节水护湖，打造生态宜居之城"主题宣传活动，讲述团队的节水护湖故事，绿色社区服务项目获得 2022 年武汉市最佳志愿服务项目。

协会成员结合实践成果参与课外科技竞赛，获得全国"挑战杯"课外学术科技作品竞赛银奖 4 项，全国节能减排大赛铜奖 3 项等。

不忘初心，承梦前行。武汉纺织大学绿色环保协会的绿色精灵们用不畏艰险、奋勇争先、为民造福的责任与担当影响了越来越多的人。无论是过去、现在，还是未来，他们都在全力为美丽中国建设保驾护航，全力守护着"千湖之省"的绿肺、守护着大江大河大武汉的城市名片、守护着未来和希望。

他们坚信，最大的成功就是坚守，环保的脚步永不停歇。

他们，就是这样一群可爱的绿色精灵。

（图片由武汉纺织大学绿色环保协会绿芽环保公益志愿服务队提供）

后记

不知不觉，"本禹志愿服务队"的创建已近十年。

这些年来，荆楚大地志愿之泉涌动，广大青年志愿服务组织积极争创"本禹志愿服务队"，401 支团队脱颖而出。他们都是我省志愿服务组织的优秀代表，都在各自服务领域取得了丰硕成果和可喜成绩。限于篇幅，本书只收录了 42 支省级"本禹志愿服务队"的成长故事。从他们身上可以折射出近十年来湖北省志愿服务事业所走过的不平凡之路。

从《有一种青春叫奉献——本禹和"本禹们"的爱心接力》到本书，我们看到一群又一群志愿者高扬理想、勇于担当、接续奋斗，在用实际行动书写"与祖国同行、为人民奉献"的青春故事同时获得自我成长。编写此书，希望能够让更多的人受到感召和鼓舞，加入志愿者队伍，与志愿服务这一美好而幸福的事业同行。

本书编写得到了共青团湖北省委的悉心指导，出版得到了劲牌有限公司的大力支持，在此深表谢意。全省各地"本禹志愿服务队"积极提供大量文字和图片素材，湖北日报、极目新闻及省内地方媒体，各个服务队所属单位、共青团组织、新闻网站给予了很大帮助，在此一并致谢！

由于编写时间仓促，编者水平有限，难免有疏漏之处，恳请广大读者批评指正。

编者

2023 年 11 月